백제
기와
연구

윤용희 지음

백제기와연구

저   자 | 윤용희
펴낸이 | 최병식
펴낸날 | 2023년 10월 10일
펴낸곳 | 주류성출판사 www.juluesung.co.kr
　　　　서울특별시 서초구 강남대로 435 주류성빌딩 15층 주류성문화재단
　　　　TEL | 02-3481-1024(대표전화) · FAX | 02-3482-0656
　　　　e-mail | juluesung@daum.net
값 24,000원
ISBN 978-89-6246-513-6 93910
잘못된 책은 교환해 드립니다.

본 저작물에는 경기천년체, 전주 완판본체 등과
"문화포털"에서 제공되는 전통문양이 활용되었습니다.

초화문수막새 草花文圓瓦當
Roof-end tile with floral design
백제 한성시기 / 서울 풍납토성 / 지름 13.0㎝

전문수막새 錢文圓瓦當
Roof-end tile with coin design
백제 한성시기 / 서울 석촌동고분군 / 지름 13.0㎝

전문수막새 錢文圓瓦當
Roof-end tile with coin design
백제 한성시기 / 서울 풍납토성 / 지름 17.1㎝

연화문수막새 蓮花文圓瓦當
Roof-end tile with lotus design
백제 한성시기 / 서울 풍납토성 / 현재길이 11.5㎝

연화문수막새 蓮花文圓瓦當
Roof-end tile with lotus design
백제 웅진시기 / 공주 공산성 / 지름 18.5㎝

연화문수막새 蓮花文圓瓦當
Roof-end tile with lotus design
백제 웅진시기 / 공주 대통사지 / 지름 13.5㎝

연화문수막새 蓮花文圓瓦當
Roof-end tile with lotus design
백제 사비시기 / 부여 능산리사지 / 지름 15.0㎝

연화문수막새 蓮花文圓瓦當
Roof-end tile with lotus design
백제 사비시기 / 부여 용정리사지 / 지름 10.5㎝

연화문수막새 蓮花文圓瓦當
Roof-end tile with lotus design
백제 사비시기 / 부여 구아리사지 / 지름 13.3㎝

연화문수막새 蓮花文圓瓦當
Roof-end tile with lotus design
백제 사비시기 / 부여 능산리사지 / 지름 14.3㎝

연화문수막새 蓮花文圓瓦當
Roof-end tile with lotus design
백제 사비시기 / 부여 금강사지 / 지름 12.3㎝

연화문수막새 蓮花文圓瓦當
Roof-end tile with lotus design
백제 사비시기 / 익산 제석사지 / 지름 13.2㎝

연화문수막새 蓮花文圓瓦當
Roof-end tile with lotus design
백제 사비시기 / 부여 정림사지 / 지름 15.5㎝

연화문수막새 蓮花文圓瓦當
Roof-end tile with lotus design
백제 사비시기 / 부여 능산리사지 / 추정지름 14.0㎝

연화문수막새 蓮花文圓瓦當
Roof-end tile with lotus design
백제 사비시기 / 부여 동남리사지 / 지름 14.2㎝

연화문수막새 蓮花文圓瓦當
Roof-end tile with lotus design
백제 사비시기 / 부여 관북리유적 / 지름 15.0㎝

연화문수막새 蓮花文圓瓦當
Roof-end tile with lotus design
백제 사비시기 / 부여 부소산성 / 지름 15.7㎝

연화문수막새 蓮花文圓瓦當
Roof-end tile with lotus design
백제 사비시기 / 익산 미륵사지 / 지름 12.5㎝

연화문수막새 蓮花文圓瓦當
Roof-end tile with lotus design
백제 사비시기 / 익산 미륵사지 / 지름 11.2㎝

연화문수막새 蓮花文圓瓦當
Roof-end tile with lotus design
백제 사비시기 / 부여 부소산사지 / 지름 8.5㎝

파문수막새 巴文圓瓦當
Roof-end tile with swirl design
백제 사비시기 / 공주 공산성 / 지름 16.0㎝

파문수막새 巴文圓瓦當
Roof-end tile with swirl design
백제 사비시기 / 부여 부소산성 / 지름 16.3㎝

파문수막새 巴文圓瓦當
Roof-end tile with swirl design
백제 사비시기 / 부여 부소산성 / 지름 16.8㎝

무문수막새 無文圓瓦當
Undecorated Roof-end tile
백제 사비시기 / 부여 부소산성 / 지름 16.4㎝

백제
기와
연구

윤용희 지음

    대학에 들어와 고고학이란 학문을 처음 접한 건 사학과 전공필수 과목으로 개설된 고고학개론을 수강하면서였다. 처음엔 고고학이 뭔지 개념조차 모르고 시작했지만 한 학기를 마칠 때쯤 조금씩 이해가 생기게 되었고, 뭔가에 홀린 듯 고고학연구법과 문화인류학까지 학부에 개설된 고고학 관련 수업을 모두 수강하고 말았다. 비록 3과목에 불과했지만 이 수업들은 마치 고고학자가 새로운 유적을 찾아내는 것과 같은 호기심으로 가득했다. 때마침 다니던 대학의 박물관이 발굴조사를 하게 되어 여름방학을 이용하여 참가하였다. 발굴조사는 그동안 책으로만 공부했던 고고학을 직접 체험하는 강렬한 현장 경험이었다. 아직 모든 게 서툴렀지만 낮에는 뜨거운 햇볕을 참아가며 야외조사를 했고, 저녁에는 숙소에 모여 어설프지만 함께 토론하며 일과를 마쳤다. 이러한 경험은 당시 참여했던 많은 학생들을 고고학으로 이끌었고, 나도 그중 하나였다.

    대학원을 다니면서 발굴 경험을 쌓을 수 있는 기회는 생각보다 빠르게 찾아왔다. 경기도박물관 발굴조사단의 일원으로 발굴에 참가한 것은 조사에 필요한 역량을 쌓을 수 있는 좋은 기회였다. 이후 경기문화재단 부설 기전문화재연구원이 설립될 때 입사하여 서울·경기권 대학에서 고고학을 배운 80년대 후반 학번의 30대 초반 연령대의 동료들이 많이 생겼다. 이들과 동고동락하며 서로의 지식과 경험을 나누었고, 얼마 지나지 않아 한 유적을 책임지는 현장책임자가 되어 한 사람의 고고학자로 성장해갔다. 이 시기에 구석기부터 조선시대까지 다양한 유적을 조사했는데, 나는 주로 절터나 관아터 같은 건축유적을 도맡았다. 특히 나말여초기 남한강유역의 대사찰이었던 안성 봉업사지, 여주 고달사지와 원향사지를 모두 조사했던 경험은 개인적으로 큰 행운이었고, 건축과 불교 관련 공부를 하면서 나의 관심 분야와 전공을 정하는 데 지대한 영향을 끼쳤다. 이때의 경험을 바탕으로 「남한강유역 출토 고려전기 평기와 고찰」이라는 제목의 석사논문을 썼다. 사실 학위논문의 주제를 정하는 데 고민이 없었던 것은 아니다. 당시만 해도 기와는 아직 고고학 연구에서 생소한 분야였고, 그중에서도 고려시대 평기와는 한두 분의 선행 연구자 외에 전공하는 사람이 전무하다시피 했다. 하지만 길게 봤을 때 많은 이들이 가지 않은 길을 개척해 나가는 것이 학문적으로 의미가 크고 보람이 있다는 기대와 자부심을 가지고 기와를 전공하기로 마음먹었다.

석사를 마친 후 학업을 계속 이어나가기 위해 박사과정에 들어갔고, 수료하던 해에 국립박물관 시험의 역사고고학 분야에 응시했는데 운 좋게 합격하면서 적지 않은 나이에 박물관에 들어갔다. 국립박물관에서 첫 발령지는 부여였고, 자연스럽게 백제 기와를 전공하리라 마음먹게 되었다. 부여에서 보낸 6년은 유물과 유적을 중심으로 백제의 역사와 문화를 배우고 익히는 소중한 시간이었다. 선배들의 잦은 인사발령으로 미처 마무리하지 못한 부여 궁남지, 논치 제사유적, 능산리사지 발굴보고서를 완간하는 작업은 밤 12시를 넘기는 고된 작업임에도 백제 역사를 고고학적으로 이해하는 밑거름이 되었다. 특히 국립박물관이 1971년에 조사하였던 청양 왕진리 기와가마터 발굴보고서를 37년 만에 완성하기 위해 공들인 시간은 백제 기와 연구자로서 나를 성장시키는 커다란 기회였다. 그리고 부여에 근무하던 마지막 해에 수많은 백제 기와를 만지고 관찰하고 정리하고 고민했던 경험은 백제 기와를 주제로 전시회를 개최하고 『백제와전』이라는 도록을 발간하면서 「백제 기와 연구」라는 다소 거창한 제목의 박사논문을 써보겠다는 용기에 더해 약간의 사명감을 가지게 되는 바탕이 되었다. 하지만 언제나 시간에 쫓기듯 살아야 했던 박물관 생활은 그리 녹록치 않았고, 업무와 연구를 병행해 나간다는 것이 시간적으로나 체력적으로 감당해야 할 것들이 너무 많았다. 그래도 부여를 떠난 이후 서울, 광주, 김해, 경주를 거쳐 다시 서울에 오기까지 장장 13년 동안 근근이 학문의 끈을 놓지 않으려 무던히 애쓰면서 새로운 자료를 추가하고 짧은 글이라도 쓰면서 연구를 이어나간 덕택에 비록 오랜 시간이 걸렸지만 기어이 박사논문을 완성할 수 있었다.

백제의 역사는 한강유역에 도읍을 정하고 국가를 발전시켜 나갔던 약 500년의 한성시기와 이후 고구려의 남하 과정에서 웅진으로 천도하여 새로운 변화를 모색했던 약 60여 년의 웅진시기, 다시 사비로 천도하여 백제의 중흥을 도모했던 약 120여 년의 사비시기로 나누어 살펴보는 것이 일반적이다. 백제 기와도 이와 같은 역사적 흐름과 맥을 같이한다고 생각한다. 따라서 박사논문을 작성하면서 가장 주안점을 두었던 것은 한성에서 사비시기에 이르는 백제 기와의 큰 흐름을 역사적 맥락에서 논리적으로 일관되게 정리하는 것과 각 시기의 특징을 잘 부각시키면서 어떻게 시기별 내용의 균형을 잡을 것인가에 대한 부분이었다.

평기와는 제작 도구와 생산시설, 태토, 기술 인력 등을 포함하는 기술의 발전과 생산체제의 변화에 주목하면서 기와 제작기술 변천의 흐름을 잡아보고자 하였다. 한성시기에는 1~3세기 토기 제작기술의 연속선상에서 기술을 공유하며 기와가 제작되기 시작한 것으로 파악하였다. 이후 기와 전용 제작도구인 와통이 등장하면서 와공이라는 새로운 전문 직업이 생기고, 독립된 기와 생산체제가 성립하는 것으로 보았는데, 이 과정을 통계 수치로 객관화하기 위해 많은 공을 들였다. 웅진시기에는 한성시기에 성립된 새로운 기와 제작기술을 전면적으로 사용하면서 보다 단단하고 실용적인 새로운 유형의 백제 평기와를 제작하는 것으로 파악하였다. 사비시기에는 웅진시기를 거치며 축적된 새로운 제작기술을 기반으로 일부 공정을 간소화하면서 새로운 기와 수요에 부응하는 대량 생산체제를 구축하는 과정으로 정리하였다.

막새는 기술적 변화만으로 설명되지 않는 사상적 요소가 문양에 반영되는 것으로 이해하고, 각 시기별 정치 변동과 그에 따른 사상적 변화를 막새 문양의 변화와 결부시켜 살펴보고자 하였다. 한성시기는 다양한 경로를 통해 유입된 전문, 연화문, 수면문과 같은 외래적 요소의 문양과 자연에 대한 관념을 기하학적으로 표현한 자생적 성격의 문양으로 크게 구분하여 파악하였다. 웅진시기는 불교가 크게 성행하면서 연화문이 백제 수막새의 대표 문양으로 자리 잡는 시기로 이해하였다. 사비시기에는 불교의 융성과 함께 연화문을 중심으로 수막새의 문양이 전개되는 한편으로 7세기 무렵 파문과 무문이라는 추상적인 문양이 나타나는데, 사상적으로는 한성시기부터 백제 문화에 깊숙이 스며든 도교의 영향으로 해석하였다.

또 한 가지 문제는 백제 기와 관련 고고학 자료의 증가와 연구 성과를 문헌 기록과 어떻게 연계하여 이해할 것인가에 대한 부분이었다. 이 문제를 해결하기 위해 그동안 백제사 연구에서 상대적으로 소홀히 다루어졌던 『삼국사기』 백제본기의 건축 관련 기사를 검토하고 재조명하는 것에서 출발하고자 하였다. 백제본기에는 온조왕 원년(BC18)부터 "여름 5월에 동명왕의 사당을 세우다."라는 건축 관련 기사가 등장하지만 아직 고고학적 증거는 확인되지 않았다. 온조왕 15년(BC5) 기사는 "정월에 새 궁실을 지었는데, 검소하되 누추하지 않고 화려하되 사치스럽지 않았다."는 백제 건축에 대한 인상적인 묘사가 있어서 상상력을 자극하는데, 이 또한 당시 백제 건물에 기와를 사용하였음을 입증할 확실한 증거는 없다. 하지만 백제가 정치적, 제도적으로 고대국가의 기틀을 마련한 것으로 이해되는 고이왕대(234~286)에는 백제에서 기와를 사용하였을 것이라는 데에 많은 연구자들이 동의하고 있다. 이 시기는 중국의 삼국시대(220~265)와 위진남북조시대의 서진시기(265~316)에 해당하며, 한성시기 수막새의 전문의 계통도 이 시기와 비교하여 연구되고 있다. 하지만 필자는 전문이나 연화문, 수면문 같은 외래적 문양의 도입 이전에 토착종교나 선사시대 토기 혹은 청동거울에 표현된 기하학적 문양이 기와에도 반영되었을 것이며, 그 시기도 외래계 수막새 문양이 도입되는 것보다 이르다고 생각한다. 또한 한성시기 유적에서 출토되는 기와의 수량으로 보았을 때 초기에는 막새를 갖춘 기와 건물이 세워지기 이전에 지붕 일부에 평기와만 올라간 건축물이 세워지던 단계도 있었다고 생각한다. 필자는 이 시기가 초고왕대(166~214)이며, 백제본기의 초고왕 23년(188) "궁실을 중수하였다."는 기사와 관련된다고 생각한다. 물론 이와 같은 논지를 증명하기 위해서는 고고학뿐만 아니라 미술사, 문헌사학, 건축학 등 다방면에 걸친 학제적 연구가 필요하며, 후속 연구를 통해 백제 기와 연구에 산적한 과제를 해결하기 위해 노력해야겠다고 다짐한다.

이 책은 박사논문을 작성하면서 부족했던 도면과 사진을 전체적으로 보완하고, 다소 장황했던 유적 현황 부분에서 불필요한 내용을 삭제하고 핵심을 간추려 다시 기술하였다. 또한 새로운 자료와 연구 성과를 일부 추가하고 내용을 보완하게 되면서 불가피하게 본문의 통계 수치 일부를 수정하였다. 마지막으로 박사논문을 제출하면서 간략하게 정리하였던 맺음말 부분을 대폭 수정 보완하여 독자들이 맺음말만 읽고도 본 연구의 목적이 무엇이고, 연구 성과가 무엇인지에 대한 개요를 쉽게 파악할 수 있도록 재정리하였다.

박사학위를 받기까지 정말 많은 분의 신세를 졌으며, 그분들의 도움이 없었더라면 이 책은 세상에 나오지 못했을 것이다. 먼저 석사논문에서 박사논문까지 20년이 넘는 시간 동안 필자의 모든 학위과정을 지도해 주신 최몽룡 교수님께서 베푸신 은혜에 감사드린다. 교수님께서는 필자가 논문의 주제와 자료를 가지고 오면 항상 큰 틀에서 필자가 쓰고자 하는 논문의 의의를 필자가 미처 생각하지 못한 부분까지 끌어내고 방향을 잡아주셨다. 늘 고고학을 기반으로 연구하되, 고고 자료의 분석 그 자체에만 그치지 말고 역사학, 미술사학, 인류학 등 인접 학문과의 학제적 연구를 통해 시공간적으로 넓은 시야와 안목을 견지하기 위해 노력해야 한다고 강조하셨다. 학문을 대하는 자세에 있어서 지금은 비록 남들이 알아주지 않고 외로운 길을 걷고 있다 하더라도 주변의 유혹에 흔들리지 말고 자신의 길을 가고, 좋은 글을 남기는 것이 가장 중요하다는 격려는 필자에게 많은 용기를 주었다.

박사논문 심사는 지도교수이셨던 고 손병헌 교수님께서 갑작스럽게 별세하시면서 절망하고 있을 때, 한국고대사를 공부하는 제자들이 많음에도 불구하고 흔쾌히 지도교수를 맡아주신 한영화 교수님이 계셨기에 가능했다. 박재우 교수님은 열린 마음을 가지고 고고학 자료를 문헌과 접목시키는 문제에 대해 지도해 주셨다. 이동희 교수님은 고고학 자료를 어떻게 구성해야 객관성을 담보하고, 설득력을 가질 수 있는지에 대한 조언을 아끼지 않았다. 백종오 교수님은 고구려 기와 연구로 박사학위를 받은 국내에 손꼽히는 전문가로서 박사논문의 완성은 물론 논문에서 미처 다루지 못한 향후 연구 과제까지 세심하게 살펴보고 고견을 제시해 주셨다.

고 손병헌 교수님은 성균관대 부임 이후 많은 제자들을 고고학으로 이끌어 주셨고, 그 은혜를 입은 한 사람으로서 감사드린다. 오랜 시간 성균관대에서 강의하시며 현장조사의 중요성을 일깨워주신 조유전 소장님의 은혜도 잊을 수 없다. 그 문하에서 많은 선후배와 동고동락하였지만 여주 고달사지 등 중요 유적을 맡아 조사하도록 배려해 주신 김성태 선배님께 특히 감사드린다. 그 덕분에 한국 고건축학의 거목이신 고 김정기 박사님, 김동현 박사님, 장경호 원장님께 건축유적을 조사하고 이해하는 것에 대한 가르침을 받을 수 있었다. 또한 발굴현장에 매번 오셔서 귀한 기와 전공자가 생겼다며 반가워하고 아껴주신 한국 기와 연구 1세대 김성구 관장님, 최맹식 소장님, 신창수 소장님의 가르침은 지금도 기억에 생생하다. 김유식 관장님은 필자가 부여박물관에서 "백제와전" 전시를 준비할 때 무한한 애정과 신뢰를 보내 주셨다. 또한 부여박물관에서 백제 연구에 매진할 수 있도록 배려해 주신 송의정 관장님, 고 권상열 관장님, 강대규 관장님께도 고마운 마음을 전한다. 아직 큰 주목을 받지 못하는 전공이지만 오랜 시간 함께 연구하고 서로 격려하며 텃밭을 일구고 있는 한국기와학회 동료들에게도 감사하고 앞으로도 길게 함께하자는 말을 전하고 싶다. 또한 어려운 인문학 출판 시장에서 대중적이지 못한 글이 세상에 나올 수 있도록 흔쾌히 출판을 수락해 주신 주류성 최병식 사장님께도 특별한 감사를 드린다.

끝으로 공부밖에 할 줄 아는 게 없는 가난한 인문학도를 만나 사실상의 가장 노릇을 하면서도 얼굴 찌푸리지 않고 격려하며 사랑하는 외동딸 지선이를 훌륭하게 키워내고 있는 아내에게 이 자리를 빌려 진심으로 고맙고 사랑한다는 말을 전한다. 그리고 많이 늦었지만 생전에 그토록 원하던 아들의 박사학위를 보지 못하고 작년 겨울 다른 세상으로 가신 어머님의 영전에 이 책을 바친다.

2023년 8월

서울 우면산 자락에서 윤용희

I. 머리말

1. 연구 배경과 범위

기와는 잘 준비된 점토[素地]를 재료로 하여 일정한 틀과 도구를 사용하여 형태를 만들고[成形], 그늘에 말렸다가[乾燥] 가마에 넣고 굽는[燒成] 일련의 체계적인 공정을 거쳐 제작된다. 기술사적 측면에서, 점토를 주원료로 하는 기와의 생산은 선사시대부터 이어져 온 토기 제작 기술을 바탕으로 하며, 그 과정에서 습득된 흙과 물, 불의 상호작용에 대한 지식과 경험의 축적을 전제로 한다. 주거 양식의 발전이라는 측면에서, 기와의 사용은 지붕에 기와를 올리기에 충분한 건축 기술의 발전, 즉 지상(地上) 건축물의 등장과 맥을 같이 한다. 여기에 권위를 상징하는 건축물로서 기와 건물을 필요로 하는 강력한 정치집단의 출현과 복잡한 기와 제작 공정을 수행할 전문적인 와공(瓦工) 집단의 조직화는 기와를 본격적으로 생산할 수 있는 정치적, 사회적 배경이 된다. 또한 기와 생산에는 경제적 뒷받침이 지속적으로 이루어져야 하기 때문에, 고대 사회에서 기와 가마는 주로 국가적인 통제 하에서 운영되었다. 그러므로 기와는 왕실이나 귀족, 승려 같은 특수 신분 집단의 전유물로서 궁궐이나 관청, 사찰 등 정치적, 종교적 성격의 건물에만 제한적으로 사용되었다. 따라서 한국 고대사에서 기와의 제작과 사용이 가지는 의미는 고대국가의 형성과 국가권력의 탄생, 그에 수반되는 도성(都城) 건설 및 정치적, 종교적 상징물 조영이라는 맥락 속에서 파악되어야 한다.

백제 기와에 관한 문헌 기록은 『삼국사기』 백제본기 비유왕(毗有王) 3년(429) 11월, "지진이 있었고, 큰 바람이 불어 기와를 날렸다(地震, 大風飛瓦)."는 기사(記事)에 처음 등장한다. 하지만 최근의 고고학 자료로 볼 때 이보다 훨씬 이른 시기에 백제에서 기와가 사용되었음은 분명하다. 특히 풍납토성 발굴조사에서 출토된 다량의 기와는 기존의 웅진~사비시기를 중심으로 이루어지던 백제 기와 연구의 시간적 범위를 한성시기로 넓혀 주었다. 또한 풍납토성 출토 막새와 평기와에서 확인된 다양한 문양과 제작 기법은 한성시기 백제 문화의 다원성(多元性)을 보여 주었으며, 그에 따른 백제 기와의 기원과 계통에 관한 연구가 활발하게 이루어지고 있다.

장기간 진행된 풍납토성 발굴과 최근의 석촌동고분군 일대에서의 학술조사는 한성시기에 이루어진 건축 활동 및 기와의 제작과 사용에 대한 연구를 심화시키고 있으며, 더불어 그동안 잘 알려지지 않았던 한성시기 백제 역사에 대한 이해의 폭도 넓혀주고 있다. 또한 최근의 발굴 성과에 힘입어 적어도 3세기 무렵에 백제 기와가 사용되었음이 밝혀짐에 따라 『삼국사기』 백제본기에 수록된 건축 관련 기사를 재조명할 필요성도 함께 높아지고 있다.

최근에는 충남 공주와 부여, 전북 익산 지역에서도 백제의 왕궁과 사찰, 가마터 등의 유적에 대한 발굴조사가 많은 성과를 이루어 내면서 웅진

~사비시기 백제 고고학 연구에 활력을 불어넣고 있다. 백제 기와 연구도 관련 전시나 학술대회, 자료집 발간으로 학술적 성과가 점차 축적되어 가고 있다. 이제는 이러한 성과를 종합하고 집대성하여 한성~사비시기 전 기간에 걸친 백제 기와의 흐름을 큰 틀에서 정립하고, 백제 기와 연구의 새로운 도약을 모색할 필요가 있다.

본 연구는 백제 기와 연구의 최신 고고학적 성과와 『삼국사기』 백제본기의 건축 관련 기사를 비교 검토함으로써 백제 기와의 성립과 변천 과정을 역사적 맥락에서 검토하는 것으로 출발점을 삼고자 한다. 본론에서는 백제의 평기와와 수막새를 중심으로 문양과 제작 기술을 분석하고, 백제 기와의 특징과 의미, 변천 과정을 한성시기, 웅진시기, 사비시기로 나누어 사상적, 정치적, 사회적 배경과 함께 살펴보고자 한다. 나아가 백제 기와가 마터의 분포와 구조적 특징 및 소비지와의 관계를 검토하여 백제 기와의 생산 체제 및 유통 시스템을 살펴보고자 한다. 이하 본 논문의 내용과 체제는 다음의 각 장의 순서에 따른다.

Ⅰ장은 1절 '연구 배경과 범위', 2절 '연구 목적과 방법', 3절 '연구사 검토'로 나누어 구성되었다.

Ⅱ장 1절 '백제 기와의 형성'에서는 『삼국사기』 백제본기의 건축 관련 기사를 살펴보면서 백제 기와 관련 최근의 고고학적 성과를 접목하여 문양과 제작 기술의 흐름을 역사적 맥락에서 재구성하여 백제 기와의 형성 과정을 살펴보고자 한다. 2절 '백제 기와의 종류'에서는 본 연구의 주요 대상 자료인 수막새와 평기와 외에 다종다양한 백제 기와를 간략히 소개함으로써 백제 기와 전반에 관한 밑그림을 그려보려고 한다.

Ⅲ장에서는 백제 기와 출토 유적을 한성지역, 웅진지역, 사비지역, 익산지역, 기타로 나누어 현황을 정리하고, 주요 유적의 개요와 기와 출토 현

황을 정리함으로써 연구의 대상과 범위를 살펴볼 것이다.

Ⅳ장과 Ⅴ장에서는 백제 평기와와 수막새의 문양과 제작 기술의 시기별 특징을 검토하고 변천 과정을 살펴보고자 한다.

Ⅵ장에서는 1절 '기와의 생산과 유통', 2절 '평기와의 변천 과정', 3절 '사상의 전개와 막새의 변천'이라는 주제로 앞의 Ⅲ~Ⅴ장에서 살펴본 내용을 토대로 백제 사상의 변천, 정치사회적 변동에 따른 백제 기와의 특성과 변천 과정을 종합적으로 검토하고자 한다.

Ⅶ장 맺음말은 본 연구의 성과와 한계를 점검하면서 향후 연구 과제를 도출하는 내용으로 끝을 맺으려 한다.

2. 연구 목적과 방법

1) 평기와

평기와에 대한 분석은 기와 제작 흔적을 속성 분류하는 것에서 시작한다. 본격적인 분석에 앞서 기와 제작 공정에 대한 이해는 필수적이다. 여기에서는 현존하는 전통기와 공장(工匠)에 대한 2편의 현지조사 보고서[1] 및 관련 전시[2]에 소개된 내용을 토대로 기와 제작의 일반적 과정을 살펴보도

---

[1] 국립중앙과학관, 1994, 『전통과학기술 조사연구(Ⅱ) -대장간, 옹기, 기와-』, 국립중앙과학관학술총서6.
국립문화재연구소, 1996, 『중요무형문화재 제91호 제와장』, 한국의 중요무형문화재1.
[2] 국립김해박물관, 2016, 『기와, 공간을 만들다 -최근 발굴 자료로 본 영남지역의 기와-』.

록 하겠다.

　기와 제작은 필요한 흙을 구하는 것에서 완성된 기와를 생산하기까지 다양한 공정이 있지만 크게 기와 성형에 알맞은 소지(素地) 준비 단계, 준비된 소지를 일정한 틀과 도구를 사용하여 형태를 만드는 성형(成形) 단계, 잘 건조된 날기와를 가마에 넣고 굽는 소성(燒成)의 3단계로 구분된다. 가장 복잡한 단계는 성형 단계로 와통(瓦桶)에 통보(桶褓)를 씌우고 소지를 부착하는 것에서 시작하여 타날(打捺)→정면(整面)→분리(分離)→건조(乾燥)→조정(調整)→분할(分割)의 6단계로 이루어지며, 기와 속성 관련 용어의 대부분도 성형 단계에 대한 것이다. 성형 단계 각 공정의 용어는 아래와 같이 설명할 수 있다.

① 타날: 와통에 소지를 부착하고 타날도구로 두드려 기와 형태를 만드는 공정

② 정면: 타날로 불규칙해진 표면을 정리하고, 필요에 따라 문양을 지우는 공정

③ 분리: 완성된 원통형 날기와를 와통으로부터 분리시키는 공정

④ 건조: 와통에서 분리된 날기와를 말려 소성에 적합한 상태로 만드는 공정

⑤ 조정: 건조된 날기와의 형태를 다시 잡거나 일부 변형시켜 조정하는 공정

⑥ 분할: 원통형 날기와를 세로로 갈라 여러 매의 낱장 기와로 나누는 공정

　이상 큰 틀에서 살펴본 기와 제작의 일반적 공정에는 복잡한 세부 공정이 있는데, 각 공정이 가지는 의미와 중요성은 시대에 따라 변화한다. 백

제 평기와를 다루는 본 논문에서는 한성~사비시기에 공통적으로 적용되며, 평기와 제작 기법의 변화를 잘 보여주는 11가지 속성을 기준으로 평기와의 특징을 살펴보려고 한다. 일반적으로 형식학적 방법에서 분석 단위가 되는 속성은 양식적 속성, 형태적 속성, 기능적 속성의 세 가지 범주로 나뉘는데,[3] 이 기준을 적용하여 11가지 속성을 정리하면 다음과 같다.

① 양식적 속성: 문양의 종류, 색조, 경도, 정선도
② 형태적 속성: 미구 유무, 미구 형태
③ 기술적 속성: 와통 유무 및 종류, 통보 종류, 소지 형태, 정면 방법, 단부 조정 방법, 측면 분할 방법

이상의 11가지 속성별로 분석된 자료는 각 속성별 구성 요소의 빈도나 평균 등의 결과에 대한 기술 통계를 적용하며, 통계치가 보여주는 내용을 토대로 각 시기별 기와의 특징을 파악하고, 시기 변천에 따른 평기와의 문양과 형태 및 제작 기법의 변화 양상을 추론하고자 한다.

2) 수막새

백제 수막새는 주로 웅진~사비시기를 중심으로 연구되다가 최근 풍납

---

3) 세 가지 속성에 대한 일반적 정의는 다음과 같다. 양식적 속성은 보통 유물의 색, 장식, 조직 등 금방 눈에 띄는 묘사적인 특징을 말하며, 형태적 속성은 전체적으로 본 유물의 3차원적 형상과 함께 유물의 구성 부분들이 가진 형태들을 의미한다. 다음으로 기술적 속성은 유물 제작에 사용된 원료(재료)의 특징과 유물 제작 과정을 반영하는 모든 특징을 의미한다(최성락, 2005, 『고고학입문』, pp.144~145).

토성 등 한성시기 유적에서 수막새가 다수 출토되어 큰 관심을 받았다. 한
성시기 수막새에서는 연화문(蓮花文) 일부를 제외하면 전문(錢文), 수면문
(獸面文), 각종 기하문(幾何文) 등 그동안 웅진~사비시기 유적에서는 출토
되지 않았던 새로운 유형이 확인되며, 연화문도 평면적인 표현 방식을 보
여주고 있어서 웅진~사비시기와는 계통적으로 직접 연결되지 않는다.

웅진시기 수막새는 연화문만 확인되는데, 한성시기와 달리 표현 방식
이 입체적이고 사실적이며, 이러한 방식은 사비시기 수막새로 직접 연결
된다.

사비시기 수막새는 웅진시기의 입체적인 표현방식을 그대로 계승하였
으며, 훨씬 다양한 종류의 연화문수막새가 확인된다. 또한 웅진시기에는
없던 무문(無文), 파문(巴文) 등의 수막새가 새로 확인되어 사비시기 수막
새는 연화문을 포함하여 크게 3종의 문양으로 구분된다. 따라서 한성시기
수막새는 웅진~사비시기와 막새 종류와 구성에서 많은 차이를 보이기 때
문에 시기의 특성에 맞는 독자적인 기준에 따라 형식 분류하는 것이 보다
효율적인 것으로 생각된다.

먼저 한성시기 수막새의 문양은 크게 전문(錢文), 방사문(放射文), 음각
격자문(陰刻格子文), 포흔(布痕), 무문, 점열문(點列文), 기하문, 수면문, 연화
문의 9종으로 구분되며, 전문은 13가지, 방사문은 4가지, 수면문은 2가지,
연화문은 3가지의 세부형식이 있는 것으로 보고되었다.[4] 하지만 본 논문
에서는 전문, 수지문(樹枝文), 음각수지문(陰刻樹枝文), 초화문(草花文), 방
사문, 음각방사문(陰刻放射文), 수면문, 연화문, 음각거치문(陰刻鋸齒文), 음

---

4) 국립문화재연구소, 2012, 『풍납토성 XIV』, p.500.
　　이 분류는 풍납동 197번지에서 새로 발견된 와당 9종을 추가하여 새로 정리하
　　여 제시한 분류안으로 연구자에 따라 문양 분류와 명칭에 이견이 존재한다.

각격자문, 자돌문(刺突文), 무문의 12가지 문양 형태로 새로 대분류하였으며, 세부 속성에 따라 36종으로 소분류하였다.

V장 '막새의 형식과 특징'의 1절 '한성시기'에서 수막새의 분류 관련 내용이 자세히 다루어지겠지만, 결론부터 말하면, 기존 분류안을 다시 수정한 본 논문의 분류 또한 아직은 유동적이라 생각된다. 왜냐하면, 한성시기 수막새는 대부분 처음 발견되는 것들로 마땅한 비교 대상을 찾기가 어렵고, 내용적인 면에서도 그 기원과 계통을 중국 한(漢) 대는 물론 위진남북조시대(魏晉南北朝時代) 전체에 걸쳐 탐색하는 과정에 있으며, 앞으로도 계속되는 발굴 결과에 의해 얼마든지 새로운 형식의 수막새가 발견될 가능성이 있기 때문이다. 따라서 문양 평면 형태에 따른 형식 중심의 기존 구분법 외에, 내용을 중심으로 막새 문양의 기본 구도에 내포된 사상적 배경을 검토하는 방향이 고려되어야 할 것으로 생각된다. 또한 문양의 기원과 계통을 외부(전파론)에서만이 아니라 내부(자생론)에서도 찾아나가는 발상의 전환도 필요하다고 생각한다.

웅진~사비시기는 위에서 살펴본 바와 같이 연화문을 중심으로 사비시기에 나타나는 무문, 파문과 함께 모두 3가지 종류가 확인된다. 먼저 파문은 세부 속성에 따라 4가지 형식으로, 무문은 단일 형식으로 분류하였다. 이 시기 수막새 분류에서의 관건은 다종다양한 연화문수막새를 어떤 기준에 의해 분류할 것인가에 대한 것으로 연구자마다의 다양한 기준이 제시되고 있다. 본고에서는 세부적인 형식 분류에 천착하는 대신 고구려에서 통일신라로 이어지는 연화문수막새의 통시적(通時的)인 흐름을 파악하고, 이를 상호 비교함으로써 주요 속성을 중심으로 단순화된 분류를 시도하고자 한다.

먼저 고구려는 고부조(高浮彫)의 양감이 있으면서 좁고 뾰족한 연판이 특색으로 타 국가와 확연히 차이가 난다. 따라서 연판 평면 형태의 변화보다는 복선(複線)의 유무와 연판 내부 문양이나 간판(間瓣) 변화에 중점을 두고 분류된다.[5] 통일신라는 복판(複瓣), 중판(重瓣), 혼판(混瓣) 등 연판의 구성이 다양해지고, 연판의 개수가 많아지며, 연주문(連珠文) 등 장식적 요소가 발달하는 것이 특징이다. 따라서 연화문의 분류도 연판의 개수와 형태 중심의 평면 구성과 변화 양상에 맞춰져 있다.[6]

이에 비해 백제는 말기의 복판(複瓣) 형태를 제외하면 모두 단판(單瓣)이며, 장식적 요소가 거의 배제된 점이 특징이다. 따라서 연판의 평면 배치 변화 중심의 통일신라와 달리 백제는 연판 끝부분[瓣端部]의 변화가 주요 속성이다. 이처럼 연판 형식 분류에는 고정불변의 틀이 존재하는 것이 아니라 시·공간적 특성에 맞게 적용되어야 하는 것이다. 이에 본 논문에서는 웅진~사비시기 연화문수막새의 형식을 연판 끝부분의 변화를 중심으로 아래 12가지 유형으로 분류하고자 하며, 세부 속성에 따라 92형식으로 구분하였다.

    A 융기형(隆起形): 연판 자체가 점차 솟아오르는 형식

    B 첨형(尖形): 연판 끝이 뾰족하거나 끝에 침선 등이 있는 형식

    C 원형(圓形)돌기형: 연판 끝에 둥근 구슬장식이 있는 형식

    D 삼각반전형(三角反轉形): 연판 끝이 반대로 꺾여 역삼각형을 이루는 형식

    E 곡절형(曲折形): 연판 후반부가 아래로 내려갔다가 다시 위로 올라오는 형식

    F 원형(圓形): 연판 끝이 둥근 형식

---

5) 백종오, 2005, 「고구려 기와 연구」, 단국대학교 박사학위논문, p.94.
6) 김유식, 2014, 『신라기와 연구』, 민속원.

G 능각형(稜角形): 연판 중심부에 세로로 각이 형성된 형식

H 능선형(稜線形): 연판 중간을 세로방향의 양각선으로 구획한 형식

I 꽃술문: 연판 내부에 꽃술문 장식을 부가한 형식

J 인동문(忍冬文): 연판 내부에 인동문 장식을 부가한 형식

복판(複瓣): 하나의 연판에 2엽의 화판이 배치된 형식

중판(重瓣): 연판이 안팎으로 중첩되게 배치된 형식

3. 연구사 검토

1) 평기와

평기와 연구에 대한 관심은 막새에 비해 늦은 시기에 시작되었다. 평기와에 관한 본격적인 논문은 평기와 문양과 변천 과정을 분석한 서오선이 시작점이라 할 수 있다.[7] 이후 신라,[8] 통일신라,[9] 고려시대[10] 평기와

---

7) 서오선, 1985, 「한국 평와 문양의 시대적 변천에 관한 연구」, 충남대학교 석사학위논문.

8) 신창수, 1986, 「황룡사지 출토 신라기와의 편년」, 단국대학교 석사학위논문.

9) 허미형, 1989, 「통일신라기 평와에 대한 연구 -이성산성 출토와를 중심으로-」, 한양대학교 석사학위논문.
서봉수, 1999, 「포천 반월산성 기와의 속성분석과 제작시기」, 단국대학교 석사학위논문.

10) 최정혜, 1996, 「고려시대 평기와의 편년 연구 -문양 형태를 중심으로-」, 경성대학교 석사학위논문.
윤용희, 2002, 「남한강유역 출토 고려전기 평기와 고찰」, 성균관대학교 석사학위논문.

관련 논문들이 연이어 제출되어 평기와의 각 시대별 특징과 변천 과정을 이해할 수 있는 기반이 마련되었다.

백제 평기와에 대한 본격적인 연구는 최맹식에서 비롯되는데, 그는 이후 일련의 논문들을 통해 백제 평기와의 기본적인 특징, 특히 그동안 주목받지 못했던 기와 내면에서 관찰되는 모골와통(模骨瓦桶)의 흔적이나 기와의 바탕흙인 소지(素地)의 형태 등 제작 기법 상의 중요한 특징을 밝히고, 연구의 방향을 제시함으로써 백제 평기와 연구의 발판을 마련하였다.[11]

한편 백제 평기와에 관한 연구는 부여 정암리 가마터 발굴조사를 필두로 백제시대 기와가마터에 대한 발굴조사와 그 결과를 담은 발굴조사보고서를 통해 자료가 소개되고 있다.[12] 대부분의 기와가마터 발굴조사보고서에는 평기와의 세부 속성을 정리한 속성표가 일목요연하게 제시되어 백제 평기와를 체계적으로 연구할 수 있는 기초 자료가 되고 있다.[13]

---

11) 최맹식, 1995, 「백제 평기와 제작기법에 대한 연구」, 『백제연구』 25, 충남대학교 백제연구소.
　　최맹식, 1998, 「백제 평기와 제작기법 신연구」, 단국대학교 석사학위논문.
　　최맹식, 1999, 「백제 평기와 한 유형에 관한 연구」, 『사학연구』 58·59.
　　최맹식, 2001, 「풍납토성 출토유물의 성격 -기와를 중심으로-」, 『풍납토성의 발굴과 그 성과』, 한밭대학교 개교 제74주년 기념 학술발표대회 논문집, 한밭대학교 향토문화연구소.
　　최맹식, 2003, 「삼국시대 평기와에 관한 연구」, 단국대학교 박사학위논문.
　　최맹식, 2010, 「한성시기 백제 기와의 성립과 계통」, 『백제 와전과 고대 동아시아의 문물교류』, 국립부여박물관·한국기와학회 제7회 정기학술대회.
12) 국립부여박물관, 1988, 『부여 정암리 가마터(Ⅰ)』.
　　국립부여박물관, 1992, 『부여 정암리 가마터(Ⅱ)』.
13) 대전보건대학박물관, 2002, 『청양 관현리 와요지』.
　　국립부여문화재연구소, 2007, 『왕흥사지Ⅱ -기와가마터 발굴조사보고서』.
　　국립중앙박물관·국립부여박물관, 2008, 『청양 왕진리 가마터』.
　　한국전통문화학교 고고학연구소, 2011, 『부여 능산리사지 제11차 발굴조사보

백제 평기와 연구는 풍납토성 발굴조사를 통해 새로운 전기를 맞게 된다. 특히 풍납토성 경당지구와 197번지 가-1호 수혈 및 마-1호 건물지에서 출토된 4,000점이 넘는 평기와는 발굴조사보고서와 연구 논문을 통해 소개되면서 백제 평기와 연구의 시간적 범위를 한성시기로 확대했을 뿐만 아니라 한성시기 평기와 제작 기법의 다양한 모습을 보여줌으로써 백제 평기와의 계통과 변천 과정을 이해할 수 있는 계기를 마련해 주었다.[14] 또한 석촌동 4호분 출토 기와와 포천 자작리 출토 기와를 집중 분석한 논문들은 풍납토성 이외에 한성시기 유적에서 출토된 백제 평기와를 이해할 수 있는 좋은 자료가 되고 있다.[15]

위에서 살펴보았던 1990년대 중반에 시작되어 약 20여 년간 이루어진 백제 평기와 연구의 성과와 과제를 정리하면 다음과 같다.

먼저 최맹식의 초기 연구는 웅진~사비시기를 중심으로 백제 평기와의 주요한 관찰 속성을 기와 연구자들에게 각인시킴으로써 백제 평기와 연구의 방향을 제시하였던 선구적인 업적으로 평가된다. 다음으로 사비시기 기와가마터 발굴조사보고서에 수록된 상세한 분석 내용은 기와 연구에 앞서 1차적인 선행 작업이 어떻게 이루어져야 하는지에 대한 좋은 사례라

고서』.

14) 정치영, 2007, 「한성기 백제 기와 제작기술의 전개양상 -풍납토성 경당지구 출토기와를 중심으로」, 『한국고고학보』 63.
서울역사박물관·한신대학교박물관, 2008, 『풍납토성IX -경당지구 출토 와전류에 대한 보고-』.
국립문화재연구소, 2012, 『풍납토성XIV -풍납동 197번지(구 미래마을) 발굴조사보고서 3-』.

15) 이주업, 2008, 「한성기 백제 평기와 제작기법에 관한 연구 -석촌동 4호분 출토 평기와를 중심으로-」, 서울대학교 석사학위논문.
백종오, 2005, 「포천 자작리유적 출토 백제 한성기 기와 검토」, 『사학지』 37.

할 수 있다. 이러한 연구의 흐름은 앞으로 발간될 발굴조사보고서에도 충분히 반영되어야 할 부분이다. 또한 기존에 조사된 웅진~사비시기 건물지 등 기와 출토 유적 발굴보고서에 상세히 다루어지지 못한 내용을 보완하고 재정리함으로써 백제 평기와 연구의 기초 자료를 지속적으로 축적해 나가야 할 것이다. 이를 위해 개별 연구자의 노력은 물론 기와 연구자 상호 간에 기와 관찰 속성에 대한 견해 및 관련 용어를 통일시켜 나가기 위한 노력이 병행되어야 할 것이다.[16) 마지막으로 풍납토성 출토 기와 분석을 통해 그동안 잘 알려지지 않았던 한성시기 평기와 관련 기초 연구가 진행되고 있으며, 이로써 백제 전 시기를 아우르는 평기와 연구의 기반이 마련될 것으로 보인다. 앞으로의 평기와 연구는 이를 토대로 백제 평기와의 시기별 특징에 대한 미시적인 분석은 물론 시기별 변천 과정, 기원과 계통, 역사적 배경, 건축사적 고찰 등 거시적인 방향의 연구도 함께 이루어져야 할 것이다.

2) 수막새

백제 수막새에 대한 연구는 일제강점기 공주·부여 지역을 중심으로 활동한 일본 연구자들에 의해 처음 시작되었다. 세키노 타다시[關野貞]는 1928년, 일본 초기 기와에 미친 백제의 영향을 언급하였다.[17) 이후 일본에서는 백제와 일본 초기 기와와의 관계라는 연구 과제가 하나의 흐름으

---

16) 김희철·이동주, 2009, 「평기와의 속성 정리 시론」, 『야외고고학』 6.
   성정용, 2010, 「기와 제작기술의 변천양상과 조사관찰법」, 『현장고고』 2.
   이인숙·최태선, 2011, 「평기와 용어 검토」, 『한국고고학보』 80.
17) 關野貞, 1928, 『瓦』, 考古學講座, 雄山閣.

로 형성되었다. 이러한 흐름은 1946년 가루베 지온[輕部慈恩][18], 1961년 후지사와 카즈오[藤澤一夫]에게[19] 계승되면서 일본 초기 기와 연구를 위해 왜에 파견된 백제 와공 관련 문헌을 검토하거나 백제와 일본의 연화문 형식을 비교 연구하는 방향으로 심화되어 갔다. 1981년, 가메다 슈이치[龜田修一]는[20] 일제강점기 이후 일본 연구자들의 백제 기와 연구 성과를 바탕으로 문양과 제작 기법을 속성 분석하여 백제 기와를 형식 분류하였다. 이와 같은 연구방법론은 이후 일본은 물론 한국의 백제 기와 연구자들에게 영향을 끼쳤다.

1965년 김화영의 연화문 변천에 대한 연구에서는 삼국시대 연화문을 연판의 형태에 따라 단판-복판-중판, 단엽-복엽-단·복혼엽 등으로 나누는 기본 틀 위에서 백제 연화문을 분류하였다.[21] 박용진은 당시까지 확인된 대부분의 백제 연화문을 망라하여 3종 9류 10양 28식 39형으로 세분하였다.[22] 이처럼 60년대와 70년대를 거치며 정립된 연화문수막새의 분류법은 이후 이남석,[23] 김성구,[24] 이병호,[25] 소재윤[26] 등 연구자들 간에 세부적인 기준에 차이가 있긴 하지만 전체적으로 형식 분류와 편년이라는

---

18) 輕部慈恩, 1946, 『百濟美術』, 寶芸舍.

19) 藤澤一夫, 1961, 「日鮮古代屋瓦の系譜」, 『世界美術全集』第2卷, 角川書店.

20) 龜田修一, 1981, 「百濟古瓦考」, 『백제연구』 12.

21) 김화영, 1965, 「연화문양 변천에 대한 연구」, 이화여자대학교 석사학위논문.

22) 박용진, 1975, 「백제 와당의 체계적 분류 1」, 『백제문화』 7·8.
    박용진, 1976, 「백제 와당의 체계적 분류 2」, 『백제문화』 9.

23) 이남석, 1988, 「백제 연화문와당의 일 연구」, 『고문화』 32.

24) 김성구, 1992, 「백제의 와전」, 『백제의 조각과 미술』, 공주대학교박물관.

25) 이병호, 2001, 「백제 사비도성의 조영과 구획」, 서울대학교 석사학위논문.

26) 소재윤, 2006, 「백제 웅진사비기 백제 수막새에 대한 편년 연구」, 『호남고고학보』 23.

큰 틀에서 변화 없이 적용되고 있다.

한편 이와 같은 일본 연구자들의 백제 기와에 대한 관심에서 비롯된 백제 기와 연구방법론과 그에 따른 한일 간 기와 비교 연구의 흐름은 웅진~사비시기 백제 기와의 기원 문제로 확대되면서 자연스럽게 중국 남북조시대 기와에 대한 관심으로 옮겨지게 되었고, 그에 대한 연구도 진행되고 있다.[27]

백제 수막새 연구는 풍납토성 발굴조사를 통해 새로운 전환점을 맞이한다. 풍납토성에서 출토된 연화문수막새는 그동안 논란이 되었던 한성시기 연화문수막새의 존재에 대한 논란을 종식시켰으며, 문헌에 기록된 한성시기 불교사원의 존재 가능성을 높여주었다. 또한 전문(錢文), 수면문(獸面文)을 비롯한 다양한 종류의 수막새는 그동안 웅진~사비시기 유적에서는 확인되지 않았던 새로운 막새 문양으로 한성시기 문화 계통의 다양성을 보여주었으며, 문양의 기원과 계통, 제작 기술의 연원 등 관련 기초 자료 확보를 위한 초보적인 탐색이 진행되고 있다.[28]

---

27) 시미즈 아키히로(淸水昭博), 2003, 「백제 대통사식 수막새의 성립과 전개」, 『백제연구』 38.
   조원창, 2010, 『한국 고대 와당과 제와술의 교류』.
28) 최맹식, 2001, 앞의 글.
   최맹식, 2007, 「풍납토성 평기와에 관한 일고 -미래마을 1호 수혈유적 출토기와를 중심으로-」, 『문화사학』 27.
   최맹식, 2010, 앞의 글.
   권오영, 2001, 「백제 전기 기와에 대한 신지견」, 『백제연구』 33.
   권오영, 2003, 「한성기 백제 기와의 제작 전통과 발전의 획기」, 『백제연구』 38.
   권오영, 2005, 「한성기 백제 기와 연구의 현황과 과제」, 『한국 기와 연구의 회고와 전망』.
   김기옥, 2006, 「백제 한성도읍기 평와의 제작기법 -풍납토성 출토품을 중심으로-」, 『서울·경기지역의 유적과 유물』.

이상 일제강점기 일본 연구자들의 기와 연구에서 해방 이후 국내 연구자들의 연구 진행 방향, 최근 풍납토성 발굴조사로 촉발된 한성시기 기와에 대한 새로운 연구 경향에 이르기까지의 과정을 간략히 살펴보았다. 이러한 일련의 과정은 2010년 국립부여박물관에서 '기와에 담긴 700년의 숨결, 백제와전'을 주제로 백제 전 시기를 망라하여 대표적인 기와 대부분을 정리한 전시[29]와 같은 장소에서 '백제와전과 고대 동아시아의 문물교류'라는 국제학술심포지엄[30]을 개최할 수 있는 발판이 되었다. 또한 국립부여문화재연구소를 중심으로 『백제 사비기 기와 연구』[31]라는 책자가 시리즈로 발간되면서 사비기 기와 연구의 집대성이 이루어지고 있어 백제기와 연구의 새로운 활력소가 되고 있다. 이처럼 백제 수막새 연구는 많은 성과와 발전을 이루었지만 몇 가지 문제점이 발견된다. 여기에서는 크게 방법론적인 측면과 내용적인 측면의 문제점 2가지를 짚어 보고 연구 방향과 과제를 살펴보고자 한다.

정치영, 2006, 「한성기 백제 기와에 대한 연구」, 한신대학교 석사학위논문.

정치영, 2007, 앞의 글.

정치영, 2009, 「백제 한성기 와당의 형성과 계통」, 『한국상고사학보』 64.

소재윤, 2010, 「백제 수막새 제작기법과 생산체제의 변화 –풍납토성 출토품을 중심으로-」, 『백제학보』 4.

29) 국립부여박물관, 2010, 『기와에 담긴 700년의 숨결, 백제와전』.

30) 한국기와학회·국립부여박물관, 2010, 『백제 와전과 고대 동아시아의 문물교류』.

31) 국립부여문화재연구소, 2010, 『백제 사비기 기와 연구』.

국립부여문화재연구소, 2010, 『백제 사비기 기와 연구』 2.

국립부여문화재연구소, 2011, 『백제 사비기 기와 연구』 3.

국립부여문화재연구소, 2012, 『백제 사비기 기와 연구』 4.

국립부여문화재연구소, 2013, 『백제 사비기 기와 연구』 5.

국립부여문화재연구소, 2014, 『백제 사비기 기와 연구』 6.

먼저, 방법론적인 측면에서의 문제는 형식학적 방법의 남용이다. 유물의 형식 분류는 고고학의 가장 기본적인 방법론 중 하나로 기와 연구에도 속성 분석 등과 같은 방식으로 많이 이용되고 있다. 그렇지만 지나치게 세분화된 분류를 위한 분류[32]는 오히려 전체적인 변화의 흐름을 파악하는 데 혼란을 줄 뿐이다. 형식은 분석의 도구일 뿐 그 자체가 목적이 아니다.[33] 따라서 기와 분석에서 올바르게 형식학적 방법을 적용하기 위해서는 세부 속성 가운데 시·공간적으로 의미를 가지는 주요 속성을 추출하고 부차적인 속성을 가려내는 안목이 필요하다. 이에 대해서는 Ⅰ장 2절 '연구 목적과 방법'에서 상세히 다루겠다.

다음으로, 내용적인 측면에서 기존의 막새 연구가 형식 분류와 편년에 치중되어 문양에 내포된 사상적 의미에 대한 고찰이 상대적으로 미흡하였음을 지적할 수 있다. 수막새는 처음에 실용적인 필요에 의해 제작되었지만 점차 건물의 위계를 나타내는 의장(意匠) 기능이 강화되는데, 의장 내용은 그 시대의 사상이 함축된 문양을 통해 표현된다.[34] 이처럼 막새 문양에는 당대의 미의식(美意識)은 물론 시대상의 변화가 담겨 있기 때문에 당대의 사상사나 문화사를 이해하는 데 매우 중요한 역할을 한다. 따라서 앞으로의 수막새 연구에서는 문양에 담긴 사상적 배경을 보다 심층적으로 이해하기 위한 노력이 필요하다.

---

32) 대표적인 사례로 戶田有二의 「백제의 수막새 제작기법에 대하여(Ⅱ)」, 『백제연구』 40(2001), p.205에서는 수막새의 접합기법을 무려 31가지로 구분하고 있다.
33) 최성락, 2005, 『고고학입문』, p.144.
34) 백종오, 2005, 「고구려 기와 연구」, 단국대학교 박사학위논문, p.88.

II. 백제 기와의
형성과
종류

1. 백제 기와의 형성

백제 기와에 관한 문헌 기록은 매우 소략하며 기와를 직접 언급하는 '와(瓦)'라는 단어가 처음 등장하는 것은 비유왕(毗有王) 3년(429) "11월에 지진이 발생하고, 큰 바람이 불어 기와가 날았다."[1]라는 『삼국사기』 백제본기의 기사이다. 하지만 그동안 축적된 고고학 자료에 비추어 이 기록만으로 5세기 초 이전에 백제에서는 기와를 사용하지 않았다고 단정할 수 없음은 자명하다. 오히려 태풍의 강도를 표현하는 수단으로 사용될 만큼 기와가 한성시기의 백제 건축문화를 상징하는 존재로 깊이 각인되어 있었다고 해석하는 것이 적절하다. 그렇다면 '와(瓦)'라는 단어 없이 문헌에서

---

1) 『삼국사기』 권25 「백제본기」 3 비유왕 3년 "十一月, 地震, 大風飛瓦."

어떻게 기와 혹은 기와 건물이 존재했다는 단서를 찾을 수 있을까? 이러한 주제에 접근하는 가장 좋은 방법은 기와를 사용하는 1차적인 목적이 건물에 올리기 위한 것이기 때문에 문헌에 기록된 건축 관련 기사를 찾는 것이다. 다행히 『삼국사기』 백제본기에서는 궁궐을 짓거나 성을 쌓는 건축 행위를 기록한 건축 관련 기사를 상당 부분 확인할 수 있다.

본 연구에서는 『삼국사기』 백제본기의 건축 관련 기사가 지닌 사료적 가치를 긍정하는 입장에서 백제 기와의 형성과 발전 과정을 역사적 맥락에서 이해하기 위한 자료로 활용하고자 한다. 최근의 고고학적 성과를 놓고 볼 때 적어도 3세기 전반에 해당하는 기와가 실물로 존재하고, 이를 상회하는 자료들이 꾸준히 확인되고 있기 때문이다.[2] 여기에서는 『삼국사기』 백제본기의 건축 관련 기사를 살펴보면서 기와 관련 고고학적 연구 성과와 함께 비교 검토해 보고자 한다.

『삼국사기』 백제본기에 기록된 건축 관련 기사는 온조왕(溫祚王) 원년(BC18)부터 등장한다. 그 내용은 "여름 5월에 동명왕의 사당을 세우다."라는 것이다.[3] 그로부터 12년이 지난 온조왕 13년(BC6) 기사에는 "가을 9월, 성과 대궐을 쌓고"라는[4] 내용이 나오며, 이듬해 "정월에 도읍을 옮겼다."는 기록이 보인다.[5] 하지만 이 기록 자체만으로 그 당시 지은 사당〔廟〕이나 성(城), 궐(闕)에 기와가 올라갔는지를 짐작하기는 매우 어렵다. 이듬

2) 권오영, 2020, 「한강유역에서 삼국~통일신라 와전 문화의 전개」, 제17회 한국기와학회 정기학술대회 『한강유역 삼국의 각축과 와전문화의 전개』, p.10.
   정치영, 2020, 「백제 한성기 와전문화의 성립과 전개」, 제17회 한국기와학회 정기학술대회 『한강유역 삼국의 각축과 와전문화의 전개』, p.87~92.
3) 『삼국사기』 권23 「백제본기」 1 온조왕 원년 "夏五月, 立東明王廟."
4) 『삼국사기』 권23 「백제본기」 1 온조왕 13년 "秋九月, 立城闕."
5) 『삼국사기』 권23 「백제본기」 1 온조왕 14년 "春正月, 遷都."

해인 온조왕 15년(BC4) "정월에 새 궁실을 지었는데, 검소하되 누추하지 않고 화려하되 사치스럽지 않았다."는 기록은 단순히 건물을 지은 사건만이 아니라 건물의 모습에 대해 묘사되어 있어서 참고할 만하다.[6] 앞의 기사들과 연계하여 살펴볼 때, 온조왕 14년(BC5) 정월에 도읍을 기존의 장소에서 다른 곳으로 옮겼는데, 천도하기 1년 전, 정확하게는 4개월 전에 성과 궐을 지었고, 천도한 이듬해인 온조왕 15년(BC4)에 궁실(宮室)을 지었다는 것이다. 다시 말해 천도를 준비하면서 건축공사를 하는 순서는 도읍의 외곽에 해당하는 '성'을 먼저 쌓고, 궁문(宮門) 외곽에 해당하는 '궐'을 쌓은 뒤 마지막으로 임금이 거처하는 '궁'을 지었던 것으로 해석된다.[7] 새로 지은 새 궁실의 모습은 '검소하되 누추하지 않고, 화려하되 사치스럽지 않다.'는 표현으로 미루어 짐작하건대 기와를 올린 건축물을 지칭하는 표현일 가능성이 있지만 현재까지의 고고학 자료와 합치하지 않으므로 향후 새로운 고고학 자료의 발굴과 연구 성과를 기다려야 할 것으로 사료된다. 이후 온조왕 41년(AD23)의 기사는 "봄 2월, …(중략)… 위례성을 수리하였다."는 내용으로 '위례성(慰禮城)'이라는 성의 이름이 직접 언급된다.[8] 그러나 '위례성'이란 단어가 이 기사에 처음 나온 것은 아니고 이전의 기록에 다음과 같이 3번 나온다.

---

6) 『삼국사기』 권23 「백제본기」 1 온조왕 15년 "春正月, 作新宮室, 儉而不陋, 華而不侈."
7) 궐(闕)에 대한 정의는 다양하지만 좁은 의미로 궁문 밖 좌우에 설치된 망루를 지칭하나 보다 넓은 의미로 사용하는 것이 일반적이다.
   『辭源』 "猶言宮殿 宮門外有兩闕 古稱宮闕 又就其內容言則曰宮殿 就其外觀言之則曰宮闕"
8) 『삼국사기』 권23 「백제본기」 1 온조왕 41년 "春二月, …修營慰禮城."

온조 8년(BC11) "봄 2월에 말갈군 3천 명이 침입하여 위례성을 포위했다."[9]

온조 13년(BC6) "가을 7월 한산(漢山) 아래 목책을 세우고, 위례성 백성을 이주시켰다."[10]

온조 17년(BC2) "봄 낙랑이 침입하여 위례성을 불태우다."[11]

위 내용은 건물 축조 기사는 아니지만 이 무렵 백제가 한강유역을 중심으로 점차 영역을 확장하는 과정에서 이 일대에서 영향을 끼치던 낙랑(樂浪)과 말갈(靺鞨) 등 주변 세력과의 다툼이 발생하였고, 위례성이 입지조건상 자주 공격을 당하였기 때문에 한수(漢水) 이남으로 도읍을 옮기는 과정을 보여주는 것으로 생각된다. 위에서 살펴본 온조왕 41년(AD23) '위례성 수리[修葺]' 기사는 동왕 17년(BC2)에 낙랑의 침입으로 소실되었던 위례성을 복구하였다는 내용을 기록한 것으로 이해된다.

위의 온조왕 41년(AD23) 기사 이후 100여 년이 지난 후인 초고왕(肖古王) 23년(188)에 들어서야 "봄 2월에 궁실을 중수하였다."는 건축 기사가 다시 등장한다.[12] 이 기사 등장 전까지 백제는 주변의 말갈은 물론 신라와도 크고 작은 다툼이 있었다는 내용이 자주 나온다. 이러한 양상은 도읍을 한수 이남으로 천도한 이후 백제가 북방의 말갈은 물론 남방의 신라 접경지까지 영역을 확장하는 과정을 보여주는 것으로 생각된다. 이러한 관점에서 보면 2세기 말에 해당하는 위 초고왕 대의 '궁실 중수(重修)' 기사

---

9) 『삼국사기』 권23 「백제본기」 1 온조왕 8년 "春二月, 靺鞨賊三千, 來圍慰禮城."

10) 『삼국사기』 권23 「백제본기」 1 온조왕 13년 "秋七月, 就漢山下立柵, 移慰禮城民戶."

11) 『삼국사기』 권23 「백제본기」 1 온조왕 17년 "春, 樂浪來侵, 焚慰禮城."

12) 『삼국사기』 권23 「백제본기」 1 초고왕 23년 "春二月, 重修宮室."

에 나오는 궁실은 현재의 풍납토성처럼 한수 이남에 위치하는 성곽과 관련이 있는 것으로 충분히 짐작할 수 있으며, 이것은 1999년 풍납토성 성벽 절개조사를 토대로 제기된 2세기 축조설과도 어느 정도 부합하는 것으로 생각된다.[13]

이 시기에 발생한 군사적 충돌은 갈등을 야기하기도 하지만 말갈은 물론 낙랑 등 중국 계통의 문화권과 여러 경로를 통해 문화적으로 접촉하는 계기가 되기도 한다. 당시 중국은 후한(後漢, AD25~220) 대에 해당한다. 기와 제작기술 측면에서 중국은 이미 전한(前漢, BC206~AD8) 초에 출현한 와통(瓦桶)과 점토판(粘土板)을 사용하는 선진적인 기와 제작 기술을 보유하고 있었다. 그렇지만 이러한 기술이 백제에까지 직접 전달되지는 않은 것으로 판단되며, 백제에서는 도공(陶工)이 기와 제작에 참여하면서 와통을 사용하지 않고, 점토띠[粘土帶]를 사용하는 토기 제작 기술이 접목된 초기 기와 제작 기술이 자생적으로 나타났을 것으로 생각된다. 한편 중국 한(漢)대의 수막새 문양은 막새 면을 4구획한 도교(道敎)적인 성격의 운문(雲文) 등이 유행하였는데, 국경을 직접 맞대고 있던 고구려와는 밀접한 영향 관계가 가능하지만, 백제 지역에서는 토착적이고 비종교적인 백제 문화의 내용을 문양 구획 방식이라는 형식적인 틀에 담아낸 백제의 고유한 문양들이 막새에 표현되었다고 생각한다. 풍납토성에서 출토된 자연을 모티브로 하는 수지문(樹枝文), 초화문(草花文) 계열의 문양이나 방사문(放射文), 거치문(鋸齒文) 같은 기하학적인 문양들은 백제 기와 발생 초기 단계의 자생적인 양상을 보여주는 문양으로 생각된다.

신라의 경우 아직 이 시기에 제작된 기와의 존재를 입증할 고고학적인

---

13) 국립문화재연구소, 2001, 『풍납토성Ⅰ -현대연립주택 및 1지구부지-』, pp. 589~593.

실물 자료는 확인된 것이 없지만 『삼국사기』 신라본기 지마이사금(祗摩尼師今) 11년(AD122) 기사에 "11년 여름 4월에 강한 바람이 동쪽으로부터 불어와 나무를 꺾고 기왓장을 날리다가 저녁이 되어서야 그쳤다."는 내용을 주목할 필요가 있다.[14) 향후 발굴조사 성과에 따라 백제 등 주변 국가와의 교류에 영향을 받아 제작된 이른 시기의 기와가 확인될 가능성은 열려있다고 볼 수 있다. 또한 역으로 비록 백제 관련 기록은 아니지만 2세기대 기와에 대한 직접적인 기록의 존재는 간접적으로나마 같은 시기 백제 지역에서 자생적으로 제작된 기와가 사용되었을 가능성을 방증하는 내용이라고 생각한다.

초고왕 23년(188) '궁실 중수' 기사 이후 약 100년이 지난 책계왕(責稽王) 1년(286)에는 "…위례성을 보수"하였다는 기사가 나온다.[15) 비류왕(比流王) 30년(333)에는 "가을 10월에 대궐을 수리"하였으며,[16) 근초고왕(近肖古王) 26년(371)에는 "도읍을 한산으로 옮겼다."고 한다.[17) 침류왕(枕流王) 2년(385)에는 "봄 2월에 한산에 절을 창건"하였다고 기록되어 있다.[18)

2세기 말에서 3세기 말은 중국을 오랫동안 지배하였던 통일 왕조인 한(漢)이 멸망하고, 위(魏), 촉(蜀), 오(吳) 삼국이 병립하는 분열의 시대다. 이 무렵 북쪽의 고구려는 한사군 설치 이후 오랜 시간동안 한반도에 남아 있던 낙랑을 압박하면서 남하하고 있었으며, 백제는 3세기 중반 고이왕(古爾王) 대에 낙랑, 신라와 충돌하면서 세력을 키워 나가는 한편, 팽창하는 고

---

14) 『삼국사기』 권1 「신라본기」 1 지마이사금 11년 "夏四月, 大風東來, 折木飛瓦, 至夕而止."
15) 『삼국사기』 권24 「백제본기」 2 책계왕 1년 "葺慰禮城."
16) 『삼국사기』 권24 「백제본기」 2 비류왕 30년 "秋十月, 修宮室."
17) 『삼국사기』 권24 「백제본기」 2 근초고왕 26년 "移都漢山."
18) 『삼국사기』 권24 「백제본기」 2 침류왕 2년 "春二月, 創佛寺於漢山."

구려의 남하를 저지하기 위해 책계왕 1년(286) 아차성(阿且城)과 사성(蛇城)을 수축하는 등 방비에 힘썼다.[19] 위의 '위례성 보수' 기사는 이러한 당시 상황을 배경으로 이해할 수 있다. 이 시기는 중국 중원을 장악한 위(魏)와 고구려[20], 낙랑과 백제[21], 고구려와 대방, 백제 사이의 충돌[22] 등 국경을 맞댄 여러 나라들 간의 접촉이 잦았지만 한편으로는 비군사적인 인적(人的) 접촉을 통한 문화 교류도 활발하게 이루어졌다는 것은 이 시기 백제 유적에서 출토되는 적지 않은 수량의 중국계 유물을 통해 충분히 짐작된다. 중국 삼국시대의 동오(東吳, 229~280)에서 서진(西晉, 265~316) 대에 유행하던 전문도기(錢文陶器)가 백제에 영향을 주었다는 것은 풍납토성에서 출토된 다량의 시유대호(施釉大壺)를 통해 입증되며, 이것과 궤를 같이하여 전문(錢文)이 백제 한성시기 수막새의 대표 문양으로 채택되었다는 것이 일반적 견해이다.

4세기 초에는 낙랑이 멸망하여(AD313) 한반도에서 중국 세력이 완전히 축출되며, 중국 중원 지역은 서진(西晉, 265~316)이 북방세력에 의해 밀려나면서 동진(東晉, 317~420)이 세워지며, 북위(北魏, 386~534)가 그 자리를 대신하는 위진남북조시대(魏晉南北朝時代)가 열린다. 이 시기에 백제는 근초고왕 대에 이르러 고구려를 격파하여 영토를 확장하였으며, 도읍을 한산(漢山)으로 옮기는 등 전성기를 맞이한다.[23] 대외적으로는 동진

---

19) 『삼국사기』 권24 「백제본기」 2 책계왕 1년 "王慮其侵寇, 修阿旦城·蛇城備之."

20) 『삼국사기』 권24 「백제본기」 2 고이왕 13년 "魏幽州刺史毌丘儉與樂浪大守劉茂·朔方大守王遵, 伐高句麗."

21) 『삼국사기』 권24 「백제본기」 2 고이왕 13년 "王乘虛, 遣左將眞忠, 襲取樂浪邊民."

22) 『삼국사기』 권24 「백제본기」 2 책계왕 원년 "高句麗伐帶方, 帶方請救於我 … 遂出師救之."

과의 잦은 교류를 통해 중국 남방의 육조문화(六朝文化)를 적극적으로 받아들이게 된다. 이때 중국에서 전해진 대표적인 문화는 침류왕 원년(384) 동진의 호승(胡僧) 마라난타가 전해 준 불교이다. 이듬해 한산에 불사(佛寺)가 세워졌다. 풍납토성에서 출토된 연화문수막새는 불교가 전래되고, 사원 건축물이 세워지는 당시의 시대적 배경 아래에서 제작된 것으로 사료된다. 4세기 말 이후 한성 지역에서 제작되기 시작한 연화문수막새는 이후 웅진~사비시기를 거치며 백제 수막새의 대표 문양이 된다.

진사왕(辰斯王) 7년(391)에는 "봄 정월에 궁실을 (다시) 중수하고, 못을 파고 산을 만들어서 이상한 짐승과 화초를 길렀다."[24] 비유왕(毗有王) 3년(429) "11월에 지진이 발생하고, 큰 바람이 불어 기와가 날았다."는 기사에서 기와[瓦]라는 단어가 처음 등장한다. 『삼국사기』 백제본기의 한성시기 건축 관련 마지막 기사는 개로왕(蓋鹵王) 21년(475) "백성을 모조리 징발하여, 흙을 쪄서 성을 쌓고, 그 안에는 궁실, 누각, 사대를 지으니 웅장하고 화려하지 않은 것이 없었다."는 내용이다.[25]

5세기 무렵 백제는 궁실을 새로 짓고, 정원을 꾸미는 등 건축 문화적으로 융성한 시기를 보내고 있었지만 대외적으로는 광개토대왕(廣開土大王) 즉위 이후 급격히 강성해진 고구려와의 잦은 전쟁으로 영토를 잠식당하면서 많은 어려움을 겪었다. 당시 중국은 남방에 동진(東晉, 317~420)에서 유송(劉宋, 420~479)으로 이어지는 남조문화(南朝文化)가 발달하였으며,

---

23) 『삼국사기』 권24 「백제본기」 2 근초고왕 26년 "冬, 王與太子帥精兵三萬, 侵高句麗功平壤城, …, 移都漢山'"

24) 『삼국사기』 권25 「백제본기」 3 진사왕 7년 "春正月, 重修宮室, 穿池造山, 以養奇禽異卉."

25) 『삼국사기』 권25 「백제본기」 3 개로왕 7년 "盡發國人, 烝土築城, 即於其內作宮, 樓閣, 臺榭, 無不壯麗."

북방에는 북위(北魏, 386~534)가 자리 잡고 있는 남북조시대(南北朝時代)
였다. 백제는 동진과 유송에 연이어 사신을 보내면서 중국 남조와의 관계
를 계속 유지하고 있었으나 북조와의 관계는 정치적으로 순탄치 않았으
며, 결국 개로왕 21년(475) 장수왕(長壽王)의 침입으로 한성이 함락되었다.

　이 시기에는 기와 제작기술면에서 와통(瓦桶)이라는 기와 전용 제작도
구가 도입되면서 이전과는 전혀 다른 방식으로 기와를 생산하게 되었다.
와통(瓦桶)의 도입은 기와 제작기술이 제작도구나 인적 구성 면에서 토기
제작기술에 기반을 두었지만, 점차 여기에서 벗어나 기와만의 독자적인
생산기술을 표준화하고, 규격화하면서 효율적인 방식으로 발전시켜 나가
는 계기가 되었다. 인적인 면에서 와공(瓦工)이라는 새로운 직업 집단이 생
김으로써 기와 생산 주체가 도공(陶工)에서 와공으로 전환되는 시기를 맞
이한다. 또한 와통 도입보다는 다소 시기가 늦지만 와통으로 기와를 제작
하기에 적합한 점토판(粘土板) 형태로 바탕흙을 미리 준비하기 위해 긴 네
모꼴의 입방체(立方體)인 흙담²⁶⁾을 쌓는 공정이 추가되면서 작업 속도를
배가시키는 동시에 점토띠[粘土帶] 방식에 비해 구조적으로 훨씬 단단한
기와를 생산할 수 있게 되었다. 나아가 이러한 기와 제작 기술의 발전은
이후 사회조직의 발전과 건축 기술의 발달에 부응하는 기와의 대량 생산
체제를 가능하게 하였다. 수면문(獸面文)수막새에 접합된 수키와에는 와통
을 사용한 흔적인 마포흔(麻布痕)이 확인되어 수면문이 한성시기 수막새
문양 중 가장 늦은 시기에 사용되었음을 알려준다.

　475년 한성이 함락되고, 개로왕이 죽은 뒤 왕위를 계승한 문주왕(文周

---

26) 흙담은 기와의 재료인 바탕흙을 정해진 크기에 맞춰 담장처럼 쌓았다는 뜻으
　로 필자가 현장 용어인 '다무락'을 순화하고, 개념화한 용어이다(국립김해박물
　관, 2016, 『기와, 공간을 만들다』, p.61).

王)은 10월 "웅진으로 천도"하였다.[27) 2년(476) 2월 "대두산성(大豆山城)을 수리하고 한강 이북의 민호(民戶)를 이주"시켰으며,[28) 3년(477) 2월 "궁실을 중수"하면서 백제는 웅진 땅에서 새로운 출발을 모색하게 되었다.[29)

문주왕 원년(475) 도읍을 옮긴 곳은 공주 공산성(公山城)으로 추정되는데, 최근 공산성 내 공북루(拱北樓) 남쪽대지를 발굴조사하면서 점토띠 소지(素地)의 한성시기 기와 제작 전통을 계승한 기와가 다수 출토되었다. 조사된 평기와 중에 점토판 소지(素地)를 사용한 비율이 높긴 하지만 점토띠소지 평기와도 약 40% 정도로 적지 않은 비중을 차지한다.[30) 웅진 천도이후에도 한성시기의 제작 전통이 지속되고 있음을 알 수 있다. 이와 관련하여 『삼국사기』 고구려본기의 장수왕 63년(475) "한성을 함락하고 개로왕을 죽이고 남녀 8천명을 사로잡아 돌아왔다."는 기사[31)와 위의 문주왕2년(476) "한강 이북의 민호를 이주시켰다."는 백제본기 기사가 주목된다. 고구려가 전쟁 후 많은 포로를 잡아 돌아갔지만 이듬해 백제는 아직 옛 도읍 주변에 남아 있던 유민을 거두어 새로운 곳에 살게 하였다는 것이다. 한성 지역에서 건너온 유민 집단은 웅진 천도 이후 흔들리는 백제 왕실을 지탱하는 인적 기반이 되었을 것이다. 이들 중에는 건축이나 기와 생산기술을 보유한 장인들도 포함되었을 것으로 짐작되는데, 이 기술 집단은 새로운 도읍 건설에 주역을 담당하였을 것으로 충분히 짐작된다. 다시 말해

---

27) 『삼국사기』 권26 「백제본기」 4 문주왕 1년 "冬十月, 移都於熊津."
28) 『삼국사기』 권26 「백제본기」 4 문주왕 2년 "春二月, 修葺大豆山城, 移漢北民戶."
29) 『삼국사기』 권26 「백제본기」 4 문주왕 3년 "春二月, 重修宮室."
30) 오세인, 2021, 「공산성 출토 백제 평기와 변천 양상 연구」, 공주대학교 석사학위논문, p.34.
31) 『삼국사기』 권18 「고구려본기」 6 장수왕 63년 "九月, … 陷王所都漢城, 殺其王扶餘慶, 虜男女八千而歸."

최근 공산성 발굴조사에서 확인된 점토띠 소지의 기와는 기와 제작기술이란 측면에서 한성시기와 웅진시기를 이어주는 연결고리인 것으로 평가된다. 이러한 기술적 계승은 결국 문주왕대 민호의 이주라고 하는 인적 계승이 있었기 때문에 가능하지 않았을까 생각한다.

문주왕과 그 뒤를 이은 삼근왕(三斤王)은 전쟁 직후 불안정한 정국 속에서 재위기간이 매우 짧았지만, 478년 해구(解仇)의 반란이 진압된 뒤 등극한 동성왕(東城王)은 23년의 재위기간 동안보다 안정된 기반 위에서 왕실을 보전하고 새로운 도읍을 건설하는 데 힘을 기울일 수 있었다.

동성왕 8년(486) "7월, 궁실을 중수하고, 우두성(牛頭城)을 쌓았고, 10월, 궁성 남쪽에서 군사를 대열"하였다.[32] 문주왕 3년(477) 중수했던 궁실을 9년 만에 다시 중수한 것은 동왕 7년(485) "신라에 빙문(聘問)"하고,[33] 8년(486) 3월 중국 남조의 "남제(南齊)에 조공하였다."는 기사로 볼 때 대내외적으로 왕권이 어느 정도 안정되었던 상황을 반영한다.[34] 이후 동성왕은 아래 기록에서 알 수 있듯이 재위말년까지 성을 쌓거나 건물을 세우는 등 새 도읍 건설에 힘썼으며, 동성왕 재위기간인 5세기 말 무렵 웅진의 새로운 궁성은 점차 그 모습을 갖추어 나간 것으로 생각된다.

12년(490) "북부인 15세 이상을 징발하여 사현과 이산의 두 성을 축조"하였다.[35]

---

32) 『삼국사기』 권26 「백제본기」 4 동성왕 8년 "秋七月, 重修宮室, 築牛頭, 冬十月, 大閱於宮南."
33) 『삼국사기』 권26 「백제본기」 4 동성왕 7년 "夏五月, 遣使聘新羅."
34) 『삼국사기』 권26 「백제본기」 4 동성왕 8년 "三月, 遣使南齊朝貢."
35) 『삼국사기』 권26 「백제본기」 4 동성왕 12년 "秋七月, 徵北部人年十五歲已上, 築沙峴·耳山二城."

20년(498) "웅진교를 가설하고, 7월, 사정성을 축조"하였다.[36]

22년(500) "궁성 동쪽에 임류각을 세웠는데 높이가 5장이고, 못을 파고 진기한 짐승들을 길렀다."[37]

23년(501) "7월, 탄현에 책(柵)을 설치하여 신라에 대비하였고, 8월에는 가림성(加林城)을 축조"하였다.[38]

웅진시기 기와 관련 기존 연구는 무령왕릉을 비롯하여 공주 송산리 일대에 밀집한 벽돌무덤과 공주 반죽동 일대의 대통사지 등의 유적에서 출토되는 6세기 초의 중국 남조 양(梁) 계통의 벽돌과 수막새에 주목해왔다. 이로 인해 한성이 함락된 475년 이후부터 무령왕릉이 조성되는 6세기 초 무렵의 백제 기와 연구는 공백 상태에 있었다고 해도 과언이 아니었다. 물론 1980년대 공산성 발굴과 여기에서 출토된 막새 연구 결과 5세기 말에서 6세기 초를 거쳐 사비시기로 이어지는 웅진시기 연화문수막새의 변천 양상이 소개된 바 있다.[39] 그럼에도 불구하고 한성시기 연화문수막새와 문양 형태 및 제작기법 면에서 보여주는 확연한 차이로 인해 한성과 웅진 두 시기 간에 기술적으로 단절이 있었던 것으로 추정해 온 것이 사실이다. 하지만 2000년대 공산성 발굴조사에서 출토된 평기와는 기술적 단절이 아닌 계승이 온전히 이루어지고 있었음을 보여준다. 또한 그동안 백제 기와 연구에서 다소 소홀히 다루어졌던 문주왕과 동성왕의 역할에 대한 재

---

36) 『삼국사기』 권26 「백제본기」 4 동성왕 20년 "設熊津橋, 秋七月, 築沙井城."

37) 『삼국사기』 권26 「백제본기」 4 동성왕 22년 "春, 起臨流閣於宮東, 高五丈, 又穿池養奇禽."

38) 『삼국사기』 권26 「백제본기」 4 동성왕 23년 "七月, 設柵於炭峴以備新羅, 八月, 築加林城."

39) 이남석, 1988, 「백제 연화문와당의 일연구」, 『고문화』 32, p72~73.

평가가 필요함을 일깨워준다. 아울러 중국 남조에서 앞 시기를 차지하는 송(宋, 424~479)과 제(齊, 479~502)의 기와 제작기술과의 비교 검토가 필요하다는 과제를 주고 있다. 한성시기 백제와 송의 교류는 이미 선행 연구에서 언급된 바 있다.[40] 하지만 제와의 교류에 대한 연구는 여전히 미흡한 부분이 많으므로 이에 대한 검토가 필요하다.

2. 백제 기와의 종류

기와는 주로 목조건물의 지붕에 올리는 건축부재로 사용되지만 이외에도 건물의 벽이나 바닥에도 사용되며, 무덤 축조용으로도 사용된다. 기와가 처음 건축부재로 사용되었을 때는 지붕을 덮는 기본적인 기능에 국한되었지만 점차 건축 구조의 발달과 건축 의장재(意匠材)로서 기와가 차지하는 위상이 높아지면서 막새기와, 서까래기와, 마루기와, 전 등이 제작되어 건축물을 장식하였다. 또한 문자를 새긴 기와를 만들어 상징성과 의미를 더하는 방향으로 전개되었다.

1) 기본기와

기본기와는 지붕을 덮어 빗물 등으로부터 건물을 보호하는 기와 본연의 기능을 수행하기 위해 제작된 기와이다. 기본기와는 평기와라고도 하

---

40) 정치영, 2009, 「백제 한성기 와당의 형성과 계통」, 『한국상고사학보』 64.

며, 수키와와 암키와가 있다. 지붕의 대부분을 덮기 때문에 가장 많은 수량을 차지한다.[41]

(1) 수키와

수키와는 지붕 위에서 볼록한 면이 위로 향하여 기왓등을 형성하는 기와이다. 원통 형태로 성형한 후 세로 1/2로 분할하여 제작한다. 횡단면은 호형(弧形)이다. 백제의 수키와에는 즙와(葺瓦) 시 서로 포개기 쉽도록 언강이라는 단(段)을 둔 미구기와와 턱을 두지 않고 한쪽이 좁고 다른 한쪽은 넓은 평면 사다리꼴로 제작되는 토수기와로 나누어진다. 단의 유무를 기준으로 미구기와는 유단식(有段式), 토수기와는 무단식(無段式)으로 구분하기도 한다.

(2) 암키와

암키와는 지붕 위에서 오목한 면이 위로 향하여 기왓골을 형성하는 기와이다. 원통 형태로 성형한 후 세로 1/4로 분할하여 제작한다. 그러므로 횡단면은 완만한 호형으로 수키와에 비해 편평한 편이다. 백제의 암키와는 통쪽와통[模骨瓦桶]으로 제작한 경우가 많기 때문에 내면에 통쪽흔적이 남아 있는 경우가 많다. 통쪽흔적은 고구려 암키와에서도 확인되는 반면 신라 암키와에서는 확인되지 않으므로 삼국의 기와 제작기술에서 지역성을 보여준다.

---

41) 일본에서 수키와를 환와(丸瓦), 암키와를 평와(平瓦)라고 부르기 때문에 평기와라는 용어를 암키와로 혼동할 수 있다는 의견도 있으나 본 논문에서는 '평(平)'을 '평평'이 아닌 '보통'이라는 의미로 해석하여 사용하였다.

토수기와   미구기와   암키와

사진 01 기본기와

2) 막새기와

막새기와는 처마 끝에 사용하는 기와로 암키와와 수키와의 끝에 접합하여 지붕 위에서 기왓등과 기왓골을 마감하는 역할을 한다. 막새의 기본 기능은 빗물이 지붕에 스며들지 않도록 막는 동시에 기와 안쪽 점토의 유실을 방지하는 것이다. 이외에 다양한 문양으로 지붕을 장식하는 것도 막새의 중요한 역할 중 하나이다.

백제의 수막새는 수키와 끝에 둥근 드림새를 접합한 형태만 사용되었으나 고구려는 반원형, 타원형도 사용되었다. 수막새 문양은 한성시기에 매우 다양하게 나타나며, 웅진시기에는 연화문만 사용되었다. 사비시기에는 연화문 외에 파문(巴文)과 무문(無文)이 사용되었다.

암막새는 수막새에 비해 기능적 역할이 크지 않으므로 수막새보다 늦게 사용되었다. 백제 암막새의 초기 형태는 암키와 끝에 단이 있는 유단식

유단식　　　　　　　　지두문

토기구연　　　　　　　　유악식

사진 02　암막새의 초기 형식

(有段式), 암키와 끝에 턱이 있는 유악식(有顎式), 대호(大壺)의 구연부를 잘
라 사용한 듯한 모습의 토기구연식(土器口緣式) 암막새, 끝부분을 손으로
눌러 굴곡 있게 표현한 지두문(指頭文) 암키와가 있다. 내림새가 있는 본격
적인 암막새는 익산 제석사지에서 출토되었다. 귀면문과 당초문이 장식되
고 주연부에 연주문이 없는 형식으로 안정된 층위에서 백제 유물과 함께
출토되어 백제의 암막새로 보고되었지만 이견도 존재한다.

　　지두문 암키와는 일찍이 암막새의 시원형(始原形)으로 추정되었다. 최
근 공주시 반죽동 197-4번지 유적에서 지두문 암키와 외면에 묻은 횡방
향의 붉은 칠이 확인되었는데, 암막새를 받치는 처마 구조물인 연함(椽檻)

수막새

암막새

사진 03 막새기와

을 단청(丹靑)하면서 생긴 것으로 추정되므로 지두문 암키와가 암막새로 사용되었다는 것이 입증되었다.[42] 이와 같은 형태의 암키와는 고구려 기와에서도 확인되며, 끝암키와[檐瓦]라고도 한다.

3) 서까래기와

나무로 된 서까래를 보호하는 기능은 물론 막새와 함께 지붕을 장식하기 위한 용도로 제작되었다. 수키와에 접합하여 사용하는 수막새와는 다르게 직접 서까래에 못을 박아 설치해야 하기 때문에 중앙에 못 구멍이 있는 것이 특징이다.

연목와(椽木瓦)는 수막새처럼 둥근 형태이며, 주연부가 없고, 중앙에 못 구멍이 있는 것이 특징이다. 연목와는 수량이 적고 출토 유적이 많지

---

42) 조원창, 2018, 「공주 반죽동 추정 대통사지 발굴조사 내용과 성과」, 『백제문화』 60.

연목와   연목와와 와정(瓦釘)

녹유연목와   부연와

사진 04 서까래기와

않다. 미륵사지에서는 녹유(綠釉)를 바른 녹유연목와도 확인된다.

　부연와(附椽瓦)는 겹처마인 부연의 형태에 맞춰 방형으로 제작되었다. 중앙에 못 구멍이 있다. 부여 지역에서는 단 2개 유적에서만 출토되었다.

4) 마루기와

지붕의 마루 위에 올리는 장식기와이다. 마루의 위치에 따라 다양한

치미

토제 마루끝장식기와

석제 마루끝장식기와

사진 05 마루기와

마루기와가 올라간다. 백제의 마루기와에는 치미, 마루수막새, 마루끝장
식기와가 있다.

치미(鴟尾)는 용마루 끝 좌우에 올라가는 기와이다. 새의 날개깃을 모
티브로 제작하였으며, 건물의 위엄을 높이는 대형 기와이다.

마루수막새는 귀마루나 내림마루 끝에 올리는 장식기와이다. 수막새
가 위로 솟구치는 모습으로 변형한 것 같은 모습으로 제작되었다. 최근 공
주 반죽동 197-4번지 유적에서 출토되었다.

마루끝장식기와[棟端飾瓦]는 마루수막새와 마찬가지로 귀마루나 내림
마루 끝에 올리는 장식기와이지만 편평한 판형으로 제작되었다. 토제뿐
아니라 석제로도 제작되었다.

5) 전

전(塼)은 건물의 바닥이나 회랑 바닥에 까는 부전(浮塼)과 벽에 설치하는 벽전(壁塼)이 있으며, 특수한 형태의 상자형전은 부여 군수리사지에서 출토되었다. 건물에 사용된 것 말고도 무령왕릉 등 웅진시기의 벽돌무덤에서는 무덤 축조에 사용되는 묘전(墓塼)도 사용되었다. 전에 아무 무늬가 없으면 무문전, 문양이 있으면 문양전으로도 구분한다. 부여 외리 유적에서 출토된 산수, 용, 봉황, 연꽃, 구름, 도깨비 등 8가지 문양이 있는 문양전이 출토되었다.

문양전

무문전

상자형전

묘전

사진 06 전

6) 문자기와

백제의 문자기와는 도장으로 찍듯이 기와에 글씨를 새긴 인각와(印刻瓦)가 사용되었다. 도장은 원형과 방형 2가지가 있으며, 내용은 생산자 혹은 특정한 와공(瓦工) 집단의 표식으로 추정된다. 벽돌무덤에 쓰이는 묘전(墓塼)에도 문자가 들어간다.

인각와   인각와 세부

방형 인각와   명문벽돌

사진 07 문자기와

III. 유적 현황

1. 한성 지역

1) 서울 풍납토성[1]

풍납토성(사적 제11호)은 '사성(蛇城)' 혹은 '평고성(坪古城)'으로 알려진 백제시대의 토성으로 서울시 송파구 풍납동의 한강 남동쪽 충적대지 위에 쌓은 평지성이다. 성벽의 평면은 장타원형으로 한강과 인접한 서벽은 대부분 유실되었고, 북벽 일부와 동쪽과 남쪽의 2km 남짓한 구간만이 남아 있다.

---

[1] 서울대학교 고고인류학과, 1964, 『풍납리포함층조사보고』.
한양대학교박물관, 1996, 『풍납토성 인접지역 시굴조사 보고서』.
이형구, 1997, 『서울 풍납토성(백제 왕성) 실측조사연구』, 백제문화개발연구원.
국립문화재연구소, 2001~2013, 『풍납토성』 Ⅰ·Ⅱ·Ⅴ·Ⅷ·ⅩⅠ·ⅩⅢ·ⅩⅣ·ⅩⅤ.
한신대학교박물관, 2003~2011, 『풍납토성』 Ⅲ·Ⅳ·Ⅵ·Ⅶ·Ⅸ·Ⅹ·ⅩⅡ.

풍납토성은 1925년 대홍수 때 파괴된 성벽에서 청동자루솥[靑銅鐎斗] 등의 유물이 발견되면서 주목받기 시작하였으며, 1964년 서울대학교에서 실시한 시굴조사에서 출토된 경질무문토기를 통해 이 성의 연대가 기원을 전후한 시기까지 올라갈 수 있음이 확인되었다. 1997년 선문대학교에서 성벽 실측조사 중 풍납동 231-3번지 일대 아파트 재건축 현장에서 백제 토기 등 유물이 다수 출토되어 국립문화재연구소가 긴급 발굴조사를 실시 하였다. 이 조사에서 주거지 19기, 3중 환호, 토기 가마, 수혈 40여 기 등 이 확인되어 풍납토성의 중요성이 다시 한번 부각됨으로써 이후의 연차적 인 학술조사가 이루어지는 시발점이 되었다. 풍납토성에서는 2011년까지 9차례의 시굴조사와 17차례의 발굴조사가 실시되었으며, 이 과정에서 기 원전 18년 백제 건국으로부터 475년 웅진 천도에 이르는 한성시기의 문 화상을 보여주는 풍부한 자료들이 제출되어 한성백제 고고학 연구의 중요 한 발판이 되었다. 특히 1999년 국립문화재연구소의 동벽 조사에서 확인 된 높이 9m, 폭 40m의 거대한 성벽과 한신대학교빅물관의 경당지구 조 사에서 확인된 제사 유적 및 함께 발견된 기와와 전, '대부(大夫)'명 토기, 그리고 말뼈 등은 강력한 왕권의 존재 가능성을 높여주었다. 이러한 발굴 성과는 『삼국사기』 초기기록 부정론을 재검토하는 물질적 증거로 부각되 고 있다. 또한 하남 위례성의 위치비정 문제, 나아가 고대국가의 형성 문제 등 고고학, 고대사 전반의 주요 쟁점에 대해 풍납토성에서의 새로운 발굴 성과는 발표될 때마다 커다란 반향을 일으킬 정도로 지난 10여 년간 풍납 토성은 가장 많은 주목을 받은 유적 중 하나이다.

풍납토성 발굴조사에서 또 한 가지 주목해야 할 것은 바로 기와이다. 지금까지 풍납토성의 여러 발굴 지점에서는 많은 기와들이 발견되었는데, 특히 경당지구와 197번지에서 4,000여 점을 헤아리는 다양한 종류의 수 막새와 평기와가 출토되어, 그동안 간헐적으로 발견되고 소개된 소량의 기와를 통해 알려져 왔던 한성시기 백제 기와에 대한 연구를 체계적이고 본격적으로 진행할 수 있게 되었다.

2) 서울 몽촌토성[2)]

몽촌토성(사적 제297호)은 서울시 송파구 방이동에 위치하는 백제시대의 토성으로 그동안 많은 연구자들에 의해 '하남위례성(河南慰禮城)'으로 추정되어 왔다. 몽촌토성은 한강변에 자리 잡은 풍납토성과 달리 표고 44.8m의 자연구릉을 이용하여 낮은 곳은 판축(版築)하여 쌓고, 높은 곳은 깎아내는 방식으로 축조되었다. 토성의 규모는 남북 730m, 동서 570m의 마름모꼴 평면을 하고 있으며, 성벽의 높이는 11~38m 정도이고, 전체 길이는 2,285m에 달한다.

몽촌토성에 대한 조사는 1983년 첫 조사가 이루어진 이래 1989년까지 서울대학교박물관에 의해 연차적으로 발굴조사가 실시되었다. 1983년

---

2) 몽촌토성발굴조사단, 1984, 『정비·복원을 위한 몽촌토성 발굴조사보고서』.

　몽촌토성발굴조사단, 1985, 『몽촌토성 발굴조사보고』.

　서울대학교박물관, 1987, 『몽촌토성: 동북지구 발굴보고』.

　서울대학교박물관, 1988, 『몽촌토성: 동남지구 발굴조사보고』.

　서울대학교박물관, 1989, 『몽촌토성: 서남지구 발굴조사보고』.

　한성백제박물관, 2016, 『몽촌토성 I -2013·2014년 몽촌토성 북문지 내측 발굴조사보고서-』.

　한성백제박물관, 2016, 『몽촌토성 II -2014년 몽촌토성 북서벽 목책 설치구간 발굴조사보고서-』.

　한성백제박물관, 2019, 『몽촌토성 IV, -2015~2018년 북문지 일원 발굴조사: 삼국시대-』.

　차용걸, 1981, 「위례성과 한성에 대하여(I)」, 『향토서울』 제39호.

　최몽룡, 1988, 「몽촌토성과 하남위례성」, 『백제연구』 19.

조사에서는 성 외곽의 해자와 목책유구 및 2기의 옹관묘가 확인되었다. 1984년 조사에서는 토성의 축조기법을 확인하였으며, 성 내부에 설치된 4곳의 망대(望臺)와 3기의 토광적석묘 및 조선시대 건물터가 조사되었다. 1985년 조사에서는 3기의 집자리 및 성 내부 고지대에 자리 잡은 13기의 저장시설이 확인되었다. 그리고 토광묘, 옹관묘, 토광적석묘 등의 매장유구도 조사되었다. 이를 토대로 1987년에는 성 내부의 동북지구, 1988년에는 동남지구, 1989년에는 서남지구에 대한 전면 발굴조사가 진행되었다. 조사 결과, 백제시대의 집자리 5기, 저장공 7기, 생활유구 1기, 방형수혈유구 1기, 적석유구 3기가 확인되었다. 2000년대 들어서는 한성백제박물관이 조사를 맡아 2013~2014년에는 서북지구가 조사되어 한성시기 도로가 확인되었으며, 2014년에는 서북지구 목책 재설치구간이 조사되어 토축성벽 및 기둥이 조사되었다. 2015~2021년에는 북문지 일원이 조사되어 목곽집수지, 도로유구, 수혈주거지 3동, 굴립주건물지, 초석건물지가 확인되었다.

출토유물은 토기와 철기가 대부분이며, 특징적인 유물로는 골제찰갑(骨制札甲)과 중국제 자기편들이 있다. 그 가운데 회유전문도기(灰釉錢文陶器)는 중국 서진(西晉: 265~316)시기에 제작된 것으로 추정되며, 이것은 몽촌토성의 축조 연대를 3세기 말까지 올려보는 근거가 된다. 이외에도 집자리나 저장공 등 생활유구에서 중국 육조시대(六朝時代) 청자편들이 발견되어 당시 백제와 중국 육조문화와의 밀접한 관련을 보여준다.

1987년 몽촌토성 동북지구 조사에서는 1호 주거지 5층과 폐기장에서 2종의 연화문수막새가 출토되었다. 먼저 1호 주거지 5층에서 출토된 연화문수막새는 고구려 수막새에서 흔히 보이는 능형(菱形) 연화문이 굵은 양각선(陽刻線)으로 표현되어 중앙의 자방을 중심으로 별다른 구획 없이 배치된 형식으로 주연부가 매우 높게 부착된 점이 특징이다. 폐기장에서 출토된 연화문수막새는 중앙의 연자를 중심으로 2줄의 동심원을 넣어 자방을 구성하였으며, 6엽의 연꽃무늬가 표현된 형식이다.

3) 서울 석촌동 고분군[3]

석촌동 고분군은 서울시 송파구 석촌동에 위치한 백제 초기의 고분군이다. 석촌동(石村洞)이라는 지명은 적석총의 석재가 모여 있는 것에서 유래되었다. 석촌동 고분군은 1975년에 사적 제243호로 지정되었으며 현재는 공원으로 지정되어 6기의 고분이 복원되어 있다.

1916년 조선총독부에서 출간된 『조선고적도보』 3에 실린 '석촌부근백제고분군분포도'에 따르면 당시 석촌동 일대에 봉토분 22기, 적석총 66기가 남아 있었던 것으로 전해지고 있다. 그러나 1974년에 잠실지구유적발

---

3) 서울대학교박물관, 1975, 『석촌동 적석총 발굴조사보고』.
   잠실지구유적발굴조사단, 1976, 『잠실지구유적지발굴조사보고 -1976년도』.
   서울대학교박물관, 1983, 『석촌동 3호분(적석총) 발굴조사보고서』.
   서울대학교박물관, 1984, 『석촌동 3호분(적석총) 정비복원을 위한 발굴조사보고서』.
   서울대학교박물관, 1986, 『석촌동 3호분 동쪽고분군 정리조사보고』.
   서울특별시 석촌동 발굴조사단, 1987, 『석촌동 고분군 발굴조사보고』.
   서울대학교박물관, 1989, 『석촌동 1·2호분』.
   한성백제박물관, 2019, 『서울 석촌동 고분군Ⅰ -1호분 북쪽 연접 적석총1-』.
   한성백제박물관, 2020, 『서울 석촌동 고분군Ⅱ -1호분 북쪽 연접 적석총2-』.
   임영진, 1995, 「백제 한성시대 고분연구」 서울대학교대학원 박사학위논문.
   門田誠一, 2002, 「百濟前期における錢文瓦當の背景: 石村洞出土資料の再檢討」 청계사학16·17집.
   정치영, 2007, 「한성기 백제기와에 대한 연구」 한신대학교대학원 석사학위논문.
   이주업, 2008, 「한성기 백제 평기와 제작기법에 관한 연구」 서울대학교대학원 석사학위논문.

굴조사단에서 확인하였을 때는 3기만이 형태가 유지되어 있었다. 석촌동
에 대한 발굴조사는 1983~1984년에 서울대학교박물관에서 3호분과 4호
분을 조사하였으며, 1986~1987년에 1호분, 2호분을 비롯한 적석묘(積石
墓), 토광적석묘(土壙積石墓), 석곽묘(石槨墓), 옹관묘(甕棺墓), 토광묘(土壙
墓) 등 여러 유구를 발굴하였다. 조사 결과, 석촌동 고분군은 백제초기 지
배층의 묘제로 밝혀졌으며, 시기별로 다양한 묘제가 복합되어 있어 지배
층의 성격과 초기 백제문화에 대한 중요한 자료를 제공하고 있다. 2015년
부터는 한성백제박물관이 1호분 북쪽 연접 적석총을 연차적으로 조사하
고 있다.

　　석촌동 고분군에서 기와가 출토된 곳은 4호분과 3호분, 1호 토광묘 문

그림 01　한성지역 유적 분포도

화층, 2호 석곽묘와 2호분 주변 교란층, 1호분 북쪽 연접 적석총이다. 4호분 주변에 위치한 말각방형(抹角方形) 주거지에서도 수막새가 2점 이상 출토되었다. 석촌동 고분군 출토 수막새 문양은 전문(錢文)이 대부분이며, 평기와는 적석총인 4호분에서 264점이 출토되었다. 4호분 출토 평기와는 발굴 당시 적석총 기단의 2단 내지 3단에서 쓸려 내려와 쌓인 상태로 수습되었으며, 봉토 위에 기와와 관련된 구조물이 있었던 것으로 추정된다. 점토띠를 사용한 제작법이나 내면의 통쪽흔과 같은 한성시기 백제기와의 제작기술 전통을 공유하고 있으면서도 측면 분할흔이나 귀접이와 같은 고구려적인 요소가 나타나는 것이 특징이다. 1호분 북쪽 연접 적석총의 각호 적석묘, 2호 목관묘, 3호 적석묘, 3호 연접부, 1호 구획적석목곽묘 등 유구에서는 다량의 기와가 출토되었는데, 대부분 1호 매장의례부에서 출토되었다. 막새 15점, 수키와 191점, 암키와 117점이 수록되었다.

2. 웅진 지역

1) 공주 공산성[4]

공산성(사적 제12호)은 공주시 금성동과 산성동에 걸쳐 있는 공산(公

---

4) 공주사범대학 백제문화연구소, 1982, 『공주 공산성 내 건물지 발굴조사보고서』.
   공주사범대학박물관, 1987, 『공산성 백제추정왕궁지 발굴조사보고서』.
   이남석, 1988, 「백제 연화문와당의 일연구: 공산성 왕궁지출토품을 중심으로」, 『고문화』 32.
   공주대학교박물관, 1990, 『공산성 성지발굴조사보고서』.
   공주대학교박물관, 1992, 『공산성건물지』.

山)에 포곡식(包谷式)으로 조성된 산성으로 그 둘레는 2,660m이다. 공산성은 백제시대의 '웅진성(熊津城)'을 비롯하여, 여러 가지 이름으로 불리어졌다. 웅진성은 백제시대에 공산성을 지칭하는 의미뿐만 아니라, 지역적 행정구역명으로도 사용되었다. 통일신라시대에 이르러서도 이 이름은 그대로 사용되었다. 조선시대에는 거의 공산산성, 공주산성, 공산성 등의 이름으로 불렸다. 그런데, '공주'라는 지명이 고려 태조 23년에 웅주에서 개칭된 점으로 미루어 보아, 역시 공주산성, 공산산성, 공산성 등으로 불리게 되었을 것이다. 공산성에는 본래 사방으로 성문이 있었으나 현재 진남루(鎭南樓)와 공북루(拱北樓)의 남북 문루가 남아 있고, 동문과 서문은 터만 남아 있다. 부대시설로 치성(雉城)이나 암문(暗門), 수문(水門), 고대(高臺), 장대(將臺) 등이 설치되었다. 성곽은 석성(石城) 구간과 390m의 토성(土城) 구간으로 구분되고, 토성 구간은 다시 내성과 외성으로 구분된다.

공주대학교 박물관에서 1980년부터 2005년을 기준으로 10여 차례에 걸쳐 성곽 및 성내 유적에 대한 학술 발굴조사를 실시하였다. 조사 결과 백제시대부터 조선시대 말에 이르는 다양한 유적이 존재하고 있음을 확인하였다. 백제시대 유적으로 임류각지(臨流閣址, 1980), 추정왕궁지(推定王宮址, 1985~1986), 토성지(土城址, 1988), 굴건식(堀建式) 건물지(1990), 저장구덩이(1991), 지당(池塘)II(1993) 등을 확인 조사하였고, 통일신라시대 유적으로는 28칸 건물지(1989), 12각(十二角) 건물지(1990), 12칸 건물지(1991) 등을 발굴하였다. 이후 조선시대 관련 유적으로는 장대지(將臺址, 1980), 만아루지(挽阿樓址, 1980), 지당(池塘)I(1982), 암문지(暗門址, 1983), 중군영지(中軍營址, 1987) 및 광복루 광장 유적(1989) 등을 조사하였다. 이러한 사실은 이 산성의 행정적·군사적 중요성이 백제시대에서 조선시대에 이르기까지 지속되었음을 보여주고 있는 것이라 하겠다.

공산성에 대한 조사는 공주대학교박물관 주도로 2000년대부터 공북루 남쪽대지를 시작으로 재개되었으며, 최근까지도 연차적으로 발굴조사가 이루어지고 있다.[5] 조사 과정에서 많은 양의 기와가 출토되었으며, 특히 그동안 수막새에 비해 보고가 잘 이루어지지 않았던 평기와 보고 사례가 급증하여 웅진시기 평기와 연구의 발판이 마련되었다.

공산성에서는 추정왕궁지 건물지와 연못, 목곽고 등에서 백제시대로 편년되는 수막새와 평기와가 출토되었는데, 수막새의 경우 연화문과 파문 두 종류가 보인다. 연화문 수막새의 형식은 자방의 직경이나 연판의 형태 등을 기준으로 할 때 크게 다섯 가지로 구분되는데, 자방이 크고, 연판의 반전이 가장 두드러진 형식을 웅진천도 직후인 5세기 말로 설정한다면, 무령왕릉이 축조되는 6세기 초~중반을 거치며, 자방이 축소되고, 연판이 평면적으로 변화되다가 웅진 말기인 6세기 초반에는 접합기법 등 제작기술적인 면에서 변화가 나타나게 된다.

---

5) 공주대학교박물관, 2008, 『공산성 -공산성 공북루 남쪽대지 시굴조사-』.

공주대학교박물관, 2008, 『공산성 -공산성 성안마을 시굴조사-』.

충청남도역사문화연구원, 2010, 『공주 공산성 성안마을 유적』.

공주대학교박물관, 2016, 『공주 공산성 I (공산성 백제 왕궁관련유적 제4·5차 발굴조사)』.

공주대학교박물관, 2016, 『공산성 -성곽 발굴조사- 발굴조사보고서』.

공주대학교박물관, 2018, 『공주 공산성 II (공산성 백제 왕궁관련유적 제6차 발굴조사)』.

공주대학교박물관, 2018, 『공주 공산성 III (공산성 백제 왕궁관련유적 제7차 발굴조사)』.

공주대학교박물관, 2019, 『공주 공산성 IV (공산성 백제 왕궁관련유적 제8차 발굴조사)』.

공주대학교박물관, 2019, 『공주 공산성 V (공산성 백제 왕궁관련유적 제9차 발굴조사)』.

공주대학교박물관, 2020, 「사적 제12호 공주 공산성 왕궁지 연결도로 발굴조사 약보고서」.

2) 공주 정지산 유적[6]

정지산 유적(사적 제474호)은 공주시 금성동 정지산(해발 57m)의 정상부와 남쪽 경사면에 위치하는 백제시대의 제사 유적으로 북쪽에 금강이 바라다 보이며, 송산리고분군과 공산성 등 웅진시기의 중요한 국가시설이 인근에 분포한다.

정지산 유적에 대한 발굴조사는 1996년 국립공주박물관에 의해 이루어졌다. 조사 결과, 정지산 정상부에 국가제사를 위한 시설이 들어서기 전까지 이곳에는 30여 기의 움집과 지상시설이 있었는데, 6세기 전반경 이것을 모두 철거하고 조성된 약 800평 정도의 평탄대지 위에 세워진 것으로 추정되었다. 주위에는 도랑[濠]과 나무울타리[木柵]을 두어 외부와 격리된 공간을 구획하고, 내부에는 중앙에 기와건물을 세우고 주변에 7동의 부속건물을 배치하였다. 기와건물은 사방을 'L'자형으로 깎은 후 돌출된 공간 위에 세워졌는데, 돌출부에 5개의 기둥을 세우고, 각 변마다 8~9개의 기둥을 세워 지붕에 기와를 올렸는데, 초석이나 적심석이 없는 것이 특징이다. 6세기 중엽이 지나면서 이 시설들이 폐기된 후에는 석실분과 옹관묘가 들어서게 되는데, 그 시기는 7세기경인 것으로 보인다.

기와건물지에서 출토된 수막새는 연판 끝부분에 구슬모양의 장식이 있는 이른바 '대통사식'을 따르고 있으며, 함께 출토된 평기와는 무문이다. 저장구덩이에서는 사격자문이 있는 벽돌이 출토되었는데, 무령왕릉 출토품과 흡사하므로 6세기 전반경에 제작된 것으로 추정된다.

---

6) 국립공주박물관, 1999, 『정지산: 백제의 제사유적』.
   김길식, 2001, 「빙고를 통해 본 공주 정지산유적의 성격」, 『고고학지』 제12집.
   최광식, 2006, 『백제의 신화와 제의』.

3) 공주 대통사지[7]

대통사(大通寺)는 양(梁) 대통(大通) 원년인 527년(성왕 5), 무제(武帝)를 위해 웅천주(熊川州: 지금의 공주)에 창건된 사찰로『삼국유사』에 기록되어 있다. 공주시내의 '대통(大通)'이라는 글씨가 새겨진 기와가 발견된 반죽동 일대가 대통사지로 알려지고 있는데, 가루베 지온(輕部慈恩)은 공주지역의 불교 유적을 조사하면서 반죽동 당간지주(幢竿支柱)와 석조(石槽)를 포함하는 지역을 문헌에 나오는 대통사로 비정한 바 있다. 그렇지만 대통사의 정확한 위치에 대한 고고학적 조사 없이 반죽동 일대는 점점 시가지로 변모하여 갔다.

대통사지로 알려진 반죽동 일대가 처음으로 발굴조사 된 것은 1999년 공주대학교박물관에 의해서였다. 발굴조사는 당간지주가 있는 지점의 동쪽지역 약 1,600평을 중심으로 진행되었으나 조사 결과, 이곳을 백제시대 절터로 단정지을 만한 증거가 확인되지 못하였으며, 당간지주마저도 후대에 옮겨진 것으로 밝혀졌다. 그에 따라 대통사지의 위치를 새로 찾아야 한다는 과제가 생기게 되었다. 그렇지만 1999년 조사지역이 사역중심부가 아닐 수도 있다고 가정한다면 조사지역 인근의 어느 지점엔가 대통사지가 존재할 가능성은 여전히 부정하기 어렵다. 한편 공주가 아닌 부여의 부소산성에서도 '대통'명 기와가 출토되었다는 것도 대통사지의 위치를 확인함

---

7) 輕部慈恩, 1946,『百濟美術』, 寶雲舍.

공주대학교박물관, 2000,『대통사지』.

이남석, 2002,「백제 대통사지와 그 출토유물」,『호서고고학』제6·7집.

清水昭博, 2003,「백제 대통사지 수막새의 성립과 전개: 중국 남조계 조와기술의 전파」,『백제연구』제38집.

조원창·박연서, 2007,「대통사지 출토 백제와당의 형식과 편년」,『백제문화』제36집.

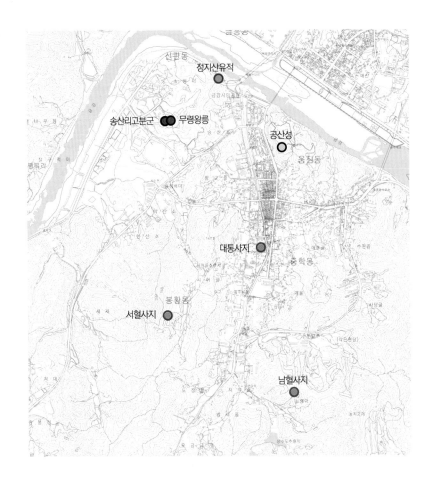

그림 02 웅진지역 유적 분포도

에 있어 함께 고려되어야 할 것이다.

지금까지 공주시 반죽동의 대통사지와 그 주변의 중동, 봉황동 일대에서 수습된 수막새들은 이른바 '대통사식' 수막새라 불리며, 6세기 전반기의 웅진시기 백제수막새의 대표적인 유형의 하나로 인식되어 왔다. 대통사식 수막새의 가장 큰 특징은 꽃잎 끝부분에 작은 원형돌기가 있다는 점인데, 이러한 형식은 사비시기를 거쳐 일본의 고대사원에서도 널리 채택된다. 특히 일본 최초의 가람인 아스카데라[飛鳥寺]의 이른바 '성조(星組)' 수막새에서 잘 나타나고 있다.

3. 사비 지역

1) 부여 관북리 유적[8]

관북리 유적(사적 제428호)은 백제 사비시기의 왕궁 또는 관련 시설이 자리하고 있던 곳으로 추정되며, 부여 부소산의 남쪽 기슭에 위치한다. 관북리 유적은 사비 천도 이전 공방, 창고 등 왕궁의 부속시설이 먼저 들어서고, 왕궁 확장을 위한 성토대지를 조성한 후에 도로, 배수로 등의 시설과 건물, 연못 등의 조경시설을 계획에 맞춰 배치한 것으로 조사되었다.

관북리 유적은 1982년 충남대학교박물관의 첫 발굴조사 이후 1992년 7차 조사까지 이루어졌다. 1차 조사(1982)에서는 연못과 함께 백제 유물이 다수 발견되어 백제 사비기의 왕궁 후보지로서 그 중요성이 부각되기 시작하였다. 2차 조사(1983)에서는 연지 내부조사가 이루어졌으며, 백제 사비시기의 연화문수막새를 비롯한 다양한 기와들과 토기 파편들, 개원통보(開元通寶)와 철창, 철촉 등이 출토되었다. 3차 조사(1987)에서는 백제

---

8) 충남대학교박물관, 1985, 『부여 관북리 백제유적 발굴보고』 1.
국립부여문화재연구소, 2009, 『부여 관북리 백제유적 발굴보고 3: 2001~2007년 조사구역 백제유적』 3.
국립부여문화재연구소, 2009, 『부여 관북리 백제유적 발굴보고 4: 2008년 조사구역』.

사비시기에 건설한 도로와 그에 딸린 배수로를 발견하였고, 4차(1988)·5차 조사(1989)에서는 백제시대 샘터와 남북소로가 확인되었다. 6차 조사(1990)에서는 3차 조사 시 확인된 남북대로 북편 연장부가 확인되었고, 7차 조사(1992)에서는 백제요지 1기와 소형 수혈유구 1기, 그리고 1987년 3차 조사에서 발견된 동서소로의 연장구간을 확인하는 성과를 거두었다.

8차 조사(2001~2002년)부터는 국립부여문화재연구소가 조사를 전담하여 연차적인 발굴조사를 실시하였다. 8차 조사에서는 동서석렬 및 굴립주가 확인되었고, 9차 조사(2003)에서는 백제시대 공방 및 성토층, 추정 목곽저장고 등이 발견되었다. 10차 조사(2004)에서는 지하목곽고 5기와 함께 금속용기 및 불상 등 다수의 유물이 출토되었다. 11차 조사(2005~2006년)에서는 목곽수조와 도수관로 등 백제 상수도 시설을 발견하였다. 12차 조사(2007)에서는 백제의 우물 2기와 석렬, 와열 유구를 확인하였고, 13차 조사(2008)에서는 부와(敷瓦)시설 및 대지 경계 석렬 등과 함께 도수관 전용의 토제품, 녹유노기 등 백세의 사료들을 추가적으로 확보하였다.

관북리 유적에서는 제2차 조사에서 출토된 연화문수막새를 비롯하여 많은 기와가 출토되었다. 수막새 문양은 연화문, 파문, 무문 3종 모두 확인된다. 연화문은 7가지 유형으로 분류되며, 세부 속성에 따라 30여 개 형식이 있다.[9] 2008년에는 '을축(乙丑)'명이 있는 인각와(印刻瓦)가 출토되었는데 605년으로 추정된다.

9) 국립부여박물관, 2010, 『백제와전』, p86.
   국립부여문화재연구소, 2014, 『백제 사비기 기와 연구Ⅵ』, p.24.

2) 부여 부소산성[10]

부소산성(사적 제5호)은 부여읍 쌍북리에 위치하며, 관북리 일대로 추정되는 왕궁의 배후산성으로 『삼국사기』에는 사비성, 소부리성(所夫里城)으로 기록되어 있다. 성벽 둘레는 약 2,495m, 면적은 약 74만㎡에 이르며 백제 때 쌓은 포곡식(包谷式)산성과 이후에 축성된 테뫼식[山頂式]산성이 복합적으로 이루어져 있다.

부소산성에 대한 조사는 1980년 산성 내 사찰인 부소산사지에 대한 조사를 시작으로 2003년까지 총 22년간 24차례에 걸쳐 이루어져있으며, 이 과정에서 성벽의 축조 방법 및 축조 시기를 파악할 수 있었고, 성과 관련된 문지, 장대지, 치성, 성 내부의 건물지, 주거지 등 다양한 유구를 확인하였다. 특히 부소산성의 외곽을 아우르는 포곡식산성이 백제시대에 초축(初築)되었고, 성 내부를 구획하는 테뫼식산성이 통일신라시대와 조선시대 초기에 조성되었음을 밝힌 것은 매우 큰 성과라고 할 수 있다.

부소산성에서 현재까지 확인된 유구는 모두 120여 기로 성과 관련된 시설로 문지, 치성, 장대지, 배수시설 등이 확인되었으며, 내부에서는 군창지를 비롯한 다양한 성격의 유구가 조사되었다. 문지의 경우 남문지와 동문지, 남편 테뫼식성의 북문지 등이 확인되었다. 치성은 동문지와 남문지 일대에서 각 1기, 남편의 통일신라 테뫼식성 동단부에서 1기 등 모두 3개

---

10) 부여문화재연구소, 1995, 『부소산성: 발굴조사중간보고』.
국립문화재연구소, 1996, 『부소산성: 발굴조사보고서』.
국립부여문화재연구소, 1997, 『부소산성: 발굴조사중간보고2』.
국립부여문화재연구소, 1999, 『부소산성: 정비에 따른 긴급발굴조사』.
국립부여문화재연구소, 1999, 『부소산성: 발굴중간보고서3』.
국립부여문화재연구소, 2000, 『부소산성: 발굴중간보고서4』.
국립부여문화재연구소, 2003, 『부소산성: 발굴조사보고서5』. ·

소에서 확인되었으며, 전자의 두 지점은 백제 때, 후자의 1개소는 통일신라 때 각각 초축되었음이 밝혀졌다. 장대지는 동문지 일대 치성부에서 1기, 부소산성 서북편 테뫼식성과 백제 포곡식성이 만나는 지점에서 1기가 확인되었다. 성벽 관련 배수시설은 백제시대 성벽 안쪽에 성벽과 나란하게 지나가는 배수시설과 통일신라 및 고려~조선시대에 축조된 각종 암거 및 배수로로서 모두 7개 지점에서 조사되었다. 이들 각종 유구들은 대부분 백제~조선에 걸쳐 조성된 것으로 백제 때 부소산성이 초축된 이후 이곳이 중요한 군사적 거점으로 장기간 사용되었음을 말해준다.

부소산성에서는 백제에서 조선에 이르는 시기의 기와가 출토되었다. 백제 수막새 문양은 연화문, 파문, 무문이 모두 확인되며, 무문의 수량이 우세하게 나타나는 점이 특징이다. 특히 동문지에서는 총 191점의 수막새 중 연화문 4점, 파문 2점을 제외한 185점의 무문수막새가 집중 출토되어 주목된다.[11] 연화문은 6가지 유형이 있으며, 세부 속성에 따라 16형식으로 구분된다.[12] 평기와는 내면에 통쪽와통 흔적이 남아 있는 개체가 출토되었는데, 통쪽을 이은 연결끈 흔적이 9종 확인되었다. 인각와는 간지(干支) 외에 행정구역을 나타내는 명문이 확인되었으며, 행정 최고기관을 의미하는 것으로 추정되는 '수부(首府)'명 기와가 출토되어 주목받았다.

3) 부여 구아리사지[13]

구아리사지는 부여읍 구아리 64번지 일대에 위치하는데, 일찍이 '천왕(天王)'명 기와편이 발견된 바 있어 『삼국사기』에 전하는 백제 '천왕사(天王

---

11) 부여문화재연구소, 1995, 『부소산성 발굴조사중간보고』, p.70.
12) 국립부여박물관, 2010, 『백제와전』, p.96.

寺)'의 터로 알려져 왔다. 1942년 이곳에 경찰서를 신축하면서 연화문수막새가 출토되어 후지사와 카즈오[藤澤一夫]에 의해 발굴조사가 실시되었으나 보고서가 발간되지 않아 당시의 조사 내용은 정확히 알기 어렵다. 그렇지만 중앙에 방형 사리공이 있는 목탑 심초석이 출토되었으며, 여러 점의 소조상과 청동제연화대좌 등이 출토되어 백제의 절터로 추정되었다. 또한 부근의 상수도 송수관 매설공사 시 도로변에서 청동제귀면장식이 발견되기도 하였다.

1992년 경찰서가 이전되면서 부여문화재연구소에서 경찰서부지에 대한 발굴조사를 실시하였다. 그렇지만 기대하였던 절터의 흔적은 확인되지 못하였으며, 백제 때 축조된 '井'자 모양의 우물 유구만이 발견되었다. 우물은 남북으로 2기가 나무 홈통으로 연결되어 있었으며, 북쪽이 높아 고인 물이 홈통을 따라 남쪽 우물로 흘러가 정수되도록 고안된 것이다. 출토유물로는 '천왕'명 기와편, 석제보살입상, 소조불상, 소조동물상, 철제자루솥 등이 있다. 이상의 조사 결과에 따라 이 유적은 구아리사지가 아닌 구아리 백제 유적(도기념물 제88호)으로 지정되었다. 하지만 그동안 확인된 유물 가운데 심초석을 비롯하여 불교와 관련되는 것들이 많고, 1992년 발굴이 구 경찰서부지 전체를 조사한 것이 아니기 때문에 이 부근에 백제 사찰 유적이 존재할 가능성은 여전히 남아 있다고 할 수 있다.

구아리사지에서는 일제강점기 조사에서 282점의 백제 수막새가 출토되었으며, 그중 연화문은 5형 23형식이 보고되었다.[14] 여기에 고구려식

13) 부여문화재연구소, 1993, 『부여 구아리 백제유적 발굴조사보고서』.
   국립부여박물관, 2016, 『일제강점기 자료조사 보고 19집: 부여 구아리사지』.
14) 국립부여박물관, 2016, 『일제강점기 자료조사 보고 19집: 부여 구아리사지』, p.45~51.

구획선이 있는 연화문수막새와 수집품인 파문수막새 2종을 포함하면 총 연화문과 파문 2종의 문양과 6형의 연화문, 26형식의 수막새로 분류된다. 특히 구아리사지에서는 연판 끝부분에 원형 돌기가 있는 웅진시기의 이른 바 '대통사식(大通寺式)' 수막새가 다수 확인되므로 부여 지역에서는 이른 시기의 유적으로 평가된다.

4) 부여 군수리사지[15]

군수리사지(사적 제44호)는 군수리의 궁남지 서쪽 낮은 구릉에 있는 절터이다. 1935년과 1936년 이시다 시게사구[石田茂作]와 사이토 타다시 [齋藤忠]가 2차에 걸쳐 발굴조사하였다. 조사 결과, 군수리사지는 중문-탑-금당-강당이 남북 일직선상에 배치되어 있는 이른바 '1탑 1금당식'의 가람배치가 확인되었다. 이러한 배치는 군수리사지에서 처음 확인되었으며, 이후 조사되는 백제 사찰 유적의 전형적인 가람배치가 된다. 강당 좌우에 각 1동의 부속건물터가 있으며, 중문과 회랑으로 추정되는 석렬이 확인된다. 강당 좌우 건물은 각각 종루지(鐘樓址)와 경장지(經藏址)로 보았다.

금당과 강당은 기와를 몇 겹으로 쌓아올린 와적기단(瓦積基壇)으로 되어있는데, 합장식(合掌式)과 수직횡렬식(垂直橫列式)의 2가지 방식이 확인된다. 이와 같은 와적기단은 고구려나 신라에서는 찾을 수 없는 백제만의 독특한 건축기법으로 일본의 소후쿠지[崇福寺]에서도 확인된다. 목탑지는

---

15) 朝鮮總督府, 1937, 『昭和十年度古蹟調査報告』.
   국립부여문화재연구소, 2010, 『부여 군수리사지Ⅰ』.
   국립부여문화재연구소, 2013, 『부여 군수리사지Ⅱ』.
   국립부여박물관, 2012, 『일제강점기 자료조사 보고 6집: 부여 군수리사지』.

기단부에 전을 쌓아 돌렸는데, 일본의 야마다지[山田寺]에서도 확인되었다. 목탑지 중앙에는 심초석(心礎石)이 있는데, 지하 2m 지점에 매립한 지하심초로 서편에서 사도(斜道)가 확인되었다.

2005년 국립부여문화재연구소의 재발굴조사에서 군수리사지의 정확한 위치와 규모를 확인하였고, 2006년에는 목탑지·금당지에 대한 정밀 유구조사가 실시되었다. 2007년에는 유구의 존재가 확인된 금당지의 남·서·북편 계단지를 비롯하여 초석, 기둥자리, 이중기단, 기단부의 토층양상 등에 대한 정밀 유구조사와 함께 금당지를 파괴한 후대 교란 구덩이의 양상이 확인되었다.

군수리사지에서는 납석제여래좌상(보물 제329호), 금동보살입상(보물 제330호)이 지하 심초 부근에서 발견되었다. 사비천도 직후인 6세기 전반 백제 불교조각의 높은 수준을 보여준다. 수막새는 2005~2007년 조사에서는 연화문 3유형 7형식이 보고되었으나[16] 일제강점기 조사 내용을 포함하면, 첨형이 추가된 연화문 4유형 11형식으로 분류된다. 또한 백제 암막새의 시원형(始原形)으로 평가되는 지두문(指頭文) 끝암키와가 출토되었으며, 연화문과 인동문이 표현된 상자모양벽돌이 완전한 형태로 출토되어 백제 와전문화의 다양한 모습을 알려준다.

5) 부여 금강사지[17]

부여 중심부에서 약 10㎞ 정도 떨어진 은산면 금공리의 월미봉 동쪽의 금강천변에 자리 잡은 금강사지(사적 제435호)는 문헌에서 그 이름을 찾

16) 국립부여문화재연구소, 2014, 『백제 사비기 기와 연구Ⅵ』, p.21.

을 수 없으나 '금강사(金剛寺)' 글씨가 있는 기와가 발견되어 금강사지로 불리게 되었다. 또한 『대동여지도』나 『신증동국여지승람』 등에 '금강천(金剛川)'이나 '금강원(金剛院)' 등의 기록이 있어 당시 이곳이 역원(驛院)으로 사용되었음을 알 수 있다.

금강사지에 대한 발굴조사는 국립박물관에 의해 1964년과 1966년에 2차에 걸쳐 이루어졌다. 조사 결과, 금강사지는 백제 때 창건된 이후 통일신라 때의 개보수를 거쳐, 고려시대에 다시 대규모 중창이 있었으며, 고려시대 말에 화재로 폐사된 것으로 추정되었다. 백제 시기의 금강사지는 백제 사찰의 전형적인 1탑 1금당식 가람배치를 하고 있지만 기본축이 남향이 아닌 동향인 점이 특이하다. 대부분의 건물은 단층기단으로 되어 있으나 목탑지 기단은 이층기단이었다고 추정되며, 그 지하에서 발견된 심초석은 자연의 풍화암반을 이용한 것으로 나타났다. 또한 탑, 금당, 중문의 기단은 판축법(版築法)에 의하여 축성하였는데, 이러한 판축기단은 백제 유적에서 처음으로 확인된 것이다. 2015년부터는 국립부여문화재연구소가 금강사지를 연차적으로 조사하고 있다. 1차 시굴(2015), 2차 시굴 및 발굴(2016) 조사에서는 중문지, 강당지, 승방지 등 24기의 유구를 확인하였다.

금강사지에서는 백제에서 고려에 이르는 매우 다양한 수막새가 출토되었다. 백제 수막새는 7유형 25형식의 연화문이 확인되었다. 특히 5가지 형식의 곡절형 연화문수막새가 출토되어 부여 지역에서 가장 다양한 양상

---

17) 국립박물관, 1969, 『금강사』 국립박물관 고적조사보고 제7책.
　　이형구, 1970, 「금강사 발굴의 의의: 백제 가람양식의 일본전파를 중심으로」 공간5, 4.
　　大川淸, 1973, 「부여군 은산면 금강사 출토 고와의 연구」, 『백제문화』 6.
　　국립부여문화재연구소, 2018, 『부여 금강사지』.

을 보여준다.

6) 부여 능산리사지[18]

능산리사지(사적 제434호)는 부여 동나성 외곽에 위치하는 백제 사비시기 절터로서, 백제 왕릉군으로 널리 알려진 부여 능산리고분군과 밀접하게 관련된 백제 왕실의 원찰(願刹)로 이해되고 있다. 그러나 이 절이 당시에 어떤 이름으로 불리었는지는 확실하지 않지만 1995년 목탑지 조사에서 출토된 백제창왕명석조사리감(국보 제288호)의 명문을 통해 567년(위덕왕 14)에 사찰이 세워졌음을 알 수 있다.

능산리사지에 대한 조사는 1992년 능산리고분전시관의 주차장을 조성하기 위하여 시굴조사하면서 시작되었다. 본격적인 발굴조사는 1993년 국립부여박물관에 의해 실시되었으며, 1997년까지 2~5차, 1999년부터 2002년까지 6~8차 발굴조사가 진행되었다. 이후 한국전통문화학교, 국립부여문화재연구소 등이 발굴에 참여하여 16년간 총 11차례 조사가 이루

---

18) 국립부여박물관, 2000, 『능사: 부여 능산리사지 발굴조사 진전보고서』.

김종만, 2000, 「부여 능산리사지에 대한 소고」, 『신라문화』 17·18.

신광섭, 2006, 「백제 사비시대 능사 연구」 중앙대학교박사학위논문.

국립부여박물관, 2007, 『능사: 부여 능산리사지 6~8차 발굴조사보고서』.

국립부여문화재연구소, 2008, 『능사: 부여 능산리사지 10차 발굴조사보고서』.

이병호, 2008, 「부여 능산리사지 출토 와당의 재검토」, 『한국고대사연구』 제51집.

한국전통문화학교 고고학연구소, 2010, 『부여 능산리사지 제9차 발굴조사보고서』.

한국전통문화학교 고고학연구소, 2011, 『부여 능산리사지 제11차 발굴조사보고서』.

어졌다. 1~5차의 발굴조사는 중심사역을 중심으로 이루어졌고, 6~8차는 배수로 및 도로 유구, 9~11차는 난방시설이 설치된 대형의 건물지, 우물지, 집수정 등 외곽지역을 중심으로 발굴이 진행되었다.

능산리사지의 가람배치는 중문-탑-금당-강당이 남북 일직선상에 배치되고, 주위를 회랑이 둘러싼 1탑1금당식의 전형적인 백제가람의 모습을 하고 있다. 이와 같은 가람배치는 1935~36년에 조사된 군수리사지에서 처음 확인되었는데, 정림사지, 왕흥사지 등 사비시기의 주요 사찰에서 공통적으로 나타나며, 훗날 일본 시텐노지[四天王寺]의 가람배치로 이어진다. 능산리사지 목탑과 금당은 이중기단으로 조성되었으며, 금당은 5칸, 측면 3칸의 규모로 이중기단이다. 금당과 목탑으로 이루어진 사역중심부는 동·서·남회랑이 둘러싸고 있으며, 동·서회랑의 북쪽 구간에는 각각 2동의 건물이 배치되어 강당과 연결되어 있다. 서회랑 북쪽 2동의 건물지는 금공품을 생산하던 공방지이며, 서쪽의 동나성 사면에는 기와가마터가 있다. 강당 북쪽지역에서는 몇 기의 건물터가 발견되었는데, 나수의 등잔과 그릇받침 등 제사 관련 유물이 여러 점 출토되어 각각 승방과 빈전(殯殿)으로 추정되기도 한다.

능산리사지 출토 수막새의 문양은 연화문, 파문, 무문 3종이 확인되며, 연화문은 6유형 13형식, 파문은 2형식으로 분류된다. 특히 연판 끝부분이 반전되는 '삼각반전형' 연화문 중 1형식은 296점이 출토되어 전체 연화문의 60% 이상을 차지하여 주목된다. 6세기 중반 능산리사원이 세워질 때의 창건와인 것으로 판단된다.

7) 부여 동남리사지[19]

동남리사지(도기념물 제50호)는 부여읍 동남리 211-1번지 일대에 위치하는 백제의 절터로 1938년, 이시다 시게사구[石田茂作]와 사이토 타다시[齋藤忠]가 발굴하였다. 조사 결과, 중앙의 금당을 중심으로 북쪽에 강당지와 남쪽에 중문지가 배치되었지만 탑이 없는 특이한 가람배치를 보여준다. 강당 좌우에는 각각 종루지와 경장지로 추정되는 부속건물이 딸려 있고, 가람 주위를 회랑이 감싸는데, 중문 남쪽에 남문지의 흔적이 있는 것으로 보고되었다. 1993년~1994년 충남대학교박물관이 2차 발굴조사를 실시하였는데, 1차 조사에서 확인되었던 중문, 강당, 회랑은 확인되지 않았다. 따라서 1차 조사에서의 도면이 상당 부분 추정에 의한 것이었거나 이후 유실되었기 때문인 것으로 생각된다.

동남리사지에서는 납석제불상편과 금동불상편, 와제광배편 등이 출토되었다. 수막새는 7유형 19형식의 매우 다양한 연화문이 확인된다.[20] 특히 연판 끝부분에 원형돌기가 있는 이른바 '대통사식' 수막새가 출토되어 구아리사지와 더불어 부여 지역에서는 이른 시기에 창건된 사찰로 추정된다. 또한 7세기에 익산지역을 중심으로 유행하였던 연판 중간부가 만곡반전(彎曲反轉)하는 '곡절형' 수막새도 출토되므로 사찰의 경영은 7세기경까지 이어졌을 것으로 생각된다.

19) 조선총독부, 1938, 『昭和十三年度古蹟調査報告』.
   충남대학교박물관, 1993. 「동남리사지 발굴조사 지도위원회 회의자료」.
   충남대학교박물관, 1994, 『동남리사지 2차 발굴조사 약보고』.
   충남대학교박물관, 2013, 『부여 동남리유적』
   국립부여박물관, 2014, 『일제강점기 자료조사 보고 11집: 부여 동남리사지』.
20) 국립부여박물관, 2014, 『일제강점기 자료조사 보고 11집: 부여 동남리사지』, p.40~41.

8) 부여 부소산사지[21]

부소산사지(도기념물 제161호)는 부소산의 서남쪽 기슭에 자리하고 있는 백제시대의 절터로 '부소산 서복사지(西腹寺址)' 혹은 '부소산 서록(西麓) 폐사지', '부소산폐사지' 등으로 불리기도 한다. 부소산사지에 대한 조사는 1942년 요네다 미요지[米田美代治]와 후지사와 카즈오[藤澤一夫]에 의해 이루어졌으나 보고서가 발간되지 않아 그 전모를 살필 수 없다. 다만 당시 발굴조사 때 기록된 부여박물관 일지 가운데 1942년 9월 5일자 일본『朝日新聞』의「木造建築の壁畵」라는 제목 아래 발굴조사 관계 기사가 실렸다고 전해진다. 일지에는 8월 30일에 발굴이 착수되었으며, 석제모서리기와(8.30.), 새 그림벽화(9.3.), 소조상편(9.8.) 등이 각각 출토되었고, 9월 20일에 발굴이 종료된 것으로 기록되어 있다.

부소산사지에 대한 정식 조사는 국립문화재연구소에 의해 1980년에 실시되었다. 조사 결과, 중문, 목탑, 금당이 회랑으로 둘러싸여 남북 일직선상으로 배치되어 있는 1탑1금당식의 가람배치가 확인되었으며, 강당이 없는 점이 특이하다. 중문은 기슭의 골짜기에서 계단상으로 생긴 곳을 지나 들어가게 되어 있으며, 문지는 잘 다듬은 화강암을 이용하여 쌓았다. 규모는 동서 15.2m, 남북 3.4m이며, 정면 3칸, 측면 2칸으로 되어 있는 맞배지붕 양식이었을 것으로 추측되고 있다. 목탑지는 금당에서 남쪽으로

---

21) 小泉顯夫, 1986,『朝鮮古代遺跡の遍歷: 發掘調査三十年の回想』.

신광섭, 1994,「부여부소산폐사지고」,『백제연구』24.

국립문화재연구소, 1996,「부소산성 폐사지 발굴조사보고」,『부소산성 발굴조사보고서』.

국립부여박물관, 2017,『일제강점기 자료조사 보고 24집: 부여 부소산사지』.

윤용희, 2022,「일제강점기 부여 부소산사지 출토 기와와 가람」,『백제 성곽연구와 한국고고학』, 주류성.

17.5m 떨어져 발견되었는데, 동서와 남북 길이가 같은 8.2m의 정방형이다. 금당은 목탑지에서 북으로 17.5m 떨어져 세워졌는데, 동서 16.3m, 남북 13.6m이며, 정면 5칸, 측면 4칸의 규모이다. 강당이 없다는 점과 부소산성이 궁궐과 가까이 인접하고 있다는 점 때문에 이 사찰은 백제 왕실과 관계가 있는 내원(內苑)의 기원사찰(祈願寺刹)로 추정되고 있기도 하다. 서쪽의 인접구역에는 향교밭절터가 자리하고 있는데, 발굴조사가 이루어지지 않아 정확한 규모는 알 수 없지만 이곳이 부소산 서록 절터의 강당지로 추정되고 있기도 하다.

부소산사지에서는 치미와 소조상편, 청동육각뚜껑, 금동제 허리띠꾸미개 등이 출토되었다. 목탑지 출토 허리띠꾸미개는 진단구인 것으로 보인다. 수막새는 연화문, 파문, 무문 3종이 모두 확인되며, 연화문은 6유형 12형식, 파문과 무문 각 1형식으로 분류된다. 자방에 꽃술이 표현되고, 연판 내부에 꽃술장식이 있는 형식 '꽃술문형' 7엽 연화문수막새 633점으로 전체의 80% 이상을 차지하며, 부소산사지 창건와로 판단된다. 또한 자방의 연자가 부정형으로 배치된 연화문수막새는 탑지에서만 92점이 출토되어 탑을 중수할 때 사용된 보수와로 판단된다.[22]

9) 부여 왕흥사지[23]

왕흥사지(사적 427호)는 부여읍 신리의 백마강 북안에 위치하는 백제 절터로 1934년 '왕흥(王興)' 글씨가 있는 기와가 출토되어 『삼국사기』와 『삼국유사』에 나오는 백제 왕흥사로 비정하게 되었다. 기록에 따르면 왕

---

22) 윤용희, 2017, 「일제강점기 부여 부소산사지 발굴조사 출토 기와 고찰」, 『일제강점기 자료조사 보고 24집: 부여 부소산사지』, p.161~164.

흥사는 법왕 2년(600)에 창건하여 무왕 35년(634)에 완성되었는데, 창건시 승려 30명을 둘 정도로 큰 사찰이었으며, 그 모습이 매우 화려했던 것으로 보인다. 또한 왕흥사는 강변에 입지하고 있어서 무왕이 매번 배를 타고 가서 행향(行香)하였다고 한다.

왕흥사지는 국립부여문화재연구소가 2000년부터 2015년까지 15차에 걸쳐 발굴조사가 실시하였다. 조사 결과, 왕흥사지는 목탑-금당-강당이 남북 중심축을 기준으로 나란히 배치되었으며, 주위를 회랑이 둘러싼 1탑 금당식 가람이었던 것으로 추정된다. 또한 서회랑지와 부속건물터에서는 기와를 쌓아 만든 와적기단의 흔적을 확인하였는데, 왕흥사의 와적기단은 하단부에 지대석을 1~2단 깔고, 그 위에 평기와를 종방향으로 나란히 쌓는 기법을 사용하였다. 백제 사찰 유적으로서 왕흥사지의 중요성이 부각된 것은 2007년 8차 발굴조사 때 목탑지에서 출토된 명문이 있는 사리기의 발견이다. 사리기는 금제사리병, 은제사리호, 청동사리합으로 구성된 3중의 사리장치인데, 청동사리합 외면에 "丁酉年二月十五日, 百濟王昌爲亡王子立刹, 本舍利二枚葬時, 神化爲三"이라는 글씨가 있다. 그 뜻은 "577년 백제 위덕왕이 죽은 두 왕자를 위해 사찰을 세우고 사리 2매를 묻었는데 신묘한 조화로 셋이 되었다."로 풀이된다. 여기에서 577년은 『삼국사기』의 600년에 왕흥사가 창건되었다는 기사와 배치되는 것이어서 학계

23) 홍사준, 1974, 「호암사와 왕흥사지고」, 『백제연구』 5.
   국립부여문화재연구소, 2002, 『왕흥사: 발굴중간보고 I 』.
   국립부여박물관, 2008, 『백제 왕흥사』.
   국립부여문화재연구소, 2009, 『왕흥사지3: 목탑지·금당지 발굴조사보고서』.
   국립부여문화재연구소, 2012, 『왕흥사지4』.
   국립부여문화재연구소, 2015, 『왕흥사지6』.
   국립부여문화재연구소, 2016, 『왕흥사지7』.

의 논란이 되고 있으며, 왕흥사 창건에 관한 새로운 해석이 요구된다.

왕흥사지 동편에서는 16기의 백제 기와가마터가 확인되었으며, 왕흥사에 기와를 공급하던 전용 가마로 밝혀졌다.[24] 왕흥사지와 동편 가마터에서는 197점의 수막새가 출토되었다. 문양은 모두 연화문이며, 5유형 10형식으로 분류된다.[25]

10) 부여 용정리사지[26]

용정리사지(도기념물 제48호)는 백제시대 주요 산성인 청마산성의 입구, 용정리 마을의 중심부에 자리 잡고 있으며, 80년대 초 개답 작업 중 초석, 장대석 등의 석재가 노출됨으로써 존재가 알려진 유적이다.

1991~1992년, 국립부여문화재연구소에서 유적 정비, 보존을 목적으로 발굴조사를 실시하였다. 주요 유구로는 목탑지와 금당지가 확인되었는데, 금당지는 상층과 하층의 두 건물지로 구분된다. 금당 상층건물지는 하층건물지 폐사 이후 석재를 재활용하여 조영된 것으로 보인다. 목탑지는 지하를 역사다리꼴로 되파기한 후 점토와 사질토를 교차하여 계단식으로 판축(版築)하는 방법을 사용하였으며, 판축층 중간에 두께 0.5㎝로 이루어진 판축토가 침강하는 것을 막고 수분이 침투되는 것을 억제하기 위해 인위적으로 철분층을 조성하는 기법이 확인되었다. 목탑지는 한 변 길이가 18.5m인 방형인데, 기단토 내부에서 심초석의 흔적은 확인되지 않았다.

---

24) 국립부여문화재연구소, 2007, 『왕흥사지2: 기와가마터 발굴조사보고서』.
국립부여문화재연구소, 2014, 『왕흥사지5: 기와가마 발굴조사 보고』.
25) 국립부여문화재연구소, 2014, 『백제 사비기 기와 연구Ⅵ』, p.22.
26) 부여문화재연구소, 1993, 『용정리사지』.

금당지는 상층건물지 조성과정에서 대부분 파괴되어 할석과 판석으로 이루어진 부석열만 확인되었으며, 동서길이는 30.75m, 남북 폭 20.19m이다.

용정리사지에서는 연화문수막새 7종과 평기와 2종, 무문전 5종 등 백제시대의 와전류와 토기편, 청동탁편 등이 출토되었다. 연화문수막새의 경우 비교적 이른 시기인 6세기 이전의 양식을 보이고 있으며, 고구려식 구획선이 있는 연화문수막새도 확인된다. 평기와는 승석문과 선문의 2가지 양식이 주류를 이루고 있다.

11) 부여 정림사지[27]

정림사지는 남에서부터 중문, 석탑, 금당, 강당의 순서로 일직선상에 세워지고 주위는 회랑으로 구획된 백제의 사찰로 백제의 오층석탑(국보 제9호)과 고려의 석불좌상(보물 제108호)이 남아 있다. 1942년과 1943년에 후지사와 카즈오[藤澤一夫]가 실시한 1차 발굴조사의 결과, 남향한 1탑 1금당식의 전형적인 백제의 사찰임이 밝혀진 바 있다. 또한 고려 재건 시에 제작·사용된 '大平八年戊辰定林寺大藏當草'라는 명문이 새겨진 평와가 발견되어 고려시대에 이 사찰의 명칭이 '정림사'였음이 알려졌다.

---

27) 藤澤一夫, 1971, 「古代寺院の遺構に見る韓日の關係」, 『アジア文化』 vol8, No.2.
충남대학교박물관, 1981, 『정림사지발굴조사보고』.
윤무병, 1983, 「부여 정림사지연지유적발굴보고서」, 『백제연구』 18.
小泉顯夫, 1986, 『朝鮮古代遺跡の 遍歷: 發掘調査三十年の回想』.
정림사지시굴조사단, 1990, 『부여 정림사지 인접지역 시굴개보』.
국립부여문화재연구소, 2011, 『부여 정림사지』.

1979~80년, 1983~84년에 걸쳐 충남대학교박물관이 전면 재조사하였다. 조사 결과, 중문지는 정면 3칸, 측면 1칸으로 설계되었으며, 금당지는 하층기단의 경우 정면 7칸, 측면 5칸이고, 상층기단은 정면 5칸 측면 3칸으로 추정된다. 금당은 백제식의 이층기단으로써 상층기단 상면은 물론 하층기단에도 초석을 배치하는 것이 특이한 점이다. 아울러 일부 붉게 탄소토층이 발견되어 건물이 화재로 인해 소실되었음도 밝혀졌다. 강당지는 정면 7칸, 측면 3칸이다. 강당은 고려시대에 재건되었으며 석불이 안치된 연화대좌는 이때 재건된 기단 위에 구축되었음이 확인되었다. 그 후 강당 복원을 위한 사전조사 중 백제 때의 기단부도 확인되었다. 석탑에 관한 조사에서는 기초부가 상·중·하 세 부분으로 된 판축토에 의하여 구축되었음을 알 수 있었다. 이 외에 사찰 동북부에서 문지, 건물지, 배수구와적층이 발견되었고, 중문 밖에서는 방형의 연지와 남문지가 확인되었다.

　　국립부여문화재연구소에서 실시한 강당 및 동회랑지에 대한 제8차 발굴조사에서는 백제의 강당지, 부속건물지, 부속건물 남편의 동회랑 및 석축배수로 등이 새롭게 확인되었다. 확인된 강당지 규모는 동서 길이 39.1m, 남북 폭 16.3m이며, 강당지 좌우로 1m 간격을 둔 부속건물지 규모는 동서 폭 12.1m, 남북 길이 39.3m에 해당한다. 이들 건물은 모두 기와로 기단을 치장한 와적기단(瓦積基壇)으로 구축하였다.

　　정림사지에서는 활석제삼존불상편, 소조상 등의 불상과 도제벼루를 포함한 각종 토기가 출토되었다. 소조상 일부는 중국 북위(北魏) 낙양(洛陽) 영녕사(永寧寺) 출토품과 유사하여 북조(北朝)와의 문화교류의 단면을 보여준다. 수막새의 문양은 연화문, 파문, 무문 3종이 모두 확인되며, 8유형 21형식의 매우 다양한 연화문이 나타난다.[28] 제작시기 또한 6~7세기에 고루 나타나기 때문에 사비시기 전반에 걸쳐 융성하였음을 보여준다.

12) 부여 정동리 가마터[29]

부여 정동리 가마터 일대는 백제의 기와를 구웠던 곳이라 하여 '어얏골[瓦峯]'이라도 하며, 인근에 규암면 호암리로 가는 범바위나루와 청양군 청남면 왕진리로 가던 독정이나루가 있었다. 이 가마터는 1971년에 연꽃무늬벽돌이 출토되어 백제의 벽돌무덤으로 추정되어 왔으나 1988년 국립부여박물관이 실시한 지표조사에서 문양전, 명문기와, 연화문수막새가 다량 확인되어 가마터로 구분된 유적이다. 정동리 가마터는 대규모 요지군으로 그 분포에 따라 A·B·C지구로 구분되고 있다. 가마터는 정동리의 뒤편에 위치한 낮은 남편 기슭의 동편에서부터 서편에 이르기까지 A·B·C지구가 거의 일직선을 이루면서 세장한 모습으로 분포하고 있다.

A지구는 정동리 마을의 동편에 낮게 솟아있는 주장산의 샘골 우측 기슭에 위치하고 있는데, A지구의 가마는 지하식으로 구축된 것으로 생각되고 있다. 이곳에서 수집된 유물은 전, 암·수키와, 약간의 토기편 등이다. 전은 무문전과 문양전, 명문전이 수집되었는데, 특히 문양전과 명문전은 공주 송산리고분군의 6호분과 무령왕릉을 축조한 묘전(墓塼)과 동일한 관계로 그 수급관계가 밝혀져 주목된다.

B지구는 정동리 마을과 주장산 사이에 펼쳐져 있는 농경지 일대인데, C지구와 함께 1988년에 실시한 지표조사에서 새롭게 발견되었다. B지구는 A지구와 서로 인접되고 있으나, 가마의 개요시기(開窯時期)가 사비시기에 해당되어 시기적인 차이를 보이고 있다. 출토 유물은 수막새와 암·수

---

28) 국립부여문화재연구소, 2014, 『백제 사비기 기와 연구Ⅵ』, p.26.
29) 강인구, 1971, 「부여 정동리 출토의 묘용전」, 『고고미술』 110.
    김성구, 1990, 「부여의 백제요지와 출토유물에 대하여」, 『백제연구』 21.
    엄기일, 2009, 「사비기 백제 와요의 구조변화 연구」, 공주대학교 석사학위논문.

키와, 약간의 토기편 등이 있는데, 그 수급관계가 부여 용정리사지에서 확인되고 있다. 또한 '모(毛)' 등의 글자가 인각된 암키와가 수집되었다.

C지구는 정동리 마을의 서편에 있는 와봉산의 남서쪽 구릉지 일대로, 수집 유물은 약간의 기와와 토기편 등이다. 기와는 대부분이 암·수키와이고, '사도(已刀)'명이 인각된 수키와와 화엽문(花葉文)암키와가 출토되었으며, 토기편은 7세기 전후의 형식을 보이고 있다. 현재 가마터는 산림지대와 경작지, 분묘지역으로 이용되고 있다.

13) 부여 정암리 가마터[30]

부여읍에서 남쪽으로 직선거리 4㎞인 백마강 남안에 위치한다. 장암면 정암리 일대는 남쪽의 학산(해발 168.3m)에서 내려오는 능선과 평탄대지가 펼쳐진 지형이다. 1987년에 처음 알려진 이후 A~D지구에 가마가 분포하고 있음이 밝혀졌다. 1988년부터 3차에 걸친 발굴조사에서 가마 12기가 확인되었다. 백제 가마는 10기(A지구 1·2호, B지구 1~3·5~9호)이며, 고려(B-4호)·조선(B-10호) 가마는 각 1기이다. A지구 1호 가마는 평요이며, 2호는 조사되지 않았다. B지구 1~3·5·6호는 평요이고, 7~9호는 등요이다. 먼저 평요에서 소성실의 평면은 A-1호는 장방형 B-1~3·5·6호는

30) 국립부여박물관, 1988, 『정암리 가마터 I』.
   김성구, 1990, 「부여의 백제요지와 출토유물에 대하여」, 『백제연구』 21.
   국립부여박물관, 1992, 『정암리 가마터 II』.
   조원창, 2005, 「고대 동북아 요로기술의 대외교섭: 백제 정암리요적을 중심으로」, 『백산학보』 제71호.
   국립부여박물관, 2008, 『백제의 절터와 가마터 지표조사 보고서』.
   엄기일, 2009, 「사비기 백제 와요의 구조변화 연구」, 공주대학교 석사학위논문.

제형이다. 연도부 뒷벽 굴 갱 시설이 A-1호는 부정형이지만 B지구는 장방형이다. 배연구 수는 A-1호는 2개인 반면, B지구는 3개로 차이가 있다. 전반적으로 B지구 가마가 발전형인 것으로 판단된다. 다음으로 등요는 소성실 내부 형태에 따라 무계단식(B-9호)과 계단식(B-7·8호)으로 구분된다. B-9호는 무계단식 등요로 정암리에서만 보이는 드문 형식이다. 계단식 등요인 B-7호는 단번에 소성실을 구축한 B-8호와 달리 최초 7단 조영 후 추가로 1단을 구축한 점에서 차이가 있다. 정암리 계단식 등요의 단벽 구축에 장방형 석재와 기와를 사용한 점이 특징이다.

유물은 자배기, 동이, 단지, 완 등 다양한 토기 및 평기와, 연화문수막새, 연목와, 상자형전 등 다양한 종류의 기와가 출토되었다. 연화문수막새는 동일한 막새가 군수리사지에서도 출토되어 수급관계를 알 수 있다. 가마의 연대는 6세기 중엽에서 7세기 초로 추정된다.

부여 정암리 유적은 백마강 남안에 입지하는 대규모 기와생산시설이다. 왕흥사지나 능산리사지에 부속된 사찰 전용 가마와 달리 정암리 유적은 청양 왕진리 가마와 마찬가지로 부여 각지의 여러 유적에 기와를 공급하던 가마였다. 가마의 구조가 잘 남아 있고, 수요처도 비교적 잘 알려져 있기 때문에 백제 가마의 구조는 물론 기와의 생산과 유통 체제를 파악하는 데 필수적인 유적으로 손꼽힌다.

14) 부여 능산리사지 가마터[31]

부여 능산리사지의 동배수로와 남회랑지의 연접 지점 남쪽 약 10m 지

---

31) 한국전통문화학교 고고학연구소, 2011, 『부여 능산리사지 -제11차 발굴조사 보고서-』.

점의 배수로 동쪽 부근에 위치한다. 2008~2009년 발굴조사에서 가마 2기가 조사되었다.

　2호 가마는 1호 가마의 하부에 중복되어 있다. 가마는 암반을 굴착하여 조성한 지하식 등요이다. 화구와 연도부에는 천장이 남아 있다. 가마의 평면은 세장한 제형이다. 화구 전면에 설치된 너비 170~200㎝, 550㎝의 구(溝)는 통로나 배수용으로 추정된다. 가마의 규모는 본체만 630㎝이고, 구 유구까지 포함하면 1,170㎝이다. 이 가마는 지상에 노출된 가마 전체를 할석으로 돌려 쌓았는데, 이 점은 이 가마에서 나타나는 가장 큰 특징이다. 연소실은 횡장방형이며, 바닥에 와편을 깔았다. 소성실은 연소실보다 60㎝ 정도 높다. 소성실과 연도부의 높이는 90㎝ 정도 차이가 난다. 연도는 가마에서 65㎝ 정도 돌출된 방형으로 길이는 90㎝이다.

　유물은 모두 평기와만 출토되었다. 기와 문양은 태선문 1점을 제외하면 모두 선문이다. 내면에는 대부분 통쪽와통 흔적이 뚜렷하다.

　2기의 가마는 상하로 중복되어 있지만 가마의 구조와 출토유물의 양상이 비슷하여 조업 시기는 크게 차이가 나지 않는 것으로 판단된다. 부여 능산리사지 내 가마에서는 막새가 출토되지 않았고, 평기와의 출토량도 많지 않아서 직접적인 비교는 어렵지만 가마가 능산리사지 바로 옆에 입지하고 있으며, 출토유물의 시기가 모두 백제 사비기인 점으로 보아 이 가마에서 생산된 기와는 능산리 사원에 공급되었으며, 능산리 사원에 부속된 전용가마일 가능성이 높다. 이처럼 사원에 부속된 사원전용가마의 사례는 부여 왕흥사지, 익산 미륵사지가 대표적이며, 부여 정림사지에서도 그런 사례가 보고되었다. 여러 곳에 기와를 공급하던 부여 정암리 유적이나 청양 왕진리 유적의 가마와 함께 백제 사비기 기와의 생산과 유통 체제가 다양한 방식으로 운영되었음을 보여준다.

15) 부여 왕흥사지 가마터[32]

부여 왕흥사지 사역의 동쪽으로 150m 지점의 구릉지 남쪽과 동편, 서편의 해발 5~12m 지점에 입지한다. 2005~2006년과 2011년 발굴조사에서 가마 17기가 확인되었다. 2~16호는 백제 가마이고, 1호는 고려 가마이다.

왕흥사지 유적의 가마는 모두 암반을 굴착한 지하식으로 평요인 3호를 제외하면 모두 등요이다. 요전부는 절토된 암반 중심부를 굴착하는 방식으로 축조했으며, 17호에서는 배수시설이 확인된다. 화구는 암반을 그대로 사용(4·12~15·17호)하거나 석재를 이용해 구축하는 2가지 방식이며, 화구와 연소실 종단면은 내외평탄형이다. 연소실의 평면은 반타원형(5·10~17호)이 많으며, 역제형도 있다. 모두 단벽이 있으며, 높이는 20~90㎝로 다양하다. 연소실은 화구에서 연소실까지 석재로 축조한 2호를 제외하면 암반 굴착면을 그대로 사용하였다. 소성실 평면은 제형(6·8~11호), 주형(1·4·7호), 사두형(15호)이 있으며, 평요인 3호는 장방형이다. 소성실 바닥은 대부분 단이 없지만 2·8호는 기와열을 깔아 계단을 만들었고, 5·15호는 암반을 굴착해 계단을 만들었다. 3호는 구들식 바닥을 구축하였다. 경사도는 10~30°로 다양하다. 16호 가마는 소성실에 기와가 적재된 상태로 노출되었다. 수키와는 서로 반대방향으로 포개고, 암키와는 같은 방향으로 놓았다. 연도부는 다연도(3호)와 단연도(2·3·5~10·12호)로 구분된다. 연도의 평면은 방형이 많으며, 반원형, 원형도 있다.

유물은 막새류, 평기와류, 전돌, 이형 와제품, 토도류 등이 출토되었다. 연화문수막새는 삼각반전형으로 분류되는데, 6세기 중·후반~7세기 전반

---

32) 국립부여문화재연구소, 2007, 『왕흥사지Ⅱ -기와가마터 발굴조사 보고서-』.
국립부여문화재연구소, 2014, 『왕흥사지Ⅴ -기와가마터 발굴조사 보고서-』.

으로 편년되며, 왕흥사 창건와로 판단된다. 평기와 문양은 2·13호에서 선 문이, 16호에서 격자문이 다량 출토되어 가마별로 차이가 있다.

부여 왕흥사지 가마는 능산리사지 가마와 마찬가지로 대형 사찰에 부 속된 사찰전용 가마이다. 가마에서는 다양한 종류의 기와뿐 아니라 다양 한 물품이 생산되었기 때문에 백제 사비기 관영 수공업 체계 연구에 중요 한 자료이다.

16) 청양 관현리 가마터[33]

망월산(해발 356.2m) 남쪽 끝부분의 구릉지 경사면에서 앞쪽의 충적 지가 바라보이는 지점에 입지한다. 유적 주변은 북쪽의 칠갑산(해발 559.8m)에서 내려오는 지류들이 모인 금강천이 유적의 서쪽을 굽이쳐 흘 러 백마강에 합류한다. 지형의 영향으로 금강천 주변에는 충적평야가 넓 게 형성되어 있는데 유적은 금강천의 북안 지역에 해당한다. 유적 동쪽 약 7.4km 지점에는 청양 왕진리 유적이 위치한다. 1996년 발굴조사에서 가미 1기가 조사되었다.

가마는 회구부, 화구, 연소실, 소성실, 연도부 등의 구조가 잘 남아 있 다. 구릉 사면의 암반을 굴착한 지하식 등요이며, 경사도는 약 12°이다. 연 도부를 포함한 가마의 규모는 길이 630㎝, 너비 192㎝이다. 가마의 평면 은 주형이며, 화구는 할석을 이용하여 너비 100㎝, 높이 115㎝로 축조하 였다. 연소실과 소성실 사이에 기와를 2중으로 깔아 높이 15㎝의 단벽을 두었다. 소성실에 다량의 기와가 적재된 상태로 노출되었다. 바닥 전체에

---

33) 대전보건대학박물관, 2002, 『청양 관현리 와요지』.

9열로 수키와를 깔고, 그 위에 소성실과 연소실 경계에 미구기와를 1열 깔았으며, 50㎝ 정도의 공간에 암키와와 토기편을 깔았다. 소성실 바닥의 2중의 와적은 요상 시설과 관련되는 것으로 판단된다. 연도부는 가마 뒷벽 중앙에 구축하였으며, 배연공 위에 2개의 굴뚝을 앞뒤로 설치한 점이 특징이다.

유물은 미구기와, 토수기와 등 수키와와 여러 종류의 암키와가 출토되었다. 평기와 외에도 곡절형 연화문수막새, 치미, 무문전 등 다양한 기와가 출토되었으며, 평저사이호 등 토기도 소량 출토되어 토기와 기와를 함께 굽던 겸용가마인 것으로 판단된다.

청양 관현리 유적은 가마의 천장까지 잘 남아 있으며, 소성실 바닥에 기와를 활용한 요상 시설까지 확인되어 백제 가마의 구조를 이해하는 데 중요한 유적이다. 연화문수막새의 형식은 연판 끝 1/4 지점에서 꺾여 올라가는 '곡절형'으로 부여지역에서는 주로 금강사지에서 출토되며, 6세기 중반 이후로 편년된다. 인근의 대규모 기와 생산단지인 청양 왕진리 유적과 더불어 부여지역의 백제 사비기 건물에 기와를 공급하던 가마로 백제 사비기 기와의 생산과 유통 체제를 이해하는 데 중요한 유적이다.

17) 청양 왕진리 가마터[34]

왕진리는 칠갑산(해발 561m)에서 발원하여 남동쪽으로 흐르는 잉화달천 주변에 넓게 펼쳐진 정산분지의 남서쪽에 위치한다. 유적은 낮은 구릉성 산지와 강변에 분포한다. 1971년 발굴조사에서 6기의 가마가 조사

---

34) 국립중앙박물관·국립부여박물관, 2008, 『청양 왕진리 가마터』.

되었다. 가마의 분포는 A지구(3~6호), 강변의 B지구(1·2호)로 구분된다.

가마의 구조는 평요인 A-4호를 제외하면 모두 등요이다. 화구는 유실되어 거의 확인되지 않는다. 연소실의 평면은 반원형(A-3·4)이며, 단벽이 구축되었다. A-3호의 단벽은 보수하는 과정에서 25㎝→40㎝로 높아지며, 4호는 45㎝이다. 소성실의 평면은 평요인 A-4호는 장방형이며, 나머지는 제형이다. 경사도는 A-3·5호, B-2호가 20° 이상으로 높고, A-6호, B-1는 15° 내외로 낮은 편이다. 소성실 바닥은 A-5호, B-1호는 무계단식이고, 나머지는 계단식이다. 평요인 A-4호는 세로 4열 가로 3열의 토대가 구축되었다. 배연구 개수는 평요인 A-4호는 3개이고, 등요인 나머지 가마는 1개인 단연도이다. 배연구 구축은 굴착면을 그대로 쓰거나 기와를 이용하였다. A-5·6호는 수키와를 좌우에 세우고 위에 암키와를 올려 장방형으로 구축하였다. 굴뚝의 구축 재료는 기와와 점토 또는 전을 이용하였다. B-2호는 굴뚝 상부에 전이 있고 하부에 석재가 놓여 있어서 전과 석재가 함께 사용된 것으로 보인다.

유물은 대부분 평기와와 무문전이며, A-5호, B-2호에서 무문수막새가 출토되었다. 암키와는 대부분 통쪽와통이 확인된다. 왕진리 가마 출토품의 가장 큰 특징은 다량의 인각와가 출토되었다는 점이다. 이러한 유형의 인각와는 부여지역은 물론 익산지역에서도 확인되므로 원거리 유통의 사례로 의미를 가진다. A-4호 수습 목탄시료에 대한 AMS 연대측정 결과는 AD620년이 나왔다.

청양 왕진리 유적은 1971년에 조사된 백제 기와 가마 연구의 출발점이다. 평요와 등요, 계단식과 무계단식 등 기왓가마 구조를 이해하기 위한 기본적인 개념은 물론 기와의 생산과 유통 관계 등 백제 기왓가마 연구의 기준을 제시해 준 중요 유적이다.

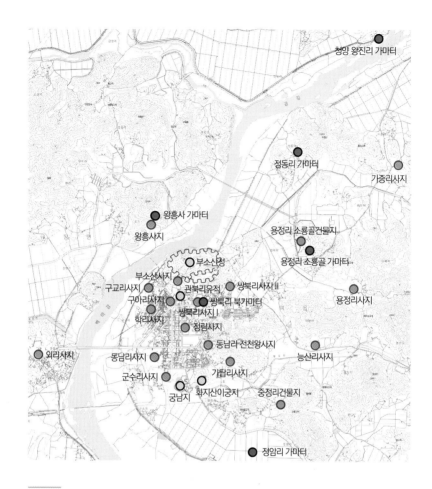

청양 왕진리 가마터

정동리 가마터

가중리사지

왕흥사 가마터

용정리 소룡골건물지

왕흥사지

부소산청

용정리 소룡골 가마터

부소산사지

구교리사지   관북리유적   쌍북리사지 II

구아리사지   쌍북리 북가마터   용정리사지

학리사지   쌍북리사지 I

정림사지

외리사지

동남리 전천왕사지

동남리사지   능산리사지

군수리사지   가탑리사지

궁남지   화지산이궁지   중정리건물지

정암리 가마터

그림 03 사비지역 유적 분포도

4. 익산 지역

1) 미륵사지[35]

미륵사지는 전북 익산시 금마면 기양리 노상마을에 자리하고 있다. 사

지가 있는 지역은 낮은 야산이 있는 들판으로 들판 가운데 있는 미륵산의 남쪽 사면에 위치한다. 미륵사창건 연기설화는 『삼국유사』 무왕조에 전하는데, 백제 무왕 때 왕이 왕비와 사자사(師子寺)에 가던 도중 용화산 밑의 연못에서 미륵삼존이 나타났는데, 왕비의 부탁에 따라 이 연못을 메우고 3곳에 탑, 금당, 회랑을 세웠다는 내용이다.

미륵사지에 대한 조사는 1980년부터 1996년까지 문화재연구소 미륵사지발굴조사단에 의하여 실시되었다. 발굴조사와 병행하여 1985년부터는 발굴조사에서 드러난 유구에 대한 정화작업이 연차적으로 이루어졌으며 발굴조사 결과를 바탕으로 동탑이 복원되었다. 2001년부터 미륵사지 석탑보수정비사업이 실시되었는데, 2009년에 심초부에서 사리기와 사리봉안기 등이 확인되어 미륵사지 서탑이 백제 무왕 40년(639), 사택왕후(砂宅王后)에 의해 건립되었음이 밝혀지기도 했다.

조사 결과, 미륵사지의 가람배치는 3탑3금당식으로 탑과 금당을 기본단위로 동원, 중원, 서원으로 나뉜 각각의 구역은 독자적인 사찰의 배치형태를 보이면서 동시에 회랑에 의하여 서로 이어지며 강당을 공유하고 있다. 각각의 원에는 탑과 금당, 중문이 자리하며, 회랑에 의하여 구획된다. 또 서원의 경우 확인되지는 않았으나 동원과 중원의 예에 의하면 금당과

---

35) 오용경, 1975, 「미륵사지의 녹유와당에 대한 고찰」, 『마한백제문화』 1.
문화재연구소, 1982, 『미륵사지 발굴조사 중간보고』.
장경호·최맹식, 1986, 「미륵사지 출토 기와 등문양에 관한 조사연구」, 『문화재』 19.
문화재연구소, 1989, 『미륵사: 유적발굴조사보고서 I 』.
국립부여문화재연구소, 1996, 『미륵사: 유적발굴조사보고서 II 』.
최맹식, 2001, 「백제 및 통일신라시대 기와문양과 제작기법에 관한 연구: 미륵사지 출토기와를 중심으로」, 『호남고고학보』 제13집.
노기환, 2007, 「미륵사지 출토 백제 인각와 연구」, 전북대학교 석사학위논문.

탑 사이에 석등이 있었을 것으로 추정된다. 이와 같은 미륵사지의 삼원식(三院式) 가람배치는 미륵사 창건연기의 "…미륵 삼회를 법상으로 하여 전과 탑과 낭무를 각각 세 곳에 세우고(法像彌勒三殿塔廊廡各三所創之)…"의 내용과 일맥상통하는 것이기도 하다.

미륵사지 출토유물은 주로 기와와 토기, 자기들이며, 시기적으로는 백제에서 조선시대에 이르는 것이다. 가람의 중심곽에서 고려 말 이후의 유물은 출토되지 않으며, 사역의 외곽, 북편 승방지 북쪽의 한 단 높은 지역을 중심으로 한 곳에서 조선시대 유물이 집중적으로 출토되었다. 동원 승방지에서는 백제 치미가 출토되기도 하였다. 미륵사지에서는 다양하고도 새로운 형식의 수막새가 출토되었는데, 백제 수막새의 문양은 모두 연화문이며, 4유형 11형식으로 분류된다.[36] 미륵사지 수막새의 특징은 연판 내부에 장식을 넣은 형식이 다양하게 나타난다는 점이며, 기와 표면에 유약을 입힌 녹유기와가 출현한다는 것을 들 수 있다.

2) 왕궁리사지[37]

왕궁리사지는 익산시 왕궁면 왕궁리 산80-1번지 일원의 해발 40m 내

---

36) 국립부여문화재연구소, 2014, 『백제 사비기 기와 연구Ⅵ』, p.31.
37) 국립부여문화재연구소, 1992, 『왕궁리유적 발굴 중간보고』.
   국립부여문화재연구소, 1997, 『왕궁리: 발굴조사 중간보고 2』.
   국립부여문화재연구소, 2001, 『왕궁리: 발굴조사 중간보고 3』.
   국립부여문화재연구소, 2002, 『왕궁리: 발굴조사 중간보고 4』.
   국립부여문화재연구소, 2006, 『왕궁리: 발굴조사 중간보고 5』.
   국립부여문화재연구소, 2008, 『왕궁리: 발굴조사 중간보고 6』.
   국립부여문화재연구소, 2009, 『익산 왕궁리유적: 익산 왕궁리유적 발굴 20년 성과와 의의』.

외의 낮은 구릉 상에 위치한다. 사적 제408호로 지정된 왕궁리 유적 외에도 국보 제289호 왕궁리 오층석탑, 국보 제123호 왕궁리 오층석탑 발견 유물 등으로 더 많이 알려진 곳이다. 이곳은 '모질메산성'으로 불리기도 하였다.

왕궁리사지와 관련된 역사기록은 거의 보이지 않고 있으나 『삼국사기』 「신라본기」 태종무열왕조에 '대관사의 우물물이 핏빛으로 변하여 금마군의 땅에 5보가 흘렀다'고 하여 대관사와 왕궁리 유적에서 출토된 '대관관사(大官官寺)'명 기와와의 관계를 추정해 보기도 한다. 또한 1953년 일본 교토의 청연원에서 발견된 『관세음응험기』에는 백제 관련 기록으로 무광왕[무왕]대의 지모밀지 천도 등의 내용이 있는데 왕궁리 유적과 지모밀지와의 관계를 연관 지어 해석하기도 한다.

왕궁리사지에 대한 조사는 1917년 고적조사보고에서부터 시작되는데, 여기서 왕궁리 오층석탑을 기록하면서 왕궁 터로 불리던 높은 대지의 남단에 화강석 오층석탑이 남아 있는데, 기단석이 유실되어 흙을 쌓아 덮었으며, 석탑의 건립 시기는 미륵사지 석탑과 같은 것으로 보고 있다. 이후 왕궁리 유적은 1965년 석탑 해체 보수 과정에서 1층 탑신부와 기단부에서 금제금강경판과 사리병, 금동불상 등의 발견유물이 확인되었다. 1976년 원광대학교 마한백제문화연구소가 부분적인 시굴조사하여 왕궁리성지는 내궁과 외궁으로 구분되는 궁의 담장으로 확인되고 출토유물이 주로 백제 말기 무왕 대에 해당되어 백제 무왕의 '익산천도설'을 뒷받침해 줄 수 있을 것으로 보았다. 1989년부터는 국립부여문화재연구소에서 백제문화권 유적 정비의 일환으로 전면적인 발굴조사를 실시하였다. 조사 결과, 백제 무왕 대의 왕궁 유적과 후대의 사찰 유적이 같은 위치에 중복되었음을 확인하였고, 왕궁의 조성을 위한 계획과 중요 건물지, 정원 유적, 화장실 유적, 공방지(폐기장) 등이 조사되었다.

왕궁리사지 출토 백제 수막새는 500여 점이며, 문양은 연화문, 파문, 무문 3종이 모두 확인되었다. 연화문은 5유형 13형식으로 분류되며, 파문은 3형식이 있다.[38)]

3) 제석사지[39)]

제석사지(사적 제405호)는 전북 익산시 왕궁면 왕궁리 247-1번지 일원에 위치하고 있다. 『관세음응험기』에 의하면 백제 무왕이 지모밀지로 천도하여 제석정사를 지었는데, 정관(貞觀) 13년(639년) 뇌우로 인하여 불당과 칠급부도(七級浮圖) 및 낭방(廊房)이 모두 불탔다는 기록이 전해져서 7층의 목탑과 불당과 회랑 및 승방 등을 갖춘 대규모 왕실사찰로 추정되었다.

제석사지에 대한 조사는 1993년 원광대학교 마한백제문화연구소에 의한 시굴조사에서 1탑 1금당의 가람배치를 확인하였으며, '제석사(帝釋寺)'명 기와와 당초무늬암막새 등의 기와가 다량 출토되었다. 이후 2003~2004년에 걸쳐 기존에 왕궁리 전 와요지(博 瓦窯址)로 알려져 있었던 제석

---

38) 국립부여문화재연구소, 2014, 『백제 사비기 기와 연구Ⅵ』, p.28.
39) 황수영, 1973, 「백제 제석사지의 연구」, 『백제연구』4.
김선기, 2002, 「익산 제석사지 일고찰: 경조사의 위치문제를 중심으로」, 『문물연구』제6호.
원광대학교박물관, 2006, 『익산 왕궁리 전 와요지(제석사폐기장) 시굴조사보고서』.
국립부여문화재연구소, 2011, 『제석사지 발굴조사보고서Ⅰ』.
국립부여문화재연구소, 2013, 『제석사지 발굴조사보고서Ⅱ』.
국립부여문화재연구소, 2019, 『제석사지 발굴조사보고서Ⅲ -제석사지 폐기유적-』.

사지 북동편 지역에 대한 조사에서 7세기 전반의 연화문수막새, 소조불상 및 악귀상, 벽체편 등이 다수 출토되어 이곳이 제석사지의 건물폐기장임을 확인하였다.

국립부여문화재연구소는 2007년부터 목탑지, 금당지, 강당지에 대한 전면적인 발굴조사를 실시하였다. 조사 결과, 제석사지의 가람배치는 목탑-금당-강당이 남북중심축선상에 배치되어 중심건물은 중앙에 답도(踏道)를 통하여 연결되어 있음이 확인되었다. 목탑지 내측기단은 한 변 길이가 11.2m인 정방형 규모이며, 외측은 한 변의 길이가 21.2m인 정방형 규모로 지대석과 뒤채움부가 확인되었다. 금당지에서는 이중기단 구조가 확인되었는데, 하층기단은 동서 31.8m, 남북 23.6m이고, 상층기단은 동서 29.6m, 남북 20.8m이다. 2009년 조사에서는 중문, 동회랑, 서회랑과 함께 회랑 북쪽에 각각 부속건물이 배치되었음을 확인하였다. 또한 강당 북측에는 승방으로 추정되는 건물이 배치되었으며, 목탑지와 금당지 사이 서쪽 부분에서 규모와 축조수법이 목탑지와 동일한 정방형 건물지가 발견되어 제석사의 조성 및 변천에 관한 새로운 단서가 추가되었다. 가장 주목되는 것은 회랑의 규모인데, 동서회랑의 거리가 약 100m이고, 중문에서 강당까지가 140m로 백제 사찰 가운데 가장 크다.

제석사지 출토 백제 수막새 문양은 연화문과 파문 2종류이며, 연화문은 2유형 5형식이 확인된다.[40]

---

40) 국립부여문화재연구소, 2014, 『백제 사비기 기와 연구Ⅵ』, p.30.

4) 익산 연동리 가마터

보물로 지정된 익산 연동리 석조여래좌상이 모셔진 익산 연동리 석불사의 동쪽과 접하는 지점에 있다. 유적 동쪽에 위치한 미륵산의 능선이 이어지는 해발 35m 내외의 낮은 구릉 사면의 비교적 평탄한 대지에 조성되었다. 2011년 발굴조사에서 가마 2기가 조사되었다.

1호 가마는 2호 가마를 조성하면서 대부분 파괴되어 소성실 일부만 남아 있다. 2호 가마는 대부분의 구조가 잘 남아 있으며, 지하식 평요이다. 요전부의 평면은 방형이며, 중앙에 구(溝)가 마련되었는데, 할석과 토기편을 덮은 암거(暗渠)이다. 암거는 바깥쪽이 안쪽보다 높으므로 물을 끌어들이는 용도로 사용된 것으로 추정된다. 화구는 장방형 석재를 세워 축조하였으며, 너비는 55㎝이다. 연소실은 화구보다 높고, 평면은 역제형(逆梯形)이다. 연소실 바닥 3곳에 설치된 구는 불길과 관련된 것으로 보인다. 연소실과 소성실 사이에는 20㎝ 높이의 단벽이 있다. 소성실의 평면은 장방형이며, 바닥의 경사도는 3° 내외로 완만하다. 연도부의 평면은 타원형이며, 약 45°의 경사를 이루어 소성실과 연결된다.

8엽 연화문수막새, 연목와, 인각와 및 다량의 평기와가 출토되었다. 연판 형태는 제석사지 등 인근 백제 유적 출토품과 유사하며, 연판 사이에 '十'자형 문양이 배치된 점은 특이하다. '상부을와(上部乙瓦)'명 인각와도 출토되었다. 평기와는 선문 비율이 높고, 내면에 통쪽흔이 확인된다. 출토유물은 대부분 인근 유적과 연관되며, 가마의 연대는 7세기로 추정되며, 고지자기 측정한 결과(590±20년)와도 부합한다.

가마의 입지는 연동리 석조여래좌상이 있는 사역에 포함되는 것으로 보아도 무방하므로 기본적으로 이 사찰에 부속된 가마일 가능성이 높다. 또한 익산지역에서 처음 확인된 백제시대의 가마로 인근의 백제 유적 출토유물과 깊은 친연 관계를 보이고 있기 때문에 향후 익산지역의 백제 기와 생산과 유통 시스템을 연구하는 단초가 될 것으로 기대한다.

5. 기타

1) 포천 자작리 유적[41]

포천 자작리 유적은 백제 한성시기의 주거 유적으로 경기도 포천군 포천읍 자작리 251-2번지 일대에 위치한다. 2000년과 2003년에 경기도박물관이 발굴조사하였으며, 백제 주거지 2기, 소형유구 6기, 구상유구 4기, 굴립주건물지 1기 등 모두 13기의 유구가 확인되었다.

주요 유구는 2호 주거지로 평면 6각의 철(凸)자형 주거지이며 전체길이가 23.87m인 대형주거지이다. 내부에서 탄화목이 출토되어 주거지 벽체와 지붕의 축조방식 복원의 중요한 자료를 제공하였다. 동진(東晉)제 청자와 기대, 대옹, 기와류 등이 출토되었다. 자작리 유적은 규모나 출토유물로 보아 위계가 높은 계층의 주거지로 추정되며 주변의 고모리 산성, 반월산성 등과 함께 지방 거점 유적으로 기능하였던 것으로 보인다.

자작리 유적 출토 기와는 총 66점으로 암키와 63점과 수키와 2점, 이형기와 1점이다. 주요 출토 유구는 2호 주거지와 1호 구상유구로 특히 2호 주거지에서 36점이 출토되었다. 출토량이 지붕을 덮을 만한 양은 아니며, 출토 위치가 주로 부뚜막이나 출입부인 것으로 보아 한성백제 시기에

---

41) 경기도박물관, 2004, 『포천 자작리유적 I -긴급발굴조사 보고서-』.
경기도박물관, 2004, 『포천 자작리유적 II-시굴조사 보고서-』.
백종오, 2005, 「포천 자작리유적 출토 백제 한성기 기와 검토」, 『사학지』 37.

기와가 부뚜막이나 출입부의 장식용으로 사용되었을 가능성을 추정해볼 수 있다. 자작리 유적 출토 기와는 격자문 위주의 문양 구성, 수키와의 무문화, 점토띠성형, 측면 완전분할, 얇은 두께, 고운 점토질 태토 등 백제 한성시기 기와의 특징을 보이고 있다. 그러나 승문이 나타나지 않으며, 마포흔이나 통쪽흔이 확인되지 않는다는 차이도 나타나고 있다.

2) 인천 불로동 가마터[42]

황화산(해발 118.6m) 서쪽 능선의 해발 20~21m 지점에 입지한다. 유적 북동쪽 약 4.3㎞ 지점에 한강 하구가 인접한다. 2003~2004년 발굴조사에서 가마 1기가 조사되었다. 발굴보고서에는 소성유구로 기술하였는데,『한국고고학전문사전(생산유적편)』(국립문화재연구소, 2019)에서는 토기가마로 분류하였다. 가마 바닥에서 출토된 대형 옹을 비롯하여 다량의 토기 편과 함께 40여 점의 기와가 줄토되어 토기와 기와를 함께 구운 토기·기와 겸용 가마였던 것으로 추정된다.

연도를 제외한 화구와 연소실, 소성실이 남아 있다. 전체 규모는 길이 900㎝, 너비 180㎝ 현재 높이 136㎝이다. 가마의 평면은 주형(舟形)이며, 반지하식 등요(登窯)이다. 요전부(窯前部)의 평면은 원형이며, 아치형의 둥근 천정이 있었던 것으로 추정된다. 화구는 암반을 그대로 이용하였다. 연소실의 평면은 역제형(逆梯形)이며 화구와 20° 가량의 경사면으로 이어진다. 소성실의 평면은 주형이며, 바닥은 무계식이다. 측벽에서 중복된 소결층이 관찰되어 여러 차례 보수가 있었던 것으로 보인다. 소성실과 연소실

---

42) 한국문화재보호재단, 2007, 『인천 불로동유적』.

사이 단벽의 경사는 17°이다. 가마 바닥에 대형 옹이 깔려 있었고, 상층에서 다량의 토기와 기와가 함께 출토되었다.

출토 기와는 암키와 31점, 수키와 14점이다. 암키와는 사격자문이 대부분이며, 점토띠 성형흔과 통쪽흔[橫骨痕]이 확인된다. 수키와는 무문과 사격자문이며, 내면에 포목흔이 확인된다. 가마의 AMS 측정 결과(170AD~300AD)와 함께 출토된 토기의 편년을 고려하면 유적의 연대는 3~4세기로 추정된다.

인천 불로동 유적은 백제 한성기인 3~4세기 대에 한강 인근에서 대형 옹을 비롯한 토기를 생산하던 유적으로 기와를 함께 굽던 겸용 가마이다. 대형 옹 생산지는 나주 오량동 등 주로 남부지방에서 확인되며 중부지방에선 드문 편이다. 1㎝ 내외의 얇은 기와 두께와 점토띠를 활용한 테쌓기[輪積法] 수법은 토기 제작기술과 연결된다. 통쪽흔은 와통(瓦桶)을 사용한 기와 제작기술이 분화되는 모습을 보여준다. 이 유적은 현재까지 확인된 가장 오래된 백제의 기와 생산 유적으로 백제 한성시기 기와의 생산과 유통 시스템을 이해하는 중요한 시발점이 될 것으로 기대한다.

3) 대전 월평동 가마터[43)]

월평동 남쪽의 남북으로 길게 이어지는 야산 정상부에 백제의 중요한 산성 중 하나인 월평동산성이 위치한다. 가마터는 이 야산의 북쪽 능선 끝부분의 해발 60m 지점에 입지한다. 유적 서쪽을 흐르는 갑천을 끼고 멸왜들이 펼쳐져 있다. 1993년 발굴조사에서 가마 1기가 조사되었다.

---

43) 충남대학교박물관, 2004, 『천안 신풍리 유적 -부록 대전 월평동 기와가마-』.

가마는 공사 과정에서 파괴된 상태로 노출되었다. 연도부와 회구부 등 일부가 파괴되기는 하였으나, 연소실과 소성 등이 남아 있어서 가마의 구조를 이해할 수 있다. 가마는 암반을 굴착하여 조성한 반지하식이며, 소성실에 계단이 설치된 계단식 등요이다. 남아 있는 가마의 규모는 현재 길이 380㎝, 너비 179㎝이다. 연소실과 소성실 사이에는 높이 57㎝의 단벽이 있다. 단벽은 처음에 27㎝로 구축되었다가 암키와를 이용하여 현재의 높이로 보강한 것으로 판단된다. 소성실은 높이 130㎝의 천장이 남아 있으며, 경사도는 20°이다. 소성실 바닥에는 약 30㎝의 간격을 두고 높이 5㎝ 정도인 4단의 계단을 두었다. 계단은 와편을 바닥 전체에 깔고 그 위에 수키와를 2~3단 포개어 단을 구획하였다.

유물은 황갈색 연질 파수부 편 1점과 거치문토기 편을 제외하고는 모두 평기와이며, 암키와가 대부분을 차지한다. 기와 문양은 선문과 무문이며, 격자문은 확인되지 않는다. 암키와 내면에는 통쪽와통 흔적이 있어서 백제 기와의 특징을 보여준다. 소업 시기는 6세기 후반에서 7세기 전반으로 추정되며, 가마가 폐기된 시기에 대해서는 정확히 알 수 없다.

대전 월평동 유적의 기왓가마는 격자문 기와의 존재와 같은 다소 간의 차이에도 불구하고 인접한 월평동산성과 출토 기와의 양상이 상당히 비슷하기 때문에 월평동산성에 기와를 공급하던 시설이었을 것으로 추정된다. 또한 통쪽와통의 사용 등 제작기법이 백제 사비기 부여지역의 유적에서 출토되는 기와의 특성이 그대로 이어지고 있기 때문에 기와 제작기술 측면에서 백제의 중앙과 상당히 밀접한 관계를 맺고 있음을 보여준다.

4) 서천 신검리 가마터[44]

종천면 신검리 일대는 동쪽의 문수산(해발 311.2m), 서쪽의 월명산(해발 259.9m), 북쪽의 능마산 등 해발 200~300m의 산지로 둘러싸인 지형과 곡간 평야지대이다. 유적은 능마산 동쪽 사면 끝부분의 현재 종천지구 농업용저수지가 있는 해발 30m 내외 지점에 입지한다. 2014년 발굴조사 A지구에서 가마 15기가 확인되었다. 백제 가마는 7·8·10·12~15호 7기이며, 통일신라 가마는 5·6호 2기이다.

백제 가마는 조사구역 남동쪽에 분포한다. 7호 가마의 소성실은 5단의 계단식으로 축조하였으며, 회구부는 선대의 15호 가마와 중복된다. 8~11호 가마는 대부분 파괴되어 연소실 일부만 남아 있다. 12호 가마 소성실의 평면은 장방형이며, 경사도는 20°이다. 연도부의 평면은 장방형이며, 소성실 후벽을 굴착하여 할석을 쌓아 조성하였다. 13호 가마 연소실은 화구쪽이 70㎝ 정도로 매우 좁다. 단벽은 높이 62㎝이며, 기와와 할석으로 축조하였다. 소성실의 평면은 주형이며, 경사도는 15°이다. 연도부는 소성실 후벽을 굴착하고 대형 할석으로 마감하였다. 14호 가마는 소성실 내부에 평기와가 적재된 상태로 노출되었다. 적재 방법은 바닥에 기와를 받치고 암키와를 겹쳐 2단으로 쌓은 후 상부에 암키와와 수키와를 수평으로 쌓았다. 유물은 선문 계열의 평기와가 대부분이며, 연화문수막새도 출토되었다. 12·13호 가마의 고고지자기 연대는 각각 AD645±15년, AD650±10년이다.

통일신라 5·6호 가마는 조사구역 남쪽 중앙에 분포한다. 지하식 등요이며, 연소실 측벽에 단을 설치하였다. 유물은 대부분 선문 계열의 태선문과 세선문이 시문되었다.

서천 신검리 유적은 백제~조선시대에 이르는 장기간 기와나 도기 등

---

44) 국강고고학연구소, 2018, 『서천 신검리 유적』.

을 생산하는 시설이 밀집한 곳이다. 특히 백제 사비기에 왕도인 부여와 멀리 떨어진 지역에서 이와 같은 대규모 생산시설이 운영된 것은 백제 기와의 생산과 유통 체제가 다양한 방식으로 운영되었음을 보여주며, 백제시대에 서천 지역이 가지는 중요성을 알려준다.

5) 보령 용수리 가마터[45)]

미산면 용수리 일대는 보령호의 북쪽 구역에 해당한다. 호수 서쪽의 양각산(해발 411.8m)과 향로봉(해발 298.7m) 사이에 형성된 좁은 계곡의 해발 60~80m의 돌출된 구릉 남동쪽 사면에 입지한다. 1995년 발굴조사에서 14기의 가마가 확인되었다. 가마는 4개의 구역으로 나뉘어 분포하는데, Ⅰ구역에서 백제 가마 3기, Ⅱ구역에서 통일신라 가마 4기가 조사되었으며, Ⅲ·Ⅳ구역은 각각 고려·조선 가마이다.

Ⅰ-2·3호 가마는 파괴되었으며, Ⅰ-1호는 화구와 연소실이 일부 남아 있다. 화구는 석재로 구축하였고, 연소실 평면은 제형이다. 단벽은 높이 10㎝의 경사면으로 조성하였다. 소성실 너비는 100㎝이고, 경사도는 10°로 평요에 가깝다. 회구부는 재층과 잡석, 기와가 혼입되었다. Ⅱ-1호 가마는 소성실 상부가 파괴되었으며, 나머지는 상태가 양호하다. 특히 Ⅱ-3호는 천장을 제외한 나머지 구조가 잘 남아 있다. 화구에서 연도부까지 전체 규모는 길이 610㎝이다. 화구는 측벽에 장방형 석재로 구축했다. 연소실의 입면은 터널형이며, 할석을 이용해 구축했다. 단벽은 높이 18㎝의 경사면으로 조성하였다. 소성실의 평면은 장타원형이며, 경사도는 15°이다.

---

45) 공주대학교박물관, 1996, 『천방유적』.

연도부는 소성실 바닥보다 20㎝ 정도 높게 조성하였으며, 4매의 할석으로 마감하였다.

유물은 Ⅰ-1호에서 단판의 선문이 불규칙하게 타날된 기와가 출토되었다. Ⅱ구역 가마에서는 선문과 격자문이 중판 타날된 기와가 출토되었다. 고고지자기 연대 측정 결과는 Ⅰ-1호 645년, Ⅰ-3호 620년, Ⅱ-1호 1000년, Ⅱ-2호 840년, Ⅱ-3호 740년, Ⅱ-4호 770년이 나왔다. 가마의 구조와 규모, 출토유물의 편년, 절대연대 측정 결과는 대체로 일치하므로 Ⅰ구역 가마는 7세기 중반경의 백제, Ⅱ구역 가마는 8~9세기 통일신라로 판단된다.

보령 용수리 유적은 백제~조선시대까지 오랜 기간 생산 활동을 이어온 곳으로 가마의 구조 변천 및 생산된 기와의 변화를 연구하고 편년하는 데 중요한 자료를 제공한다.

6) 아산 풍기동 가마터[46)]

풍기동 남쪽 해발 80~90m의 구릉지와 그 남쪽에 넓게 형성된 충적평야가 만나는 해발 50m 내외 지점에 입지한다. 유적 북쪽에서 직선거리로 약 2.3㎞ 지점에는 곡교천이 서쪽으로 흘러 삽교호로 들어간다. 2004년 발굴조사에서 가마 2기가 조사되었다. 유적 주변에는 읍내동산성, 성안말산성, 법곡동사지 등의 유적이 분포한다.

1호 가마는 경작지 조성으로 삭평되어 소성실과 연도부 일부만 남아 있다. 소성실의 남아 있는 규모는 현재 길이 104㎝, 너비 126㎝이다. 연도

---

46) 충청문화재연구원, 2007, 『아산 밤줄길 유적』.

부는 지름 32㎝, 길이 45~50㎝의 원형이며, 소성실 후벽 중앙에 조성되었다. 연도부는 경사면을 이루며 밖으로 향하고 상부에 할석으로 외벽을 축조하였다. 2호 가마는 상부가 삭평되어 화구와 연소실 및 소성실 일부가 남아 있다. 훼손된 부분이 많아서 가마의 구조가 지하식인지 반지하식인지 확실하지 않다. 화구 양 측벽에서 길이 30㎝, 너비 20㎝의 할석이 확인되어 석재를 이용하여 구축하였을 것으로 추정된다. 연소실과 소성실 사이에는 높이 60㎝의 단벽이 있다. 소성실의 평면은 장방형이지만 연도부로 올라갈수록 약간 좁아지는 형태이다. 바닥에는 너비 40~50㎝, 높이 10~15㎝의 계단이 3단까지 확인된다.

유물은 대부분 격자문과 단판의 선조문이 단판 타날된 평기와이며, 토기류도 소량 출토되었다. 2호 가마 벽체 시료를 채취하여 OSL(광 여기 루미네선스) 측정한 값은 570±40년으로 나왔다. 고고지자기 연대 측정에서는 650±20년의 결과가 나왔다. 2가지 절대연대 측정값의 편차가 큰 편이지만 출토 기와의 문양과 제작기법은 백제의 방식이 확실하므로 가마의 조업은 6세기 말~7세기 전반의 백제 사비기에 이루어진 것으로 판단된다.

아산 풍기동 유적의 가마는 가마의 구조와 출토 유물의 양상에서 부여와 청양지역에서 확인된 백제 가마와 매우 유사한 특징을 보여준다. 유구 및 유물에 대한 절대연대 측정 결과도 백제 사비기에 해당한다. 향후 주변 산성 등에 대한 조사가 이루어진다면 풍기동 가마에서 생산된 기와의 수요지를 확인할 가능성이 높다.

7) 당진 대전리 가마터[47]

합덕읍 대전리 일대는 해발 100m 미만의 낮은 구릉지가 넓게 펼쳐진 지역으로 북쪽에 둔군봉(해발 136m)이 위치하며, 남동쪽 직선거리로 약

4㎞ 지점에 삽교천이 흐른다. 유적은 조사지역 내 남동쪽으로 뻗어 내린 가지능선 사면의 해발 51~57m 내외에 입지한다. 2012~2013년 발굴조사에서 가마 4기가 조사되었다.

가마는 모두 자연 경사면을 이용한 지하식 등요이다. 가마는 1·2호, 3·4호가 연접하여 회구부를 공유한다. 1호와 3호 가마의 경사면 상부에는 주구가 돌려져 있다. 가마의 중복 상태로 보아 1·2호가 3·4호 보다 선행한다. 1·2호는 화구에 천장이 남아 규모는 높이 105~160㎝, 너비 70~110㎝이다. 1호 가마 화구 측벽은 할석과 기와로 축조하였다. 연소실 바닥은 하부를 좁게 만들어 회구부까지 길게 이어진다. 소성실의 경사도는 17~19°이며, 가장 큰 2호의 규모는 길이 1,670㎝, 너비 310㎝, 깊이 190㎝이다. 회구부는 2기씩 공유하였으며, 경사면 아래로 배수구와 이어진다. 3호 가마 외곽에서 확인된 수혈과 주공은 상부 구조물의 흔적으로 판단된다. 유사한 사례는 부여 왕흥사지 가마 요전부에서도 확인되었다. 가마 주변의 수혈 건물지 등 유구는 가마를 운영하는 공방으로 추정된다.

유물은 동이, 시루 등 일상생활용기가 많으며, 평기와와 연화문수막새도 출토되어 토기와 기와를 함께 생산한 겸용가마로 추정된다. 평기와 문양은 대부분 태선문이며, 방곽 안에 '하(夏)'로 추정되는 명문이 있는 기와도 출토되었다. 연화문수막새는 단판첨형이 퇴화된 형식으로 백제 말기의 특징을 보여준다. AMS 연대 측정 결과 1호는 AD600, 2호는 AD610, 3호는 AD630, 4호는 AD600년이 나왔다.

당진 대전리 냉전골 유적의 가마는 화구에서 연도부에 이르는 가마의 주요 시설뿐만 아니라 주구와 배수구까지 확인되어 백제 가마의 구조를

---

47) 한국고고환경연구소, 2015, 『당진 대전리 냉전골 유적』.

연구하는 데 중요한 자료이다. 출토유물의 편년과 절대연대 측정으로 가마의 연대는 7세기 초로 추정된다. 백제 사비기 말 왕도에서 멀리 떨어진 당진지역 가마의 운영 체제 및 중앙과의 관계를 비교 연구할 수 있는 중요한 유적이다.

8) 김제 신덕동 가마터[48]

신덕동 중앙의 화초산(해발 30m)에서 남서쪽으로 뻗어 내리는 해발 12m 내외의 남쪽 사면부에 입지한다. 유적 서쪽에 인접하여 소하천이 남쪽으로 흘러 동진강의 지류인 원평천에 합류한다. 2009년 발굴조사에서 가마 2기가 조사되었다.

1호와 2호 가마는 동서로 약 4.4m 떨어져 나란히 배치되었다. 기반토를 굴착하고 조성한 지하식 등요이다. 소성실 일부와 연도부가 결실되었지만 나머지 부분은 잘 남아 있다. 1호와 2호 가마는 화구와 단벽의 조성방법에서 공통점이 있다. 화구의 평면은 1호와 2호 모두 장방형이며, 봇돌 위에 이맛돌을 올리고 작은 할석과 점토를 채워 보강하였다. 연소실과 소성실 사이는 1호와 2호 모두 암반을 사선으로 굴착하여 경사면으로 연결되는 형태이다. 1호 가마 연소실의 평면은 제형이며, 소성실과 연결되는 단벽의 경사도는 73°이다. 소성실은 장타원형이며, 바닥면 경사도는 39°이다. 2호 가마 연소실의 평면은 장방형이며, 소성실과 연결되는 단벽의 경사도는 60°이다. 소성실의 평면은 장방형이며, 바닥면의 경사도는 19°이다.

---

48) 전북문화재연구원, 2011, 『김제 장화동 유적』.

유물은 암키와 15점, 수키와 24점, 연화문수막새 1점, 토기편 1점 등이 출토되었다. 기와 문양은 무문이 많으며, 선문 기와에서는 단판 타날판이 확인된다. 내면에는 통쪽와통 흔적이 확인되며, 수키와는 토수기와이다. 연화문수막새는 연판의 수가 9엽으로 백제의 전형적인 연화문수막새와는 시기적으로 거리가 있는 것으로 판단된다. 조사단은 동반된 와적유구의 축조시기인 6세기 후반~7세기 전반을 고려하여 가마의 연대를 7세기 전반~7세기 중반으로 추정하였다.

김제 신덕동 유적은 가마의 구조적 특성은 물론 선문 위주의 문양과 단판 타날판, 통쪽와통의 사용 등 문양과 제작기법 측면에서 백제의 가마 및 기와 제작기술의 특징을 보여주며, 7세기 무렵 백제 중앙의 기와 제작기술이 전북지역까지 미치고 있음을 시사해 준다. 유적 동북쪽 직선거리로 9.3㎞ 지점에 김제 봉월리 통일신라 유적이 위치하는데, 이곳에서도 통쪽와통으로 제작한 기와가 출토되어 백제의 기와 제작기술이 신덕동을 거쳐 봉월리로 전해졌을 가능성이 있다.

9) 진안 월계리 가마터[49]

용담댐 건설로 수몰되기 전, 유적 일대는 주자천이 남동쪽으로 흐르고, 용강산에서 내려오는 산지에 둘러싸인 반월형 충적지가 형성되어 있었으며, 이 충적지의 서쪽 부분에 월계리 원월계마을이 있었다. 유적은 이 마을의 서쪽에서 남북으로 길게 뻗어 내린 능선의 동쪽 경사면에 입지한다. 1996년 조사에서 3기의 가마가 조사되었다. 현재는 수몰된 상태이다.

---

49) 군산대학교박물관, 2001, 『진안 용담댐 수몰지구 내 문화유적 발굴조사보고서Ⅳ』.

3기의 가마 중 3호 가마는 미완성된 가마로 보고되었으며, 나머지는 대부분의 시설이 잘 남아 있다. 가마의 축조 위치는 반지하식(1호)과 지하식(2호)이며, 등요이다. 화구는 측벽에 할석을 3~4단 쌓고 점토로 고정하였다. 연소실은 화구보다 높게 조성하였으며, 소성실과의 사이에 높이 40㎝ 정도의 단벽을 설치하였다. 소성실의 평면은 타원형이며, 계단식으로 축조하였다. 2호 가마는 8단의 구조로 석재를 시설하고 1~6단은 폐기된 기와를, 7~8단은 토기편을 이용해 수평을 맞추고 점토로 보강하였다. 단의 길이는 2단과 5단이 50㎝ 정도로 가장 길고, 나머지는 30~35㎝ 정도로 비슷하다. 소성실 천장은 터널식이며, 3단과 4단의 천장 부위에 지름 50㎝ 정도의 원형 시설이 확인되는데, 보조 연통시설로 추정된다. 연도부는 타원형이며, 수직으로 조성되었다. 요전부 양쪽에는 제의시설로 추정되는 집석유구가 확인된다.

유물은 대부분이 평기와이며, 토기류도 소량 출토되었다. 기와 문양은 집선문이 대부분이고, 격자문도 일부 보인다. 내면에 통쪽와통 흔적이 뚜렷하다. 기와 제작기술에서 백제의 특징을 보여주며, 집선문 위주의 문양 구성에서 가마의 연대는 백제 말인 7세기 후반으로 추정된다. 2호 가마의 잔류자기 측정에서도 이 시기에 근접한 양상이 나타났다.

진안 월계리 유적의 가마 소성실에 나타나는 계단식 구조는 부여 정암리 유적에서도 확인되었다. 다만 축조 재료가 석재가 아닌 기와를 사용한 점이 다르다. 백제 중앙의 가마 축조기술이 지방에 전해지면서 중앙과는 차별화되는 지방의 특성이 가미되면서 나타나는 현상으로 이해된다.

IV. 평기와 제작방법 고찰

1. 한성시기

한성시기 평기와는 서울 풍납토성, 몽촌토성, 석촌동 고분군 등 도성 지역의 3개 유적과 경기도 포천 자작리 유적, 인천 불로동 유적 등 5개 유적 출토 수키와 729점, 암키와 971점을 분석 대상으로 하였다.[1] 한성시기의 평기와는 도성 지역인 현재의 서울 일원에서 집중 출토되는데, 풍납토성 출토 기와의 수량이 수키와 435점(60.2%), 암키와 603점(62.3%)으로 가장 많으며, 석촌동 고분군도 수키와 272점(37.6%), 암키와 271점

---

[1] 최근 연구에 의하면 백제 한성시기의 기와가 출토되는 유적은 서울을 포함하여 경기, 인천, 강원, 충남 지역의 42개소에 달하는 것으로 보고되었다. 이 가운데 평기와가 출토된 유적은 39개소이다.
정치영, 2020, 「백제 한성기 와전문화의 성립과 전개」, 제17회 한국기와학회 정기학술대회 『한강유역 삼국의 각축과 와전문화의 전개』, p.91.

(30.0%)으로 높은 비중을 차지한다. 풍납토성에서는 위 수량보다 훨씬 많은 양의 평기와가 출토되었지만 많은 양의 기와의 특징이 상세히 정리 소개된 경당지구(수키와 154점, 암키와 334점)와 197번지 유적의 가-1호 수혈(수키와 163점, 암키와 111점), 마-1호 건물지(수키와 118점, 암키와 158점) 출토 기와를 분석하였다. 석촌동 고분군도 여러 지점에서 기와가 출토되었지만 대부분의 기와가 출토된 4호분(수키와 97점, 암키와 167점)과 최근 발굴이 이루어진 1호분 북쪽 연접적석총 출토 기와(수키와 175점, 암키와 104점)를 분석 대상으로 하였다. 몽촌토성은 1980년대에 서울대학교박물관 주도 하에 6차례에 걸쳐 발굴조사가 실시되었고, 수십 점의 기와가 출토되었다고 보고서에 언급되었지만[2] 기와의 특징을 알 수 있는 도면과 사진이 제시되고, 소략하게나마 유물 기술이 이루어진 것은 수키와 6점, 암키와 3점에 불과하므로 본 분석에는 총 9점의 평기와만 포함시켰다. 도성 이외 지역에서는 포천 자작리 유적 출토 수키와 2점과 암키와 63점 및 인천 불로동 유적 출토 수키와 14점과 암키와 31점을 분석하였다.

1) 문양

(1) 문양의 종류

평기와의 문양은 점토를 두드려 기와를 성형하는 과정에서 기와의 바깥 부분인 외면에 생기는 타날 흔적을 말한다. 타날 도구에 새겨진 무늬와 타날 방법에 따라 다양한 문양이 나오게 된다. 평기와의 문양은 시대에 따

---

2) 서울대학교박물관, 1988, 『몽촌토성: 동남지구 발굴조사보고』, p.70.
　서울대학교박물관, 1989, 『몽촌토성: 서남지구 발굴조사보고』, p.194.

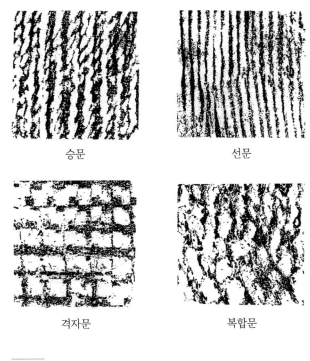

승문   선문

격자문   복합문

삽도 01 문양의 종류

라 변천하는 양상을 보여주므로 시대를 구분하는 데 어느 정도 유용하게 사용된다.

백제 평기와의 문양에는 선문, 격자문, 승문, 복합문, 무문이 있다.[3] 선문, 격자문, 복합문은 무늬를 새긴 타날 도구를 두드려 생기는 문양인 반면 승문은 노끈을 감은 타날 도구를 두드려 생긴 문양으로 타날 도구에 차이

---

3) 백제 평기와의 문양은 크기와 방향에 따라 세분되지만(한신대학교박물관, 2008, 『풍납토성Ⅸ』, p.73) 본 연구에서는 전체적인 흐름을 이해하기 위해 큰 틀에서 정리하였다.

가 있다. 무문은 기와 표면을 물손질 정면하여 타날 흔적을 지운 것을 말한다. 평기와 문양의 분포를 유적별로 살펴보면 다음과 같다.

풍납토성 경당지구 출토 수키와는 154점 가운데 무문이 134점(87.0%)으로 가장 높은 비율을 차지하며, 선문 12점(7.8%), 격자문 7점(4.5%), 승문 1점(0.7%) 순이다. 반면 암키와는 334점 중 격자문이 195점(58.5%), 무문(18.7%), 승문 39점(11.7%), 선문 37점(11.1%)으로 격자문이 가장 많다.

풍납동 197번지 가-1호 수혈과 마-1호 건물지도 수키와 중 무문의 비율이 각각 137점(84.0%), 87점(73.7%)로 가장 높고, 암키와는 격자문의 비율이 각각 72점(64.9%), 83점(52.5%)로 가장 높아 풍납토성 출토기와에서 수키와는 무문이, 암키와에는 격자문이 가장 많다는 것을 알 수 있다. 이처럼 수키와에서 무문의 비율이 높은 것은 타날 성형 후 수키와 외면을 물손질 정면하기 때문인 것으로 생각된다. 반면 암키와는 상대적으로 물손질 정면을 하지 않는 경우가 더 많아 외면에 타날 흔적이 그대로 남는 경우가 많은 것이다.

석촌동 4호분 출토기와는 수키와 97점(100%) 전체가 무문이고, 암키와 167점 중 167점(100%) 전체가 격자문이어서 이러한 배경을 훨씬 단적으로 보여준다.

석촌동 1호분 북쪽 연접적석총 출토 평기와는 형식별로 개체 수량을 추산하여 수키와는 234.3점, 암키와는 320.9점으로 집계하였다.[4] 이를 기준으로 평기와의 문양별 분포를 살펴보면, 수키와는 무문이 199.9점으로 가장 많고, 격자문 15점, 선문 12.8점, 승문 0.1점 순이다. 암키와는 격자문 274.2점, 무문 16.2점, 선문 6.3점, 승문 0.2점이다.

---

4) 한성백제박물관, 2020, 『서울 석촌동 고분군Ⅱ』, p.353.

표 1. 문양 종류   수량(%)

유적 \ 문양			무문	승문	선문	격자문	복합문	계
경당지구	수		134(87.0)	1(0.7)	12(7.8)	7(4.5)	0(0)	154(100)
	암		63(18.7)	39(11.7)	37(11.1)	195(58.4)	0(0)	334(100)
197번지	가-1	수	137(84.0)	0(0)	0(0)	26(16.0)	0(0)	163(100)
		암	34(30.6)	1(0.9)	3(2.7)	72(64.9)	1(0.9)	111(100)
	마-1	수	87(73.7)	9(7.6)	2(1.7)	17(14.4)	3(2.6)	118(100)
		암	26(16.5)	7(4.4)	29(18.4)	83(52.5)	13(8.2)	158(100)
몽촌토성	수		0(0)	0(0)	0(0)	6(100)	0(0)	6(100)
	암		0(0)	0(0)	0(0)	3(100)	0(0)	3(100)
석촌4호	수		97(100)	0(0)	0(0)	0(0)	0(0)	97(100)
	암		0(0)	0(0)	0(0)	167(100)	0(0)	167(100)
석촌연접	수		199.9	0.1	12.8	15		234.3
	암		16.2	0.2	6.3	274.2		320.9
자작리	수		2(100)	0(0)	0(0)	0(0)	0(0)	2(100)
	암		5(7.9)	0(0)	4(6.4)	53(84.1)	1(1.6)	63(100)
불로동	수		14(100)	0(0)	0(0)	0(0)	0(0)	14(100)
	암		2(6.5)	0(0)	0(0)	29(93.5)	0(0)	31(100)

　　포천 자작리 유적이나 인천 불로동 가마터의 경우에도 각각 수키와 2점(100%)과 14점(100%) 모두 무문이고, 암키와 53점(84.1%)과 29점(93.5%)이 격자문이어서 앞서 살펴본 유적들에서 나타나는 경향과 일치한다.

　　지붕 위에 노출되는 수키와 외면을 정면하는 것은 낙수의 흐름을 용이하게 함으로써 기와에 수분이 머무는 시간을 줄이기 위함으로 해석되며, 암키와에서 그 비율이 낮아지는 것은 암키와의 외면이 지붕 위에 노출되지 않기 때문으로 생각된다.

반면 몽촌토성 출토기와는 수키와 6점(100%)과 암키와 3점(100%)이 모두 격자문으로 수키와 외면을 정면하지 않아 위의 유적들과 차이를 보인다. 다만 소개된 개체 수가 매우 적고, 보고서에 일부 무문과 승문의 존재가 언급되기도 하므로 몽촌토성 출토 평기와에 대한 재조사가 이루어진다면 전체적인 양상을 확인할 수 있을 것으로 기대된다.[5]

2) 와통 구조와 소지 형태

(1) 와통 유무 및 종류

와통(瓦桶)은 기와를 성형하기 알맞게 고안된 기와 전용 제작틀로 널리 사용되었는데, 초기부터 와통이 사용되었던 것은 아니다. 와통이 보급되기 이전에는 내박자(內拍子)를 사용하는 토기 제작 기술로 기와 성형하였기 때문에 기와 내면에 내박자 흔적이 남게 된다. 이러한 경우를 무와통으로 분류하였다. 또한 와통을 사용하는 경우 점토 상태의 기와를 쉽게 분리하기 위하여 와통을 삼베 같은 천으로 감싸게 되므로 포목흔(布目痕)이 남게 된다. 따라서 포목흔이 없는 경우는 와통을 사용하지 않은 것으로 이해되므로 무와통으로 분류하였다. 와통의 경우도 접었다 펼 수 있어서 이동이 가능한 모골와통(模骨瓦桶)과 고정된 상태로 사용되는 원통와통(圓筒瓦桶) 2종류가 있다. 2종류 모두 가늘고 긴 나무판을 엮어서 와통을 만들었다는 점에서는 공통적이지만 원통와통이 단단하게 고정된 상태로 사용되기 때문에 나무판을 엮은 흔적이 잘 남지 않는 반면, 모골와통은 상대적으로 표면이 고르지 못하기 때문에 나무판을 엮은 흔적, 즉 모골 흔적이 세

---

5) 몽촌토성발굴조사단, 1985, 『몽촌토성 발굴조사보고』, p.136.
　　서울대학교박물관, 1988, 『몽촌토성 동남지구 발굴조사보고』, p.70.

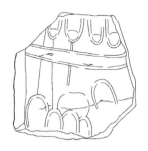

무와통(내박자흔)

모골와통

원통와통

삽도 02 한성시기 평기와 내면 와통 흔적

로로 남을 확률이 높다. 여기에서는 이를 근거로 모골 흔적이 관찰되는 경우에 모골와통, 그렇지 않은 경우는 원통와통으로 간주하였다.

풍납토성 경당지구에서는 수키와 154점 중 146점(94.8%)이 원통와통이고, 암키와도 334점 중 203점(60.8%)이 원통와통이어서 수키와와 암키와 모두 원통와통이 가장 많이 사용된 것으로 보인다. 다만 암키와의 경우 내박자를 사용하는 무와통이 69점(20.6%), 모골와통이 62점(18.6%)으로 비교적 고른 비율을 보이는 반면, 수키와는 무와통이 7점(4.5%), 모골와통이 단 1점(0.7%)에 불과해 대조적이다.

풍납동 197번지 가-1호 수혈은 수키와 163점 중 무와통이 91점
(55.8%)으로 가장 많이 사용되었으며, 72점(44.2%)이 원통와통이고 모골
와통은 1점도 확인되지 않았다. 반면 암키와는 111점 중 87점(78.4%)이
원통와통이고, 모골와통 16점(14.4%), 무와통 8점(7.2%) 순이다. 마-1호
건물지는 수키와 118점 중 67점(56.8%)이 원통와통이고 51점(43.2%)이
무와통이고, 모골와통은 1점도 확인되지 않아서 가-1호 수혈에 비해 원통
와통의 사용비율이 다소 높다. 암키와의 경우는 158점 중 모골와통이 64
점(40.5%)으로 가장 높고, 원통와통 54점(34.2%), 무와통 40점(25.3%) 순
으로 비교적 고른 분포를 보이지만, 가-1호 수혈에 비해 모골와통 비율이
높은 점에 차이가 있다.

석촌동 4호분과 불로동 가마터는 모두 무와통 기법이 전혀 확인되지

표 2. 와통 유무 및 종류   수량(%)

유적		와통	무와통	모골와통	원통와통	계
경당지구	수		7(4.5)	1(0.7)	146(94.8)	154(100)
	암		69(20.6)	62(18.6)	203(60.8)	334(100)
197번지	가-1	수	91(55.8)	0(0)	72(44.2)	163(100)
		암	8(7.2)	16(14.4)	87(78.4)	111(100)
	마-1	수	51(43.2)	0(0)	67(56.8)	118(100)
		암	40(25.3)	64(40.5)	54(34.2)	158(100)
석촌4호	수		0(0)	9(9.3)	88(90.7)	97(100)
	암		0(0)	132(79.0)	35(21.0)	167(100)
석촌연접	수		19(11.0)	4(2.3)	149(86.6)	172(100)
	암		31(30.1)	68(66.0)	4(3.9)	103(100)
불로동	수		0(0)	1(7.1)	13(92.9)	14(100)
	암		0(0)	1(3.2)	30(96.8)	31(100)

않는 공통점이 있으나, 석촌동 4호분 수키와 97점 중 88점(90.7%)이 원통와통이고, 암키와 167점 중 132점(79.0%)이 모골와통으로 사용 비율에 차이를 보이는 반면, 불로동 가마터는 암키와와 수키와 모두 원통와통이 각각 13점(92.9%), 30점(96.8%)으로 가장 높은 비율을 보이고 있어 두 유적 간에 차이를 보인다.

석촌동 1호분 북쪽 연접적석총은 수키와 172점 중 원통와통이 149점(86.6%)으로 많은 반면 암키와는 103점 중 모골와통이 68점(66.0%)으로 높은 비율을 차지한다. 무와통은 수키와 19점(11.0%), 암키와 31점(30.1%)이다.

전체적으로는 풍납토성에서는 무와통, 모골와통, 원통와통이 비율에 차이는 있지만 모두 사용되었지만, 석촌동 4호분과 인천 불로동 유적에서는 무와통 기법이 전혀 확인되지 않는 점이 눈에 띈다. 이러한 통계치가 시간성을 보여주는 것인지, 아니면 다른 의미를 가지는지에 대한 해석은 앞으로의 과제가 된다.

(2) 통보 종류

통보는 성형된 날기와를 와통에서 쉽게 분리하기 위해 와통에 씌우는 천으로 삼베로 만든 마포(麻布)가 주로 사용되며, 기와 내면에서 관찰된다. 그렇지만 간혹 기와 내면에서 마포가 아닌 승문(繩文)이 확인되는 경우가 있어 와통에 노끈을 감아서 사용하기도 하였던 것으로 보인다. 통보를 사용하지 않은 경우이거나 통보가 사용되었더라도 내면을 물손질하는 경우엔 통보 흔적이 남지 않을 확률이 높기 때문에 미확인으로 처리하였다.

풍납토성 경당지구는 수키와 154점 중 98점(63.6%)에서 포흔이 확인되며, 암키와는 334점 중 137점(41.0%)에서 포흔이 확인되고 승문도 1점 확인되었다. 내면 포흔이 지워진 미확인의 경우는 수키와 56점(36.4%)과 암키와 197점(59.0%)의 분포를 보이는데, 이처럼 암키와에서 미확인의 비율이 높은 것은 암키와 내면에 물손질 정면이 많이 이루어졌음을 의미한다.

석촌동 4호분은 수키와 97점 중 90점(92.8%), 암키와 167점 중 164점(98.2)에서 포흔이 확인되어 내면 물손질이 거의 이루어지지 않았음을 알 수 있다. 석촌동 1호분 북쪽 연접적석총은 수키와 172점 중 153점(89.0%)에서 포흔이 확인되는 반면 암키와 103점 중 72점(69.9%)에서만 포흔이 확인되어 상대적으로 수키와에서 포흔이 비율이 높다.

몽촌토성에서는 수키와 6점 중 3점(50.0%)에서 포흔이 확인되고, 암키와 3점 중 2점(67.7%)에서 포흔이 확인된다. 분석 대상 개체 수가 매우 적어 통계적 의미가 크진 않지만 암키와 내면의 정면이 많이 이루어지지 않

표 3. 통보 종류   수량(%)

유적	통보	포흔	승문	미확인	계
경당지구	수	98(63.6)	0(0)	56(36.4)	154(100)
	암	137(41.0)	1(0)	197(59.0)	334(100)
몽촌토성	수	3(50.0)	0(0)	3(50.0)	6(100)
	암	2(67.7)	0(0)	1(33.3)	3(100)
석촌4호	수	90(92.8)	0(0)	7(7.2)	97(100)
	암	164(98.2)	0(0)	3(1.8)	167(100)
석촌연접	수	153(89.0)	0(0)	19(11.0)	172(100)
	암	72(69.9)	0(0)	31(30.1)	103(100)
자작리	수	0(0)	0(0)	2(100)	2(100)
	암	2(3.2)	0(0)	61(96.8)	63(100)
불로동	수	13(92.9)	0(0)	1(7.1)	14(100)
	암	4(12.9)	0(0)	27(87.1)	31(100)

았을 가능성이 있다. 반면 포천 자작리 유적은 전체 65점의 기와 중 단 2점(3.1%)에서만 포흔이 확인되므로 대부분 기와 내면 물손질이 이루어진 것으로 보인다.

인천 불로동 가마터는 수키와 14점 중 13점(92.9%)에서 포흔이 확인되고, 암키와 31점 중 27점(87.1%)에서 확인되지 않으므로 수키와 내면은 거의 정면하지 않았고, 암키와 내면은 대부분 정면한 것으로 보인다.

(3) 소지 형태

소지(素地)는 기와 성형에 알맞게 준비된 바탕흙을 말하는데, 성형 방식 차이에 따라 점토띠[粘土帶]와 점토판(粘土板)의 2가지 형태로 나뉜다. 점토띠는 토기의 테쌓기 기법[輪積法]에 사용되는 형태로 완성 후에도 가로 방향의 결이 남는 경우가 있다. 점토판은 와통에 부착하기 위해 편평하게 켜낸 점토로 와통에 점토판을 말아 부착할 때 서로 겹친 흔적인 세로방향의 점토합흔(粘土合痕)이나 준비된 장방형 점토 덩이인 육면체의 흙담(다무락)에서 가는 줄을 이용하여 점토판을 일정한 두께로 켜 낼 때 생기는 흔적인 사절흔(絲切痕)이 남기도 한다.

풍납토성 경당지구 수키와는 점토띠가 154점 중 78점(50.6%), 점토판이 76점(49.3%)이고, 암키와는 334점 중 점토띠가 158점(46.3%), 점토판이 176점(52.7%)으로 점토띠와 점토판의 사용비율이 거의 균등하다. 풍납동 197번지 가-1 수혈은 수키와 163점 중 점토띠 비율이 128점(78.5%)으로 높은 반면, 암키와 111점 중 점토판 비율이 68점(61.3%)로 다소 높게 나타났다. 마-1호 건물지는 이와 달리 수키와와 암키와가 각각 98점(83.0%), 121점(76.6%)으로 점토띠 사용비율이 높은 것이 특징이다.

석촌동 4호분은 수키와 97점 중 점토띠 42점(43.3%), 점토판 55점(56.7%)이며, 암키와 167점 중 점토띠 75점(44.9%), 점토판 92점(55.1%)

점토띠

점토판(사절흔)

삽도 03 한성시기 평기와 소지 형태 흔적

으로 점토판의 비율이 다소 높긴 하지만 대체로 균등한 편이다. 반면 석촌동 1호분 북쪽 연접적석총은 수키와 175점(100%)과 암키와 104점(100%)이 모두 점토띠 소지만을 사용하였다. 조사 대상 유적 중 오직 점토띠만 사용한 사례는 석촌동 1호분 북쪽 연접적석총이 유일하며, 상대적으로 이른 시기의 제작기법인 점토띠 소지만 사용된 점은 어느 정도 이 유적이 지닌 시간성을 반영하는 것으로 판단된다.

포천 자작리 유적은 수키와의 점토띠, 점토판 사용비율이 각각 50.0%로 같지만 암키와는 63점 중 점토판이 46점(73.0%)으로 높다.

표 4. 소지 형태   수량(%)

유적 \ 소지			점토띠	점토판	계
경당지구	수		78(50.6)	76(49.3)	154(100)
	암		158(47.3)	176(52.7)	334(100)
197번지	가-1	수	128(78.5)	35(21.5)	163(100)
		암	43(38.7)	68(61.3)	111(100)
	마-1	수	98(83.0)	20(17.0)	118(100)
		암	121(76.6)	37(23.4)	158(100)
석촌4호	수		42(43.3)	55(56.7)	97(100)
	암		75(44.9)	92(55.1)	167(100)
석촌연접	수		175(100)	0(0)	175(100)
	암		104(100)	0(0)	104(100)
자작리	수		1(50.0)	1(50.0)	2(100)
	암		17(27.0)	46(73.0)	63(100)
불로동	수		1(7.1)	13(92.9)	14(100)
	암		8(25.8)	23(74.2)	31(100)

인천 불로동 가마터는 수키와와 암키와가 각각 13점(92.9%), 23점(74.2%)으로 점토판 소지가 더 많이 사용되었다.

3) 성형 방법

(1) 정면 방법

기와 제작 시 와통에 부착된 점토를 타날 성형 후 표면을 고르고, 두께를 조정하기 위해 기와 외면을 정면하는 공정을 거치게 된다. 대개 손으로 문질러 정면하는 물손질 정면 방법이 사용되는데, 이때 외면 문양이 지워진다. 기와 내면의 정면은 와통에서 분리 후 이루어지는데, 이 과정에서 기와 내면의 포흔이 지워진다.

풍납토성 경당지구는 수키와 154점 중 92점(59.8%)이 물손질 정면하였으며, 암키와 334점 중 183점(54.8%)이 물손질 정면을 하지 않아서 무정면과 물손질의 비율이 거의 비슷하다. 몽촌토성은 수키와 6점(100%)과 암키와 3점(100%) 모두 물손질 정면하지 않았다.

석촌동 4호분은 수키와 97점 중 96점(99.0%), 암키와 167점 중 118점(70.7%)이 물손질 정면하여 대부분의 암키와와 수키와 외면을 물손질 정면하였다. 석촌동 1호분 북쪽 연접적석총은 수키와 175점 중 129점(73.7%)이 물손질 정면하였고, 암키와 104점 중 19점(18.3%)만 물손질 정

표 5. 정면 방법   수량(%)

유적 \ 정면		무정면	물손질	계
경당지구	수	62(40.2)	92(59.8)	154(100)
	암	183(54.8)	151(45.2)	334(100)
몽촌토성	수	6(100)	0(0)	6(100)
	암	3(100)	0(0)	3(100)
석촌4호	수	1(1.0)	96(99.0)	97(100)
	암	49(29.3)	118(70.7)	167(100)
석촌연접	수	46(26.3)	129(73.7)	175(100)
	암	85(81.7)	19(18.3)	104(100)
자작리	수	0(0)	2(100)	2(100)
	암	59(93.7)	4(6.3)	63(100)
불로동	수	8(57.1)	6(42.9)	14(100)
	암	12(38.7)	19(61.3)	31(100)

면하여 석촌동 4호분과 차이가 있다.

포천 자작리 유적 수키와는 모두 물손질 정면하였지만 암키와는 63점 중 59점(93.7%)이 물손질 정면하여 차이가 있다. 반면 인천 불로동 가마 터도 14점의 수키와 중 8점(57.1%)이 물손질 정면을 하지 않았고, 암키와 31점 중 19점(61.3%)이 물손질 정면하여 비교가 된다.

(2) 단부 조정 방법

성형 공정을 마치고 와통에서 분리한 후 반건조(半乾燥) 상태의 기와는 내면 단부(端部)를 와도(瓦刀)로 깎거나 물손질 혹은 두드리는 방법으로 기와의 형태 일부를 조정(調整)하는 공정을 거친다. 수키와의 경우 즙와(葺瓦) 시 기와를 포개어 연결할 때 미구기와는 미구가 지붕에서 위를 향하게 되므로 미구 반대편 하단부(下端部)의 내면을 조정하여 미구를 덮는다. 미구가 없는 토수기와는 지름이 작은 면이 지붕에서 위를 향하게 되므로 지름이 넓은 면의 내면을 조정한다. 암키와의 경우는 와통의 형태에 따라 내면 상단 혹은 하단으로 조정하는 위치가 다르다. 와통의 형태는 상부와 하부의 지름이 같은 원기둥형 와통과 상부와 하부의 지름이 다른 상광하협(上廣下狹) 혹은 하광상협(下廣上狹)의 와통을 상정할 수 있다. 원기둥형 와통으로 제작한 기와는 상부와 하부의 지름이 같은 평면 장방형으로 기와 외면의 호(弧)가 내면의 호보다 크므로 지붕 위에서 기와를 포갤 때 밀착되지 않고 들뜨게 되므로 상단부(上端部)의 내면을 조정하여 기와 상호 간의 접착면을 넓힌다. 이와 반대로 상부와 하부의 지름이 다른 종단면 사다리꼴의 와통에서 제작된 기와는 평면 형태가 사다리꼴이므로 기와 상단과 하단의 곡면인 호의 크기가 다른 점을 활용하여 즙와 시 기와 상단부 내면과 하단부 외면을 밀착시키기 쉬운 형태이다. 그러므로 이러한 형태의 기와에서 내면 단부 조정은 기와 상단부가 아닌 하단부 내면에서 이루어진

깎기 조정

물손질 조정

삽도 04 한성시기 평기와 내면 단부 조정 흔적

다. 이 경우 원기둥형 와통에서 제작된 기와와 달리 내면 단부 조정의 목
적은 지붕 위에서 낙수(落水)의 흐름을 돕기 위한 것으로 해석된다.

　　내면 단부 조정은 기와의 단부가 남아 있을 경우에 확인 가능한 속성
이며, 단부가 남아 있지 않아 확인할 수 없을 경우 미확인으로 처리하였다.
내면 단부에 깎기와 물손질 조정이 함께 남아 있는 경우는 석촌동 1호분
북쪽 연접적석총 암키와에서 24점이 확인되는데, 제작기법에 따라 별도
로 집계하여 각각의 총합이 모수(母數)보다 큰 경우도 있다.

　　풍납토성 경당지구는 수키와 154점 중 미확인 115점을 제외한 39점
가운데 32점(82.0%)이 물손질 조정하였고, 암키와 334점 중 미확인 232
점을 제외한 102점 가운데 80점(78.4%)이 물손질 조정하여 전체적으로

물손질 조정 기법이 깎기 조정에 비해 많이 사용되었다.

석촌동 4호분은 수키와 97점 가운데 미확인 87점을 제외한 10점 모두 깎기 조정하였고, 암키와도 167점 중 미확인 93점을 제외한 74점 모두 깎기 조정하여 전체적으로 깎기 조정 기법만이 사용되어 풍납토성과 대비된다. 석촌동 1호분 북쪽 연접적석총은 수키와의 경우 175점에서 미확인 88점을 제외한 87점 중 깎기 조정이 76점(86.4%)이고, 물손질 조정이 11점(12.6%)으로 깎기 조정이 많이 이루어진 반면 암키와는 깎기 조정 58점, 물손질 조정 48점으로 큰 차이가 없다.

포천 자작리 유적은 전체 65점의 기와 가운데 미확인 59점을 제외한 암키와 6점 모두 물손질 조정하였으며, 인천 불로동 가마터는 수키와 14점 중 미확인 13점을 제외한 수키와 1점이 깎기 조정하였고, 암키와 31점 중 미확인 24점을 제외한 7점 가운데 5점(71.4%)이 깎기 조정, 2점

표 6. 단부 조정 방법
수량(%)

유적 \ 조정		깎기	물손질	미확인	계
경당지구	수	7(4.5)	32(20.8)	115(74.7)	154(100)
	암	22(6.6)	80(23.9)	232(69.5)	334(100)
석촌4호	수	10(10.3)	0(0)	87(89.7)	97(100)
	암	74(44.3)	0(0)	93(55.7)	167(100)
석촌연접	수	76(43.4)	11(6.3)	88(50.3)	175(100)
	암	58(55.8)	48(46.2)	23(22.1)	104(100)
자작리	수	0(0)	0(0)	2(100)	2(100)
	암	0(0)	6(9.5)	57(90.5)	63(100)
불로동	수	1(7.1)	0(0)	13(92.9)	14(100)
	암	5(16.1)	2(6.5)	24(77.4)	31(100)

(28.6%)이 물손질 조정하였다.

(3) 측면 분할 방법

측면 분할 방법은 반건조된 원통형 날기와를 와도를 사용하여 분할하는 공정인데, 와도의 방향이나 분할횟수 등에 관한 매우 다양한 속성 분석이 이루어지지만[6] 여기에서는 와도 사용 방법 변화에 따른 제작 공정 간소화의 전체적인 흐름을 쉽게 파악하기 위하여 와도를 사용하여 측면 전체를 완전히 깎아내는 완전분할과 기와를 분할한 후 떼어낸 단면을 와도로 정리하지 않고 그대로 두는 부분분할의 2가지로만 분석하였다. 이 경우 측면을 내면 혹은 외면 방향에서 1회 분할 후 측면에 남아 있는 분절흔을 2차로 깎아 조정하는 경우는 완전분할에 포함시켜 집계하였다. 기와 측면이 남아 있지 않아 관찰이 불가능한 경우는 미확인으로 처리하였다.

풍납토성 경당지구는 수키와 154점 중 미확인 63점을 제외한 91점 가운데 87점(95.6%), 암키와 334점 중 미확인 151점을 제외한 183점 가운데 161점(88.0%)이 측면을 완전히 분할하였다. 풍납동 197번지 가-1호 수혈 수키와와 암키와는 각각 163점 중 161점(98.8%), 111점 중 102점(91.9%)이 완전분할 기법을 사용하였으며, 마-1호 건물지도 수키와와 암키와가 각각 118점 중 116점(98.3%), 158점 중 142점(89.9%)이 완전 분할하여 풍납토성에서는 거의 대부분 완전분할 기법이 사용되었음을 알 수 있다.

석촌동 1호분 북쪽 연접적석총은 수키와 175점 중 159점(90.8%)이 완전분할이고, 암키와 104점 중 92점(88.5%)이 완전분할로 대다수의 기와

---

6) 국립문화재연구소, 2012, 『풍납토성XIV』, p.503.

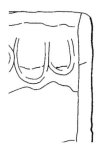

완전분할

부분분할

삽도 05 한성시기 평기와 측면 분할 흔적

측면을 완전히 분할하는 방식으로 제작하였지만 내측에서 외측으로 1회 분할 후 측면에 남아 있는 분절흔을 그대로 남겨 두는 부분분할의 사례도 일부 확인된다.

　석촌동 4호분, 포천 자작리 유적, 인천 불로동 가마터는 모두 미확인 분을 제외한 나머지 개체가 모두 완전 분할하여 와도로 측면을 깨끗하게 정리하는 방법은 한성시기 평기와의 특색임을 알 수 있다.

표 7. 측면 분할 방법 수량(%)

유적	분할		완전분할	부분분할	미확인	계
경당지구	수		87(56.5)	4(2.6)	63(40.9)	154(100)
	암		171(51.2)	12(3.6)	151(45.2)	334(100)
197번지	가-1	수	161(98.8)	1(0.6)	1(0.6)	163(100)
		암	102(91.9)	2(1.8)	7(6.3)	111(100)
	마-1	수	116(98.3)	2(1.7)	0(0)	118(100)
		암	142(89.9)	10(6.3)	6(3.8)	158(100)
석촌4호	수		83(85.6)	0(0)	14(14.4)	97(100)
	암		78(46.7)	0(0)	89(53.3)	167(100)
석촌연접	수		159(90.8)	1(0.6)	15(8.6)	175(100)
	암		92(88.5)	2(1.9)	10(9.6)	104(100)
자작리	수		1(50.0)	0(0)	1(50.0)	2(100)
	암		38(60.3)	0(0)	25(39.7)	63(100)
불로동	수		11(78.6)	0(0)	3(21.4)	14(100)
	암		20(64.5)	0(0)	11(35.5)	31(100)

4) 형태

(1) 미구 유무

풍납토성 경당지구 수키와는 154점에서 미확인 134점을 제외한 20점 중 19점(95.0%)이 미구기와이고, 197번지 가-1호 수혈은 163점에서 미확인 63점을 제외한 100점 중 86점(86.0%)이 미구기와이며, 마-1호 건물지는 118점에서 미확인 39점을 제외한 79점 가운데 76점(96.2%)이 미구기와이다.

표 8. 미구 유무

표 8. 미구 유무 수량(%)

유적 \ 미구		미구기와	토수기와	미확인	계
경당지구	수	19(12.3)	1(0.7)	134(87.0)	154(100)
197번지	가-1 수	86(52.8)	14(8.6)	63(38.6)	163(100)
	마-1	76(64.4)	3(2.6)	39(33.0)	118(100)
석촌4호	수	35(36.1)	0(0)	62(63.9)	97(100)
석촌연접	수	175(100)	0(0)	0(0)	175(100)
자작리	수	0(0)	0(0)	2(100)	2(100)
불로동	수	3(21.4)	0(0)	11(78.6)	14(100)

　　석촌동 4호분은 97점 중 미확인 68점을 제외한 35점 모두 미구기와이고, 석촌동 1호분 북쪽 연접적석총은 수키와 175점 모두 미구기와이다. 불로동 가마터도 14점 중 미확인 11점을 제외한 3점 모두 미구기와여서 한성시기 수키와는 대부분 미구기와임을 확인하였다.[7]

5) 색조, 경도, 정선도

(1) 색조

　　기와의 색조는 가마 안에서의 분위기, 즉 산화염인지 환원염인지에 따라 결정된다. 산화염 소성일수록 적색 계통을 띠고, 환원염 소성일수록 회

---

7) 한성시기 수키와 미구는 다양한 형식으로 분류되지만(정치영, 2006, 한성기 백제 기와에 대한 연구, 한신대학교 석사학위논문, p.58) 본 연구에서는 전체적인 흐름 파악을 위해 미구의 유무만을 검토하였다.

표 9. 색조　　　　　　　　　　　　　　　　　　　　　　　　　　　수량(%)

유적＼색조		적갈색	황갈색	회색	계
경당지구	평기와	186(19.0)	0(0)	795(81.0)	981(100)
197번지	평기와	102(18.5)	135(24.5)	313(56.9)	550(100)
몽촌토성	평기와	4(57.1)	0(0)	3(42.9)	7(100)
석촌4호	평기와	4(1.5)	8(3.0)	252(95.5)	264(100)
불로동	평기와	3(6.7)	22(48.9)	20(44.4)	45(100)

색 계통의 색조를 띠게 된다.

　풍납토성 경당지구는 981점 중 795점(81.0%)이 회색이고, 197번지는 550점 중 313점(56.9%)이 회색 계통이다.

　몽촌토성은 개체 수는 적지만 적갈색 4점(57.1%), 회색 3점(42.9%)으로 석갈색의 비중이 상대적으로 높다.

　석촌동 4호분은 264점 중 252점(95.5%)이 회색이어서 환원염 소성이 압도적이며, 인천 불로동 가마터는 45점 중 22점(48.9%)이 황갈색이어서 타 유적과 차이를 보인다.

(2) 경도

　기와의 경도는 경질은 상, 중경질을 중, 연질을 하로 설정하였다.

　풍납토성 경당지구는 488점 중 261점(53.5%)이 연질이며, 197번지 가-1호 수혈은 274점 중 124점(45.3%)이 연질이고, 113점(41.2%)이 경질로 연질과 경질의 비율이 비슷한 것으로 나타나지만 마-1호 건물지는 276점 중 172점(62.3%)이 경질이어서 풍납토성 내 경당지구, 197번지 유적 내 가-1호 수혈, 마-1호 건물지 출토 기와의 양상이 각각 다르게 나타

표 10. 경도   수량(%)

유적 \ 경도		상	중	하	계
경당지구	평기와	41(8.4)	186(38.1)	261(53.5)	488(100)
197번지	가-1	113(41.2)	37(13.5)	124(45.3)	274(100)
	마-1	172(62.3)	18(6.5)	86(31.2)	276(100)
몽촌토성	평기와	0(0)	0(0)	6(100)	6(100)
석촌4호	평기와	43(16.3)	204(77.3)	17(6.4)	264(100)
석촌연접	평기와	85(30.5)	139(49.8)	55(19.7)	279(100)
자작리	평기와	0(0)	7(10.8)	58(89.2)	65(100)
불로동	평기와	0(0)	0(0)	45(100)	45(100)

나고 있다.

몽촌토성은 경도가 확인된 6점 모두 연질인데, 보고서에 일부 경질로 언급[8]된 부분이 있어서 전반적인 양상은 추가 조사에서 밝혀야 할 부분이다.

석촌동 4호분은 264점 중 중경질이 204점(77.3%)으로 가장 비율이 높고, 석촌동 1호분 북쪽 연접적석총도 4호분에 비해 비율이 다소 낮긴 하지만 279점 중 중경질이 139점(49.8%)으로 가장 높은 비율을 차지하므로 석촌동 고분군은 전체적으로 중경질의 비율이 높아 풍납토성의 양상과는 차이가 있다.

포천 자작리 유적은 65점 중 58점(89.2%)이 연질이고, 인천 불로동 가마터는 45점 모두 연질이어서 연질의 비중이 절대적이다.

---

8) 서울대학교박물관, 1989,『몽촌토성 서남지구 발굴조사보고』, p.194.

(3) 정선도

정선도는 고운 니질을 상으로 설정하고, 가는 사립이 섞인 정질과 굵은 사립이 많은 조질을 각각 중과 하로 설정하였다.

풍납토성 경당지구는 488점 중 248점(50.8%)이 니질이고, 197번지 가-1호 수혈은 274점 중 127점(46.3%)이 정질, 마-1 건물지는 276점 중 138점(50.0%)이 정질이어서 경당지구와 197번지 유구 사이에 차이가 있다.

몽촌토성은 개체 수가 적긴 하지만 정질 5점(83.3%), 조질 1점(16.7%)으로 정질의 비중이 높다.

석촌동 4호분은 264점 중 263점(99.6%)이 정질이고, 포천 자작리 유적도 65점 중 43점(66.2%)이 정질, 인천 불로동 가마터도 45점 중 40점(88.9%)이 정질이다.

석촌동 1호분 북쪽 연접적석총은 279점 중 니질이 133점(47.7%), 정질이 128점(45.9%)으로 니질과 정질의 비율이 비슷하여 니질 혹은 정질

표 11. 정선도   수량(%)

유적 \ 정선도		상	중	하	계
경당지구	평기와	248(50.8)	150(30.7)	90(18.5)	488(100)
197번지	가-1	84(30.7)	127(46.3)	63(23.0)	274(100)
	마-1	74(26.8)	138(50.0)	64(23.2)	276(100)
몽촌토성	평기와	0(0)	5(83.3)	1(16.7%)	6(100)
석촌4호	평기와	0(0)	263(99.6)	1(0.4)	264(100)
석촌연접	평기와	133(47.7)	128(45.9)	18(6.4)	279(100)
자작리	평기와	0(0)	43(66.2)	22(33.8)	65(100)
불로동	평기와	0(0)	40(88.9)	5(11.1)	45(100)

의 비율이 높은 다른 유적들과 차이가 있다.

전체적으로 니질의 고운 태토를 사용한 풍납토성 경당지구를 제외한 한성시기 나머지 유적은 가는 사립이 함유된 정질 태토를 사용한 것으로 생각된다.

2. 웅진시기

웅진시기 평기와는 공주 공산성 출토 수키와 154점, 암키와 439점과 정지산 유적 출토 수키와 16점, 암키와 3점 등 2개 유적 수키와 170점, 암키와 442점을 대상으로 하였다. 백제 웅진시기의 기와가 출토되는 대표적인 유적의 하나인 대통사지는 수막새에 대한 연구는 활발하게 이루어졌지만 평기와 관련 연구나 보고는 체계적으로 이루어지지 않아 본 연구 대상에서 제외하였다.

백제 웅진시기 유적에 대한 조사는 1980년대부터 공산성을 중심으로 지속적으로 이루어졌지만 기와 관련 연구는 주로 수막새에 집중되었으며, 평기와에 대한 관심은 상대적으로 소홀하여 발굴보고서에도 많이 소개되지 않는 형편이었다. 그러던 중 2000년대 들어 풍납토성 발굴이 본격화되면서 사비시기와는 전혀 다른 모습의 한성시기 백제 평기와의 실체가 드러나기 시작하면서 한성시기와 사비시기를 잇는 웅진시기 백제 평기와에 대한 궁금증이 증폭되기 시작하였다. 그런 가운데 2000년대 말부터 공산성에 대한 조사가 재개되고 연차 발굴이 이어지면서 다량의 평기와가 출토되었으며, 이를 정리한 연구 성과가 나오기 시작하였다.[9]

본 연구는 이러한 공산성 관련 최신 발굴조사와 연구 성과를 기반으로 웅진시기 평기와를 살펴보고자 한다. 연구 방법은 앞의 한성시기 평기와 검토에서와 마찬가지로 기와의 양식과 형태적인 부분, 기술적인 측면에서 나타나는 13가지 속성[10]에 대한 분석을 적용하여 백제 웅진시기 평기와의 주요 특징을 살펴보고, 백제 한성시기와 사비시기를 이어주는 웅진시기 백제 기와가 지닌 역사적 성격에 대해 검토해 보고자 한다.

1) 문양

(1) 문양의 종류

공산성은 수키와 154점 중 무문 126점(8.18%), 선문 28점(18.2%)이고, 암키와는 439점 중 무문 358점(81.5%), 선문 81점(18.5%)으로 무문의 비율이 압도적으로 높다. 정지산 유적은 수키와 16점 모두 무문이며, 암키와는 3점 중 선문이 2점(66.7%)이다.

웅진시기 평기와에서 암키와와 수키와 모두 무문의 비중이 높은 것은 기와 외면에 대한 물손질 정면이 많이 이루어졌다는 반증이다. 이러한 양상은 한성시기 평기와의 경우 수키와에서는 무문의 비율이 높지만 암키와에서는 무문보다 격자문 등의 문양이 있는 개체가 더 많은 것과는 대조적이다. 앞서 한성시기 평기와의 이와 같은 양상에 대해 수키와의 경우 낙수의 흐름을 돕고, 지붕에 물이 머무는 시간을 단축시키기 위하여 지붕에 올

---

9) 오세인, 2021, 「공산성 출토 백제 평기와 변천 양상 연구」, 공주대학교 석사학위논문.
10) ① 문양의 종류, ② 와통 유무 및 종류, ③ 통보 종류, ④ 소지 형태, ⑤ 외면 정면 방법, ⑥ 단부 조정 방법, ⑦ 측면 분할 방법, ⑧ 미구 유무, ⑨ 미구 형태, ⑩ 크기, ⑪ 색조, ⑫ 경도, ⑬ 정선도

선문(공산성)

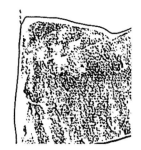
선문(정지산)

삽도 06 웅진시기 평기와 문양

라갈 때 밖을 향하는 외면을 물손질 정면하지만 암키와는 외면이 지붕에서 안쪽을 향하기 때문에 수키와와 달리 물손질 정면을 할 필요가 적은 것으로 해석하였다. 그렇다면 웅진시기 암키와 외면에 물손질 정면을 많이 하는 이유는 무엇 때문일까? 근본적으로 외면 물손질 정면이 기와 타날면을 고르게 하고, 기와의 내구성을 높이기 위한 공정인 것에서 그 이유를 찾을 수 있다.

평기와의 문양은 무문을 제외하면 선문만이 확인되는데, 이것은 웅진

표 12. 문양 종류   수량(%)

유적	문양	무문	승문	선문	격자문	복합문	계
공산성	수	126(81.8)	0(0)	28(18.2)	0(0)	0(0)	154(100)
	암	358(81.5)	0(0)	81(18.5)	0(0)	0(0)	439(100)
정지산	수	16(100)	0(0)	0(0)	0(0)	0(0)	16(100)
	암	1(33.3)	0(0)	2(66.7)	0(0)	0(0)	3(100)

시기 들어 한성시기에 유행하였던 격자문이 사라지고 선문이 주요 문양으로 채택되었음을 보여준다.

2) 와통 구조와 소지 형태

(1) 와통 유무 및 종류

공산성 수키와는 154점 모두 원통와통으로 성형되었고, 암키와는 439점 중 399점(90.9%)이 모골와통이고 원통와통은 40점(9.1%)에 불과하다. 정지산 유적도 이러한 경향은 마찬가지여서 수키와 16점 전체가 원통와통인 반면, 암키와 3점은 모골와통으로 성형되었다. 이를 통해 무와통을 포함한 다양한 기법이 시도되고, 혼용되었던 한성시기와는 달리 웅진시기에는 무와통 기법이 사라지고 수키와는 원통와통, 암키와는 모골와통이라는 방식이 성립된 것으로 보인다.

모골와통

원통와통

삽도 07 웅진시기 평기와 내면 와통 흔적

표 13. 와통 유무 및 종류   수량(%)

유적 \ 와통		무와통	모골와통	원통와통	계
공산성	수	0(0)	0(0)	154(100)	154(100)
	암	0(0)	399(90.9)	40(9.1)	439(100)
정지산	수	0(0)	0(0)	16(100)	16(100)
	암	0(0)	3(100)	0(0)	3(100)

(2) 통보 종류

통보 종류에서 승문은 보이지 않으며, 공산성 출토품 593점 중 미확인 2점을 제외한 591점 모두 포흔이 확인된다. 따라서 웅진시기에는 통보 재료로 마포만이 사용되었으며, 내면 물손질이 거의 이루어지지 않았던 것으로 생각된다.

표 14. 통보 종류   수량(%)

유적 \ 통보		포흔	승문	미확인	계
공산성	수	152(98.7)	0(0)	2(1.3)	154(100)
	암	439(100)	0(0)	0(0)	439(100)
정지산	수	16(100)	0(0)	0(0)	16(100)
	암	3(100)	0(0)	0(0)	3(100)

(3) 소지 형태

공산성은 수키와 154점 중 미확인 59점을 제외한 24점(15.6%)이 점토띠 소지를 사용하였고, 71점(46.1%)에서 점토판 소지를 사용하였다. 암키

점토띠

점토판(점토합흔)

삽도 08 웅진시기 평기와 소지 형태 흔적

와는 439점 중 미확인 123점을 제외한 126점(28.7%)에서 점토띠가 사용
되었고, 190점(43.3%)이 점토판을 사용하였다. 정지산 유적은 47점 모두
점토판 소지만이 확인된다. 이와 같은 양상은 점토띠와 점토판이 함께 사
용되었지만 전반적으로 점토띠가 더 많이 사용되었던 한성시기와는 다르
게 웅진시기에 점토판의 사용 비율이 높아지고 있음을 보여준다. 점토띠
에서 점토판의 사용은 기와의 내구성, 규격화와 연관되는 것으로 점차 토
기 제작 기술에서 기와 제작에 알맞은 방식으로 개량되고 변화하는 과정

표 15. 소지 형태   수량(%)

유적 \ 소지		점토띠	점토판	미확인	계
공산성	수	24(15.6)	71(46.1)	59(38.3)	154(100)
	암	126(28.7)	190(43.3)	123(28.0)	439(100)
정지산	수	0(0)	16(100)	0(0)	16(100)
	암	0(0)	3(100)	0(0)	3(100)

을 보여주는 것으로 판단된다.

3) 성형 방법

(1) 정면 방법

공산성은 수키와 154점 중 126점(81.8%)이 물손질 정면하였고, 28점 (18.2%)은 정면하지 않았다. 암키와의 경우 439점 중 358점(81.5%)이 물 손질 정면하였으며, 81점(18.5%)은 무정면이다. 반면 정지산 유적은 수키 와 16점 중 6점(37.5%)이 물손질 정면하였고, 10점(62.5%)이 무정면인 반 면, 암키와는 3점 모두 무정면이어서 두 유적 사이의 기와 제작 기법의 차 이가 확인된다.

표 16. 정면 방법   수량(%)

유적 \ 정면		무정면	물손질	계
공산성	수	28(18.2)	126(81.8)	154(100)
	암	81(18.5)	358(81.5)	439(100)
정지산	수	10(62.5)	6(37.5)	16(100)
	암	3(100)	0(0)	3(100)

(2) 단부 조정 방법

공산성은 전체 28점 가운데 미확인 15점을 제외한 나머지 13점 모두 내면 단부를 깎기 조정하였다. 그렇지만 정지산 유적은 수키와 16점 중 미 확인 6점을 제외한 10점 가운데 7점(70.0%)이 물손질 조정이고, 암키와는

깎기 조정

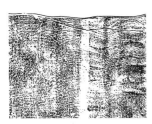

물손질 조정

삽도 09 웅진시기 평기와 내면 단부 조정 흔적

표 17. 단부 조정 방법   수량(%)

유적	조정	깎기	물손질	미확인	계
공산성	수	2(20.0)	0(0)	8(80.0)	154(100)
	암	11(61.1)	0(0)	7(38.9)	439(100)
정지산	수	3(18.8)	7(43.7)	6(37.5)	16(100)
	암	1(33.3)	1(33.3)	1(33.4)	3(100)

깎기 조정과 물손질 조정의 비율이 같다. 전체적으로 공산성이 깎기 조정
을, 정지산 유적이 물손질 조정을 선호한 것으로 생각된다.

(3) 측면 분할 방법

공산성은 수키와 154점 중 미확인 2점을 제외한 148점(96.1%)이 완전분할이고, 4점(2.6%)만이 부분분할이다. 암키와는 439점 중 미확인 2점을 제외한 409점(93.2%)이 완전분할이고, 28점(6.4%)이 부분분할로 대부분의 기와를 측면분할 시 분절흔을 남기지 않고 완전분할하였다. 정지산 유적도 미확인 개체가 많긴 하지만 부분분할된 개체는 확인되지 않았다.

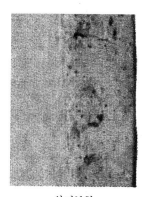 

완전분할   부분분할

삽도 10 웅진시기 평기와 측면 분할 흔적

표 18. 측면 분할 방법 수량(%)

유적 \ 분할		완전분할	부분분할	미확인	계
공산성	수	148(96.1)	4(2.6)	2(1.3)	154(100)
	암	409(93.2)	28(6.4)	2(0.4)	439(100)
정지산	수	3(18.8)	0(0)	13(72.2)	16(100)
	암	0(0)	0(0)	3(100)	3(100)

4) 형태

(1) 미구 유무

공산성과 정지산 유적을 합한 수키와 26점 중 공산성 2점, 정지산 유적 1점을 제외한 23점(88.5%)이 미구기와여서 이 또한 한성시기의 전통이 계속 유지되고 있음을 보여준다.

표 19. 미구 유무   수량(%)

유적 \ 미구		유단식	무단식	미확인	계
공산성	수	8(80.0)	2(20.0)	0(0)	10(100)
정지산	수	15(93.7)	1(6.3)	0(0)	16(100)

5) 색조, 경도, 정선도

(1) 색조

공산성은 28점 중 20점(71.4%)의 색조가 회색 계열이고, 정지산 유적은 19점 모두 회색 계열이어서 백제 회색 기와의 전통은 한성에서 웅진시

표 20. 색조   수량(%)

유적 \ 색조		적갈색	황갈색	회색	계
공산성	평기와	6(21.4)	2(7.2)	20(71.4)	28(100)
정지산	평기와	0(0)	0(0)	19(100)	19(100)

기까지 계속 이어지는 것으로 생각된다.

(2) 경도

기와의 경도는 공산성 28점 중 19점(67.9%), 정지산 유적 19점 중 14점(73.7%)이 경질이어서 연질이 대부분이던 한성시기 기와가 웅진시기 들어 경도가 향상되었음을 알 수 있다.

표 21. 경도   수량(%)

유적 \ 경도		상	중	하	계
공산성	평기와	19(67.9)	9(32.1)	0(0)	28(100)
정지산	평기와	14(73.7)	5(26.3)	0(0)	19(100)

(3) 정선도

공산성은 28점 중 21점(75.0%)이 정질이며, 니질과 조질도 확인된다. 반면 정지산 유적은 19점 모두 정질 태토인 것으로 나타난다.

표 22. 정선도   수량(%)

유적 \ 정선도		상	중	하	계
공산성	평기와	5(17.9)	21(75.0)	2(7.1)	28(100)
정지산	평기와	0(0)	19(100)	0(0)	19(100)

3. 사비시기

사비시기 평기와에 관한 연구는 1980년대 평기와 문양에 대한 연구[11]를 시작으로 1990년대부터 본격 연구[12]되기 시작하여 웅진~사비시기 백제 평기와의 기본적인 특성에 대한 이해의 기반이 마련되었다. 하지만 여전히 평기와의 중요성에 대한 인식이 부족하여 각종 발굴보고서에서 소략하게 다루어지고 있는 형편이다. 그런 가운데 2000년대 들어 백제 기와가마터를 중심으로 백제 평기와의 특징에 대한 속성 분석 자료가 발굴보고서[13]에 제시되면서 백제 평기와에 대한 객관적 분석의 토대가 마련되기 시작하였다. 2010년대에는 부여 지역과 익산 지역의 사찰과 건축 유적 출토 평기와를 정리한 학위논문[14]이 제출되어 해당 지역 평기와의 양상을 이해하는 데 일조하였다. 본 연구에서는 앞선 연구 성과를 반영하면서 그동안 본격적으로 다루어지지 못했던 백제 사비시기의 대표적인 기와가마터 5곳을 중심으로 사비시기 백제 평기와의 특징을 살펴보도록 하겠다.

분석 대상 유적은 사비시기 왕도에 기와를 공급하던 핵심 유적인 부여 정암리 가마터, 능산리사지 가마터, 왕흥사지 가마터와 청양 관현리 가마터, 왕진리 가마터 등 5곳이다. 분석 대상 유물은 부여 정암리 가마터 출토 수키와 15점, 암키와 10점, 능산리사지 가마터 출토 수키와 5점, 암키와

---

11) 서오선, 1985, 「한국 평와 문양의 시대적 변천에 관한 연구」, 충남대학교 석사학위논문.
12) 최맹식, 1998, 「백제 평기와 제작기법 신연구」, 단국대학교 석사학위논문.
13) 대전보건대학박물관, 2002, 『청양 관현리 와요지』.
   국립중앙박물관·국립부여박물관, 2008, 『청양 왕진리 기와가마터』.
14) 이은숙, 2013, 「웅진·사비기 백제 평기와 연구」, 한양대학교 석사학위논문.
   박은선, 2016, 「익산지역 백제유적의 평기와 연구」, 충남대학교 석사학위논문.

29점, 왕흥사지 가마터 출토 수키와 6점, 암키와 4점, 청양 관현리 가마터 출토 수키와 153점, 암키와 44점, 왕진리 가마터 출토 수키와 53점, 암키와 114점으로 총 수키와 232점, 암키와 201점이다.

1) 문양

(1) 문양의 종류

부여 정암리 가마터는 수키와 15점 중 14점(93.3%)이 선문이고, 암키와 10점 중 8점(80.0%)이 선문으로 웅진시기에 시작된 평기와 문양의 변화가 이어진다. 한편 웅진시기에 보이지 않던 격자문이 암키와와 수키와에 각각 1점씩 확인되고, 암키와 1점에서는 문양 간의 복합 현상도 나타나기 시작한다.

표 23. 문양 종류   수량(%)

유적	문양	무문	승문	선문	격자문	복합문	계
정암리	수	0(0)	0(0)	14(93.3)	1(6.7)	0(0)	15(100)
	암	0(0)	0(0)	8(80.0)	1(10.0)	1(10.0)	10(100)
능산리	수	3(60.0)	2(40.0)	0(0)	0(0)	0(0)	5(100)
	암	4(13.8)	24(82.8)	1(3.4)	0(0)	0(0)	29(100)
왕흥사	수	0(0)	0(0)	6(100)	0(0)	0(0)	6(100)
	암	0(0)	0(0)	4(100)	0(0)	0(0)	4(100)
왕진리	수	9(17.0)	0(0)	44(83.0)	0(0)	0(0)	53(100)
	암	9(7.9)	0(0)	105(92.1)	0(0)	0(0)	114(100)
관현리	수	98(64.1)	0	55(35.9)	0	0	153(100)
	암	12(27.3)	0	32(72.7)	0	0	44(100)

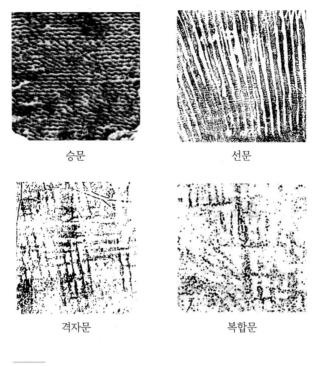

승문   선문

격자문   복합문

삽도 11 사비시기 평기와 문양

　부여 능산리사지 가마터는 수키와 5점 중 무문 3점(60.0%), 승문 2점
(40.0%)이고, 암키와는 29점 중 승문 24점(82.8%), 무문 4점(13.8%)으로
승문의 비율이 높게 나타나서 능산리사지 가마터 기와의 특성을 보여준다.

　부여 왕흥사지 가마터는 암키와와 수키와 10점 모두 선문이다.

　청양 왕진리 가마터는 수키와 53점 중 44점(83.0%), 암키와 114점 중
105점(92.1%)이 선문이며, 무문 이외에 다른 문양은 확인되지 않는다.

　청양 관현리 가마터는 수키와 153점 중 98점(64.1%)이 무문, 55점
(35.9%)이 선문이고, 암키와 114점 중 105점(92.1%)이 선문, 9점(7.9%)이
무문으로 기와 외면을 물손질하여 무문이 된 경우가 많은 가운데 선문만

이 시문된 것으로 보인다.

전체적으로 사비시기 기와가마터 자료를 통해 문양을 살펴본 바로는 웅진시기의 경향을 계승하여 선문의 비중이 우세한 것을 알 수 있으며, 능산리사지 가마터에서 승문의 비율이 높은 것은 여기서 생산된 기와가 능산리사원으로 공급된다고 보았을 때 능산리사원만이 가지는 특수성으로 이해된다. 또한 정암리 가마터에서 비록 적은 수량이긴 하지만 한성시기에 유행하던 격자문이 보이고, 문양 간의 복합 현상이 확인되는 것은 후대 평기와 문양의 전개에 시사하는 바가 있다.

2) 와통 구조와 소지 형태

(1) 와통 구조

사비시기 기와가마터 출토품 중에는 내박자를 이용한 무와통 성형 기법이 확인되지 않으므로 와통의 사용이 정착되었던 웅진시기의 흐름은 계속 이어진다.

부여 정암리 가마터는 수키와 15점 모두 원통와통이 사용되었으며, 암키와도 1점을 제외한 9점(90.0%) 모두 원통와통이다.

이에 비해 부여 능산리사지 가마터는 수키와 5점 모두 원통와통인 반면, 암키와 29점 가운데 16점(55.2%)이 모골와통이고, 13점(44.8%)이 원통와통인 것으로 나타나 암키와 성형에 2가지 와통이 함께 사용된 것으로 보인다.

이러한 양상은 부여 왕흥사지 가마터에서도 계속 이어지는데, 수키와 6점은 모두 원통와통으로 성형되었지만 암키와는 모골와통과 원통와통의 비중이 반반이다.

청양 왕진리 가마터는 수키와 53점 중 52점(98.1%)이 원통와통이고, 암키와 114점 중 107점(93.9%)이 모골와통이어서 수키와 성형은 원통와통, 암키와 성형은 모골와통이라는 제작 패턴을 읽을 수 있다.

모골와통

원통와통

삽도 12 사비시기 평기와 내면 와통 흔적

표 24. 와통 구조   수량(%)

유적	와통	무와통	모골와통	원통와통	계
정암리	수	0(0)	0(0)	15(100)	15(100)
	암	0(0)	1(10.0)	9(90.0)	10(100)
능산리	수	0(0)	0(0)	5(100)	5(100)
	암	0(0)	16(55.2)	13(44.8)	29(100)
왕흥사	수	0(0)	0(0)	6(100)	6(100)
	암	0(0)	2(50.0)	2(50.0)	4(100)
왕진리	수	0(0)	1(1.9)	52(98.1)	53(100)
	암	0(0)	107(93.9)	7(6.1)	114(100)
관현리	수	0(0)	0(0)	153(100)	153(100)
	암	0(0)	42(95.5)	2(4.5)	44(100)

청양 관현리 가마터도 수키와 153점이 모두 원통와통이고, 암키와 44점 중 42점(95.5%)은 모골와통이어서 왕진리 가마터에서의 경향이 확인된다.

전체적으로 사비시기에 사용된 와통은 수키와 성형 시 원통와통, 암키와 성형 시 모골와통이 사용되는 경향이 확인되는 가운데 예외적으로 정암리 가마터에서 암키와와 수키와 성형에 모두 원통와통이 우세한 것은 정암리 가마터가 가지는 특수성으로 이해된다.

(2) 통보 종류

웅진시기와 마찬가지로 사비시기 통보에서 승문은 전혀 확인되지 않으며, 전체 433점 가운데 미확인 16점을 제외한 417점 모두 포흔이 확인되어 사비시기에는 통보로 마포가 널리 사용되었음을 알 수 있다. 또한 포

표 25. 통보 종류 　　　　　　　　　　　　　　　　　　　　　　　　　　　수량(%)

유적 / 통보		포흔	승문	미확인	계
정암리	수	10(66.7)	0(0)	5(33.3)	15(100)
	암	7(70.0)	0(0)	3(30.0)	10(100)
능산리	수	5(100)	0(0)	0(0)	5(100)
	암	27(93.1)	0(0)	2(6.9)	29(100)
왕흥사	수	6(100)	0(0)	0(0)	6(100)
	암	3(75.0)	0(0)	1(25.0)	4(100)
왕진리	수	53(100)	0(0)	0(0)	53(100)
	암	112(98.2)	0(0)	2(1.8)	114(100)
관현리	수	153(100)	0(0)	0(0)	153(100)
	암	41(93.2)	0	3(6.8)	44(100)

흔이 확인되지 않는 수량이 433점 중 16점(3.7%)에 불과해 사비시기에는 기와 내면에 대한 물손질 정면도 거의 이루어지지 않았음을 알 수 있는데, 이러한 경향은 전반적으로 기와 대량 생산을 위한 제작 공정 간소화 현상을 보여주는 것으로 해석된다.

(3) 소지 형태

사비시기에 사용된 소지는 전체 433점 가운데 428점(98.8%)이 점토판 형태로 나타난다. 능산리사지 가마터 수키와 1점, 왕진리 가마터 수키와 1점과 암키와 3점에서 점토띠 소지도 확인되어 테쌓기 기법의 명맥이 계속 이어지고 있음을 보여준다.

표 26. 소지 형태   수량(%)

유적	소지	점토띠	점토판	계
정암리	수	0(0)	15(100)	15(100)
	암	0(0)	10(100)	10(100)
능산리	수	1(20.0)	4(80.0)	5(100)
	암	0(0)	29(100)	29(100)
왕흥사	수	0(0)	6(100)	6(100)
	암	0(0)	4(100)	4(100)
왕진리	수	1(1.9)	52(98.1)	53(100)
	암	3(2.6)	111(97.4)	114(100)
관현리	수	0(0)	153(100)	153(100)
	암	0(0)	44(100)	44(100)

점토띠   점토판

삽도 13 사비시기 평기와 소지 형태 흔적

3) 성형 방법

(1) 정면 방법

부여 정암리 가마터는 수키와 15점 중 무정면 10점(66.7%), 물손질 5
점(33.3%)으로 나타나며, 암키와도 10점 중 무정면 8점(80.0%), 물손질 2
점(20.0%)으로 기와 표면을 정면하지 않는 경향이 높음을 보여준다.

부여 능산리사지 가마터도 수키와 5점 모두 무정면이고, 암키와 29점
중 24점(82.8%)이 무정면이어서 마찬가지의 경향을 보인다.

반면 부여 왕흥사지 가마터는 전체 10점 모두 물손질 정면되어 대조를
이룬다.

청양 왕진리 가마터는 수키와 53점 중 49점(92.5%), 암키와 114점 중
113점(99.1%)이 무정면이어서 물손질 정면이 거의 이루어지지 않았다.

이에 비해 청양 관현리 가마터는 수키와 153점 중 98점(64.1%)이 물
손질 정면되었고, 암키와는 44점 중 32점(72.7%)이 무정면이어서 수키와
와 암키와 사이에 차이를 보인다.

표 27. 정면 방법   수량(%)

유적 \ 정면		무정면	물손질	계
정암리	수	10(66.7)	5(33.3)	15(100)
	암	8(80.0)	2(20.0)	10(100)
능산리	수	5(100)	0(0)	5(100)
	암	24(82.8)	5(17.2)	29(100)
왕흥사	수	0(0)	6(100)	6(100)
	암	0(0)	4(100)	4(100)
왕진리	수	49(92.5)	4(7.5)	53(100)
	암	113(99.1)	1(0.9)	114(100)
관현리	수	55(35.9)	98(64.1)	153(100)
	암	32(72.7)	12(27.3)	44(100)

(2) 단부 조정 방법

부여 정암리 가마터 25점과 청양 관현리 가마터 197점 모두 내면 단부를 조정하지 않았다.

부여 능산리사지 가마터는 전체 34점 가운데 미확인 22점을 제외한 12점 중 물손질 정면한 암키와 1점을 빼면 나머지 11점(91.7%)이 모두 깎기 조정되었다.

부여 왕흥사지 가마터는 전체 10점 중 미확인 4점을 제외한 6점 중 4점(66.7%)이 깎기 조정, 2점(33.3%)이 물손질 조정되었다.

청양 왕진리 가마터도 전체 167점 가운데 미확인 108점을 제외한 59점 중 암키와 4점을 뺀 55점(93.2%)이 깎기 조정되었다.

전체적으로 433점 가운데 미확인 134점을 뺀 299점 중 무조정은 222점(74.2%)이고, 무조정을 제외한 77점 가운데 물손질 조정은 7점(9.1%)에

깎기 조정

물손질 조정

삽도 14 사비시기 평기와 내면 단부 조정 흔적

표 28. 단부 조정 방법

수량(%)

유적	조정	무조정	깎기	물손질	미확인	계
정암리	수	15(100)	0(0)	0(0)	0(0)	15(100)
	암	10(100)	0(0)	0(0)	0(0)	10(100)
능산리	수	0(0)	1(20.0)	0(0)	4(80.0)	5(100)
	암	0(0)	10(34.5)	1(3.4)	18(62.1)	29(100)
왕흥사	수	0(0)	4(66.7)	0	2(33.3)	6(100)
	암	0(0)	0	2(50.0)	2(50.0)	4(100)
왕진리	수	0(0)	7(13.2)	0	46(86.8)	53(100)
	암	0(0)	48(42.1)	4(3.5)	62(54.4)	114(100)
관현리	수	153(100)	0(0)	0(0)	0(0)	153(100)
	암	44(100)	0(0)	0(0)	0(0)	44(100)

불과한 반면, 깎기 조정은 70점(90.9%)이어서 사비시기에는 깎기 조정이 제작 기법의 흐름으로 자리 잡은 것으로 확인된다.

(3) 측면 분할 방법

측면 분할 방법은 청양 왕진리 가마터가 전체 167점 가운데 130점 (77.8%)이 완전분할이고 나머지 37점(22.1%)이 부분분할인 반면, 나머지 유적은 전체 266점 가운데 미확인 28점을 제외한 238점(89.5%)이 모두 부분분할이다. 이것은 사비시기 기와 생산에 있어 부분분할 기법이 하나

완전분할

부분분할

삽도 15 사비시기 평기와 측면 분할 흔적

표 29. 측면 분할 방법   수량(%)

유적 \ 분할		완전분할	부분분할	미확인	계
정암리	수	0(0)	12(80.0)	3(20.0)	15(100)
	암	0(0)	1(10.0)	9(90.0)	10(100)
능산리	수	0(0)	4(80.0)	1(20.0)	5(100)
	암	0(0)	17(58.6)	12(41.4)	29(100)
왕흥사	수	0(0)	6(100)	0(0)	6(100)
	암	0(0)	4(100)	0(0)	4(100)
왕진리	수	40(75.5)	13(24.5)	0(0)	53(100)
	암	90(78.9)	24(21.1)	0(0)	114(100)
관현리	수	0(0)	153(100)	0(0)	153(100)
	암	0(0)	41(93.2)	3(6.8)	44(100)

의 흐름으로 확실하게 자리 잡고 있다는 증거가 되는데, 그 배경에는 건축 수요에 맞춰 대량생산을 위해 제작 공정을 간소화해 나가는 경향을 뚜렷 하게 보여준다.

4) 형태

(1) 미구 유무

부여 정암리 가마터는 수키와 15점 중 9점(60.0%)이 무단식 토수기와 이고, 부여 능산리사지 가마터는 5점 중 3점(60.0%)이 유단식 미구기와이 다. 왕흥사지 가마터도 6점 중 4점(66.7%)이 미구기와이지만 청양 왕진리 가마터는 53점 중 41점(77.4%)이 무단식 토수기와이고, 청양 관현리 가마

표 30. 미구 유무   수량(%)

유적 \ 미구		유단식	무단식	미확인	계
정암리	수	6(40.0)	9(60.0)	0(0)	15(100)
능산리	수	3(60.0)	2(40.0)	0(0)	5(100)
왕흥사	수	4(66.7)	2(33.3)	0(0)	6(100)
왕진리	수	12(22.6)	41(77.4)	0(0)	53(100)
관현리	수	21(13.7)	132(86.3)	0(0)	153(100)

터도 153점 중 132점(86.3%)이 무단식 토수 기와여서 전체적으로 사비시기에는 이전 한성~웅진시기와 달리 유단식 미구기와에 비해 무단식 토수기와가 훨씬 많이 사용되었던 것으로 보인다.

5) 색조, 경도, 정선도

(1) 색조

사비시기 기와의 색조는 부여 정암리 가마터 25점 중 23점(92.0%), 부여 능산리사지 가마터 34점 중 24점(70.6%), 부여 왕흥사지 가마터 10점 전체, 청양 왕진리 가마터 167점 가운데 147점(88.0%), 청양 관현리 가마터 197점 전체가 회색이며, 전체적으로 433점 중 401점(92.6%)이 회색 계열로 백제 회색 기와의 전통이 이어지고 있다.

표 31. 색조   수량(%)

유적 \ 색조		적갈색	황갈색	회색	계
정암리	평기와	1(4.0)	1(4.0)	23(92.0)	25(100)
능산리	평기와	3(8.8)	7(20.6)	24(70.6)	34(100)
왕흥사	평기와	0(0)	0(0)	10(100)	10(100)
왕진리	평기와	12(7.2)	8(4.8)	147(88.0)	167(100)
관현리	평기와	0(0)	0(0)	197(100)	197(100)

(2) 경도

부여 정암리 가마터는 25점 중 21점(84.0%)이 경질이고, 부여 왕흥사지 가마터도 10점 중 8점(80.0%)이 경질이다. 이에 비해 부여 능산리사지 가마터는 34점 중 경질 10점(29.4%), 중경질 11점(32.4%), 연질 13점(38.2%)으로 고른 분포를 보인다. 청양 왕진리 가마터는 167점 중 119점(71.3%), 청양 관현리 가마터는 197점 중 105점(53.3%)이 경질이어서 사비시기 기와의 경도는 전체적으로 경질의 비율이 높음을 알 수 있다.

표 32. 경도   수량(%)

유적 \ 경도		상	중	하	계
정암리	평기와	21(84.0)	4(16.0)	0(0)	25(100)
능산리	평기와	10(29.4)	11(32.4)	13(38.2)	34(100)
왕흥사	평기와	8(80.0)	2(20.0)	0(0)	10(100)
왕진리	평기와	119(71.3)	48(28.7)	0(0)	167(100)
관현리	평기와	105(53.3)	80(40.6)	12(6.1)	197(100)

(3) 정선도

부여 정암리 가마터는 25점 모두 가능 사립이 함유된 정질 태토이며, 부여 왕흥사지 가마터도 10점 중 9점(90.0%)이 정질이다. 이에 비해 부여 능산리사지 가마터는 34점 중 정질이 20점(58.9%)으로 우세한 가운데 니질 6점(17.6%), 조질 8점(23.5%)으로 태토 정선도에 차이를 보인다.

표 33. 정선도   수량(%)

유적	정선도	상	중	하	계
정암리	평기와	0(0)	25(100)	0(0)	25(100)
능산리	평기와	6(17.6)	20(58.9)	8(23.5)	34(100)
왕흥사	평기와	1(10.0)	9(90.0)	0(0)	10(100)

V. 막새의 형식과 특징

1. 한성시기

한성시기 수막새는 1925년 을축년 대홍수 때 풍납토성에서 처음 발견된 이래 서울 광장동, 청담동 등지에서 간헐적으로 수막새가 보고되기는 하였으나 백제의 수막새인지는 여전히 불확실하다. 백제 수막새의 존재는 1974년에 실시된 석촌동 4호분 발굴조사에서 처음 확인되었으며, 이후 몽촌토성 발굴조사에서도 2종류의 연화문수막새가 출토되었다. 1990년대 후반부터 풍납토성 발굴조사가 시작되면서 다양한 종류의 수막새가 출토되어 한성시기 수막새 연구의 토대가 마련되었다. 최근 석촌동 고분군 조사에서도 새로운 수막새가 추가되어 한성시기 수막새는 당시의 도성이었던 서울에 위치하는 3개 유적에서 확인된 것만 해도 30종이 넘으며, 수량은 풍납토성 133점[1]을 비롯하여 몽촌토성 4점, 석촌동 고분군 16점, 기타 2점 등 150여 점에 달한다.[2] 본 연구에서는 한성시기 수막새의 특징을

3개의 범주로 나누고[3] 막새의 문양과 막새 성형 방법, 배면 처리 방법, 주연부 형태, 주연부 성형 방법의 4가지 기술적 속성을 주요 속성으로 분석하고자 한다. 또한 막새에 접합된 수키와도 막새의 제작기술과 깊이 연관되어 있다고 판단되므로 접합 수키와의 형태, 접합 위치, 소지 형태, 와통 유무, 성형 방법의 5가지 속성을 보조 속성으로 하여 총 10가지 속성을 검토하고자 한다.

1) 속성 분석

(1) 막새 문양

한성시기 수막새 150여 점 중 문양이 확인되는 개체는 134점이며, 주연부만 남아 있거나 문양 부분이 결실되어 정확하게 문양을 식별하기 어려운 20여 점은 문양 분류에서 제외하였다. 문양은 크게 전문(錢文), 수지문(樹枝文), 음각수지문(陰刻樹枝文), 초화문(草花文), 방사문(放射文), 음각

---

1) 윤용희, 2019, 「풍납토성 출토 수막새의 현황과 변천에 대한 일고찰」, 『사림』 70, 수선사학회, p.34.
2) 최근 연구에 따르면 서울 지역 이외에도 경기도 용인 신갈동과 충남 연기 나성리의 백제 유적에서도 풍납토성 출토품과 동일한 양식의 수막새가 1점씩 보고되었다.
   정치영, 2020, 「백제 한성기 와전문화의 성립과 전개」, 제17회 한국기와학회 정기학술대회『한강유역 삼국의 각축과 와전문화의 전개』, p.87~92.
3) 양식적 속성(막새 문양, 색조, 경도, 정선도), 형태적 속성(막새 지름과 두께, 선단부 높이, 주연부 너비와 높이, 주연부 형태, 접합 수키와 두께), 기술적 속성(막새 성형 방법, 배면 처리 방법, 주연부 형태, 주연부 성형 방법, 접합 수키와 형태, 접합 위치, 소지 형태, 와통 유무, 성형 방법)

방사문(陰刻放射文), 수면문(獸面文), 연화문(蓮花文), 음각거치문(陰刻鋸齒文), 음각격자문(陰刻格子文), 자돌문(刺突文), 무문(無文)의 12가지로 분류할 수 있으며, 세부 속성에 따라 36종으로 구분하였다. 문양별 분포는 전문이 9종 57점(42.5%)으로 가장 많으며, 수지문 4종 13점(9.7%), 음각수지문 2종 5점(3.7%), 초화문 1종 9점(6.7%), 방사문 3종 4점(3.0%), 음각방사문 1종 2점(1.5%), 수면문 2종 12점(9.0%), 연화문 3종 6점(4.5%), 음각거치문 1종 1점(0.7%), 음각격자문 1종 1점(0.7%), 자돌문 1종 1점(0.7%), 무문 8종 23점(17.2%)으로 나타난다.

전문(Ⅰ)은 동전을 주조(鑄造)하는 동전거푸집〔錢范〕을 형상화한 문양이다.[4] 4개의 공간을 나뭇가지 형태의 주입구(鑄入口)로 구획하고, 동전형태의 원문(圓文)이 배치된 형태이다. 원문의 세부 표현과 개수, 나뭇가지를 이루는 선의 형태에 따라 9가지의 세부 형식이 있다.

수지문(Ⅱ)은 나뭇가지를 형상화한 문양으로 4가지 형식이 있다. 동전형태의 원문이 없는 점을 제외하면 4구획의 평면, 나뭇가지 형태의 무늬등 문양을 구성하는 기본 요소가 유사하기 때문에 전문과 같은 범주의 문양으로 분류하기도 한다.[5]

음각수지문(Ⅱ′)은 수지문의 일종으로 문양이 음각으로 표현되었다는 점에서 시문 방식에 차이가 있다. 음각수지문2는 반파(半破)된 잔편인데, 남아 있는 문양 배치로 볼 때 여섯 갈래의 나뭇가지가 표현된 것으로 추정

---

4) 門田誠一, 2002, 「百濟前期における錢文瓦當の創出とその背景」, 『청계사학』 16, pp.344~346.
5) 정치영, 2009, 「백제 한성기 와당의 형성과 계통」, 『한국상고사학보』 64, p.95; 국립문화재연구소, 2012, 『풍납토성ⅩⅣ』, p.500.

된다.[6)

초화문(Ⅲ)은 풀꽃을 형상화한 문양이다.[7)] 막새 면을 둘로 나누고 상하로 풀과 꽃을 시문한 형태이다. 이 문양을 전문의 범주에 포함시켜 이해하기도 한다.[8)]

방사문(Ⅳ)은 중심에서 사방으로 내뻗치는 여러 개의 선이 표현된 기하학적 형태의 문양이다. 방사형 선(線)의 개수와 복합 여부에 따라 3가지 형식이 있다.

음각방사문(Ⅳ′)은 방사문의 한 형태이다. 중앙의 둥근 원을 중심으로 밖으로 뻗어 나가는 선이 음각으로 표현되었다.

수면문(Ⅴ)은 짐승의 얼굴을 형상화한 문양이다. 2종의 수면문이 확인되며, 편평한 막새 면에 짐승 얼굴이 양각의 돌선(突線)으로 표현되었다.

연화문(Ⅵ)은 연꽃을 형상화한 문양으로 연판의 형태와 표현 방법에 따라 3가지 세부 형식으로 구분하였다.

음각거치문(Ⅶ)은 추상적인 음각선이 표현되어 기하문(幾何文)으로 분류[9)]되기도 하지만 톱니[鋸齒] 모양으로 꺾인 선의 형태가 명확하므로 음각거치문으로 분류하였다.

음각격자문(Ⅷ)은 넓은 주연부(周緣部) 안쪽에 격자문이 음각 시문된 형태이다. 전체적인 형태는 아래의 무문 수막새와 유사하다.

---

6) 이 형식은 『풍납토성ⅩⅣ』(국립문화재연구소, 2012) 발굴보고서의 문양 분류에는 누락되었으나 본고에서는 하나의 형식으로 포함시켰다.

7) 정치영, 2006, 『한성기 백제 기와에 대한 연구』, 한신대학교 석사학위논문, p52.

8) 국립문화재연구소, 2012, 『풍납토성ⅩⅢ -풍납동 197번지(舊미래마을) 발굴조사보고서2-』, p.500.

9) 정치영, 2009, 「백제 한성기 와당의 형성과 계통」, 『한국상고사학보』 64, p.97.

자돌문(Ⅸ)은 뾰족한 도구로 불규칙하게 점을 찍어서 문양을 표현한 형태이다. 빗방울 자국을 뜻하는 우점문(雨點文)[10], 점이 열을 이룬 문양으로 본 점열문(點列文)[11]으로 분류하기도 하지만 본고에서는 시문 방법상의 특징을 기준으로 자돌문으로 분류하였다.

무문(Ⅹ)은 기존 연구에서 마포흔(麻布痕)의 유무에 따라 2종류만이 소개되었다.[12] 본 연구에서는 막새 문양면의 정면방법, 주연부의 성형방법, 주연부의 유무, 막새 외연의 돌출 여부, 문양면에 남은 회전대 흔적 유무, 막새 외면의 깎기 조정 여부 등의 세부 속성에 따라 6가지 형식을 추가로 확인하였다.

Ⅰ 전문

1: 중앙 방형문. '十'자형 구획과 원문 내부 방형문. 전형적인 동전거푸집 형태

2: '十'자형 구획에 2쌍의 잔가지 추가. 원문 내부에 '十'자형 무늬 배치

3: Ⅰ-2와 동일한 형식에 더하여 원문 외곽에 1쌍의 잔가지 추가 배치

4: '十'자형 구획에 잔가지 2쌍. 구획 내 원문 3개. 원문 2개는 내부에 '十'자문

5: '十'자형 구획선상에 원문. 구획 간 중간가지와 1쌍의 잔가지 배치

6: '十'자형 구획과 작은 원문 배치

7: '十'자형 구획 간 1~2쌍의 중간가지 추가. 구획 내 가지 사이에 작은 원문 배치

---

10) 정치영, 2009, 위의 글, p.97.
11) 국립문화재연구소, 2009, 『풍납토성Ⅺ』, p.662.
12) 정치영, 2009, 앞의 글, p.97.

8: '十'자형 구획 간 중간가지 배치. 원문은 온점 형태로 변화

9: 중앙에 2중 원권이 있고, 6개의 가지 끝에 원문 배치

II 수지문

1: '十'자형 구획 중앙 원문. 좌우 1쌍의 잔가지. 상하 교차단선 배치

2: 중앙 원문. '十'자형 구획과 1쌍의 잔가지 배치

3: '十'자형 구획에 2쌍의 잔가지 추가

4: '十'자형 구획에 1쌍의 잔가지 배치

II' 음각수지문

1: 음각선으로 '十획'자형 구획에 1쌍의 잔가지 추가

2: 음각선으로 2조의 중심가지와 1쌍의 잔가지 잔존. 중심가지는 6조로 추정

III 초화문

1: 1조 돌선으로 2구획 상하에 풀꽃무늬 1쌍 배치

IV 방사문

1: 4구획 중앙에 원문이 있고 상하에 '十'자문, 좌우에 중간가지를 표현

2: 중앙부 점을 중심으로 밖으로 뻗어나가는 22조의 선 표현

3: 중앙부 점을 중심으로 밖으로 뻗어나가는 8조의 선과 2조의 동심원 복합

IV' 음각방사문

1: 중앙부 원을 중심으로 밖으로 뻗어나가는 14조의 음각선

V 수면문

1: 긴 삼각형 코와 작은 입, 치켜뜬 눈. 전체적으로 긴 얼굴 표현

2: 작은 코와 크게 벌린 입, 치켜뜬 눈, 전체적으로 둥근 얼굴 표현

VI 연화문

1: 끝 뾰족. 능각 있는 6엽 연판. 자방과 연판 테두리는 1조 돌선으로 표현

2: 6엽 연판. 연판 간에 선으로 연결. 자방과 연판 테두리는 1조 돌선으로 표현

3: 이중 원권의 자방. 자방과 독립된 능형 연판 1조 돌선으로 표현. 8엽 추정

VII 음각거치문

1: 톱니모양의 음각선이 주연부에서 중앙부를 향하여 표현

VIII 음각격자문

1: 넓은 주연부 안쪽에 격자문을 음각선으로 표현

IX 자돌문

1: 뾰족한 도구로 주연부와 막새 면을 찍어서 불규칙한 여러 개의 점으로 표현

X 무문

1: 와범을 사용하지 않고 손으로 빚어[手捏] 주연과 내구 성형 후 물손질

2: 볼록한 받침틀에 마포(麻布)를 깔고 위에서 눌러 성형. 마포흔이 남음

3: 볼록한 받침틀에 마포(麻布)를 깔지 않고 위에서 눌러 성형

4: 와범을 사용하지 않고 제작한 막새면 주연부를 따로 부착

5: 와범 미사용. 편평한 막새면을 그대로 사용. 막새 가장자리 전 돌출

5-1: X-5와 같으나 회전대 흔적인 중앙의 둥근 홈과 1조의 직선이 남음

5-2: X-5와 같으나 막새 가장자리를 'ㄴ'자로 깎아 얕은 턱을 둠

6: 와범 미사용. 편평한 막새면. 막새 가장자리에 전이 없는 원통형

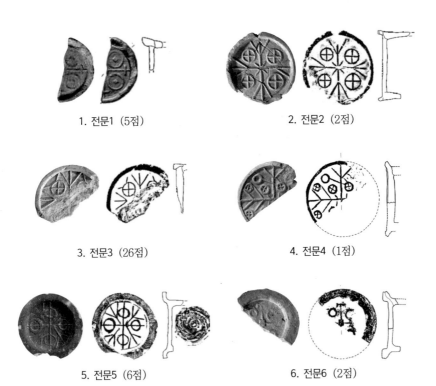

1. 전문1 (5점)　　　　　2. 전문2 (2점)

3. 전문3 (26점)　　　　　4. 전문4 (1점)

5. 전문5 (6점)　　　　　6. 전문6 (2점)

7. 전문7 (3점)

8. 전문8 (2점)

9. 전문9 (10점)

10. 수지문1 (2점)

11. 수지문2 (7점)

12. 수지문3 (1점)

13. 수지문4 (3점)

14. 음각수지문1 (4점)

15. 음각수지문2 (1점)

16. 초화문 (9점)

17. 방사문1 (1점)　　　　　　　　18. 방사문2 (1점)

19. 방사문3 (2점)　　　　　　　　20. 음각방사문 (2점)

21. 수면문1 (6점)　　　　　　　　22. 수면문2 (6점)

23. 연화문1 (3점)　　　　　　　　24. 연화문2 (1점)

25. 연화문3 (2점)　　　　　　　　26. 음각거치문 (1점)

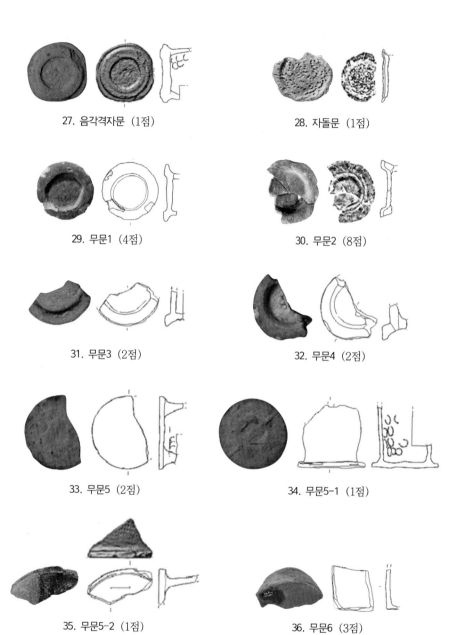

27. 음각격자문 (1점)

28. 자돌문 (1점)

29. 무문1 (4점)

30. 무문2 (8점)

31. 무문3 (2점)

32. 무문4 (2점)

33. 무문5 (2점)

34. 무문5-1 (1점)

35. 무문5-2 (1점)

36. 무문6 (3점)

그림 04 한성시기 수막새의 형식

(2) 막새 성형 방법

막새 성형 방법은 막새에 문양을 찍어 내는 틀, 즉 와범(瓦范) 사용 여부에 따라 와범식(A)과 무와범식(B)의 2가지로 나누어진다. 막새 성형 방법이 확인되는 125점 중 와범을 사용한 A식은 111점(88.8%)이며, 와범을 사용하지 않은 B식은 14점(11.2%)으로 대부분 와범을 사용하여 제작되었음을 알 수 있다. B식은 음각수지문1~2, 자돌문, 무문1, 무문4~6 수막새에서만 확인되고 나머지 문양은 모두 A식이므로 막새 성형 방법은 문양에 따라 확연하게 구분됨을 알 수 있다.

음각수지문1~2 수막새는 날카로운 도구로 문양을 음각하는 시문 방식으로 와범이 필요하지 않지만 음각 시문 기법을 사용하였더라도 음각방

와범	물손질 정면	회전물손질
無와범	無정면	지두압

사진 08 막새 성형 방법 및 배면 처리 방법

사문과 음각거치문은 성형대 위에 설치된 볼록한 형태의 틀에 점토를 눌러 찍는 방식으로 주연부와 막새 내구(內區)를 성형하였으므로 와범식(A)과 동일한 범주로 구분하였다.

음각격자문은 둥근 테 모양의 홈이 있는 와범을 사용하였다. 자돌문과 무문1 수막새는 와범을 사용하지 않고 손으로 빚어 형태를 만드는 방식인 수날법(手捏法)으로 제작되었다.

(3) 배면 처리 방법

막새의 뒷면, 즉 배면(背面) 처리 방식은 크게 물손질 정면(a)하여 면을 고르게 하는 방식과 정면하지 않는 무정면(b)의 2가지로 구분된다. 또한 막새 배면 가장자리 부근에 수키와를 접합할 때 회전물손질(c) 기법을 사용하여 얕은 테 모양의 구(溝)가 생기도록 하는 방식과 손으로 꾹꾹 눌러 지두압흔(d)이 남는 방식을 포함하여 네 가지 방법이 확인된다. 배면을 처리하는 부위에 따라 배면 전체에 해당하는 a~b 방식과 배면 가장자리에 생기는 c~d 방식은 차이가 있기 때문에 함께 관찰되는 경우도 있다.

배면 처리 방법이 확인되는 111점 중 배면을 물손질 정면한 a식은 51점(46.0)이며, 정면하지 않은 b식은 13점(11.7%) 확인된다. 수키와 접합부를 회전물손질한 c식은 16점(14.4%)이며, 지두압흔이 남아 있는 d식은 19점(27.9%)이다.

a식은 전문1~3, 5, 7~9, 수지문1~2, 4, 음각수지문2, 초화문, 방사문1, 음각방사문, 수면문1, 연화문1, 음각거치문, 자돌문, 무문1~4, 5-1, 6 등 23종의 수막새에서 고르게 나타나는 반면 b식만 확인되는 것은 전문4, 전문6 수막새 두 종류뿐이며, 전문1, 수지문2, 수지문4, 초화문, 무문1~3 등 6종의 수막새에서는 물손질 정면(a) 기법이 함께 확인되므로 막새 배면을 물손질 정면하여 처리하는 방식이 폭넓게 사용된 것으로 생각된다. c식은

전문3~7, 수지문1~3, 무문1~2 등 10종의 수막새에서 확인되며, d식은 전문1·3·8·9, 수지문3~4, 음각수지문1, 수면문2, 음각거치문, 무문1~2 등 11종의 수막새에서 확인된다. 그중 전문3, 수지문3, 무문1~2에서는 c식과 d식이 모두 존재하므로 회전물손질(c) 기법과 지두압(d) 기법은 동일 문양 안에서도 공유되는 경향을 보이는 것으로 판단된다.

(4) 주연부 형태

주연부 형태에 대한 선행 연구에서는 주연부 형태를 주연부가 밖으로 벌어지고 주연부 지름이 수키와의 지름보다 확연히 큰 외반형(外反形), 주연부가 밖으로 바라지지 않고 주연부 지름이 수키와의 지름과 거의 같은 직주형(直走形), 직주형과 같은 형태이나 막새 지름이 18~21㎝로 큰 대형 직주형으로 구분하였다.[13)]

이와 다르게 주연부 형태를 주연부가 'ㄱ'자 형태로 꺾이면서 옆으로 벌어지는 외반형, 주연부가 꺾이지 않으면서 넓게 벌어지는 나팔형(喇叭形), 연부가 꺾이지 않으면서 막새 면과 직각을 이루는 직선형(直線形)으로 나누고, 이를 막새 접합기법과 연관시켜 살펴본 연구도 있다.[14)] 이 연구에서는 외반형과 나팔형은 막새 배면에 점토띠를 쌓아 올려 제작하는 일체형 기법이, 직선형은 막새 배면에 점토원통을 부착하는 분리형 기법이 사용된 것으로 보았다. 그러면서 주연부 형태는 외반형→나팔형→직선형으로, 접합기법은 일체형에서 분리형으로 변화한 것으로 추정하였다.

---

13) 정치영, 2007, 「한성기 백제 기와 제작기술의 전개양상」, 『한국고고학보』 63, p.79.
14) 소재윤, 2010, 「백제 수막새의 제작기법과 생산체제의 변화」, 『백제학보』 4, p.11~14.

외반형 나팔형 직립형

사진 09 주연부 형태

돌선 無주연

　본 연구에서는 위의 선행 연구들을 참고하여 주연부 형태를 외반형(1식), 나팔형(2식), 직립형(3식)에 돌선(4식)을 추가하고 주연부가 없는 것(5식)을 포함하여 5가지로 나누어 살펴보았다. 주연부 형태가 확인되는 111점 중 주연부가 없는 음각수지문2와 무문5~6 등 5종 6점을 제외한 31종 105점(94.6%)의 수막새에서는 모두 주연부가 확인된다. 주연부 형태 분석에서 1식과 2식은 종종 구분이 어려운 경우가 있는 반면 이런 형태들과 직립형 및 돌선형은 구분이 명확하다. 전문3과 수면문1·2, 연화문2·3, 수막새에서는 3식만 확인되며, 수지문2와 무문2 수막새에서도 일부 관찰된다. 주연부를 돌선으로 표현한 4식은 방사문1 수막새에서만 유일하게 확인된다.

　이처럼 직립형 주연부의 식별이 명확한 것은 주연부 성형 방법 및 수키와 접합 위치와 밀접한 연관이 있다. 뒤에서 자세히 다루겠지만 선행 연구에서도 지적했듯이 주연부를 만들 때 별도로 제작된 수키와를 막새와 접합하는 이른바 분리형 기법을 사용하기 때문으로 판단된다. 1식은 39점 (35.1%)이며, 2식은 36점(32.4%)으로 전문5~6, 수지문1~2, 초화문, 방사 문3, 음각방사문, 무문1~2 수막새처럼 함께 나타나는 경우가 많다.

이와 같이 외반형(1식)과 나팔형(2식)이 혼재되어 나타나는 것은 2가 지 방식의 차이가 막새와 수키와를 접합하는 과정에서 막새 외연에 바르 는 보토의 두께에 따라 결정되는 세부 기법상의 차이에 불과하기 때문인 것으로 생각된다. 또한 후대의 웅진~사비시기 수막새에서 외반형(1식)이 나 나팔형(2식) 주연부가 없고 직립형(3식)만 나타나는 것은 주연부 형태 의 변화가 어느 정도 시간성을 반영하고 있다는 것을 시사한다.

(5) 주연부 성형 방법

주연부 성형 방법은 막새를 만들 때 주연부를 함께 만드는 일체형(① 식)과 막새 외연과 원통형 수키와 하단 내면을 접합하여 주연부를 이루도 록 하는 접합형(②식), 막새 앞면에 별도로 제작된 주연부를 부착하는 방 식(③식)으로 구분하였다.

주연부 성형 방법이 확인되는 94점 중 ①식은 67점(71.3%), ②식은 13 점(13.8%), ③식은 14점(14.9%) 분포한다. 막새 성형 시 주연부를 함께 만 드는 방식(①식)인 일체형이 가장 널리 사용되었음을 알 수 있다. 막새 외 연에 수키와를 접합하는 ②식은 전문3, 음각방사문, 무문2 수막새에서만 확인되는데 앞서 살펴본 직립형 주연부(3식)와 깊게 연관되어 있다. 별도 의 주연부를 부착하는 ③식만 확인되는 전문8, 음각수지문1, 연화문, 무문 4 수막새를 제외하면 전문5, 초화문, 수면문2 등 대부분 ①식과 공유하는 부분이 많으므로 주연부 성형 방법은 막새와 주연부를 함께 만드는 일체 형(①식)이 대표적이다.

일체형   접합형   부착형

사진 10 주연부
성형 방법 및
수키와 형태

원통형   반절형

(6) 수키와 형태

수막새와 접합하는 수키와의 형태는 아직 반으로 가르기 전 상태인 토관 형태의 날기와를 막새와 접합하는 원통형(가)과 원통을 반으로 가른 완성된 형태의 수키와를 접합하는 반절형(나)의 2가지로 구분된다.

수키와 형태가 확인되는 74점 중 반절형인 '나'식은 12점(16.2%)으로 오직 수면문 1과 2에서만 확인되며, 나머지 62점(83.8%)는 모두 원통형인 '가'식이다. 원통형과 반절형을 구분하는 가장 큰 특징은 막새 배면 하단에 남아 있는 선단부이다. 선단부 높이는 최대 5.7㎝까지 확인되며, 같은 형식의 막새에서도 높이는 차이가 있다. 선단부를 완전히 깎아서 높이가 0인 개체도 일부 확인되는데, 이 경우에도 선단부를 잘라낸 흔적은 남아 있기 때문에 원통형임을 알 수 있다. 막새 배면 하단에 선단부가 남아 있는 것은 원통형 날기와를 세로로 분할하면서 가로로 자를 때 일부를 남겨 놓

외연   끝단   중간

사진 11 수키와
    접합 위치 및
    바탕흙 형태

점토띠

기 때문이다. 이러한 방식은 중국 초기 기와에 주로 사용되던 기법으로 전한(前漢)대를 거치며 반절형이 등장하면서 점차 사라진다. 그러므로 수키와 형태는 시간성이 매우 뚜렷한 속성이다.

(7) 접합 위치

접합 위치는 수키와를 막새의 어느 부분에 접합하는가에 따라 막새의 외연(ㄱ)을 감싸는 방식, 막새 배면 끝부분(ㄴ)과 막새 배면 끝단의 안쪽 부분(ㄷ)의 3가지로 구분된다. 접합 위치가 확인되는 92점 중 막새 외연에 접합하는 ㄱ식은 18점(16.7%)으로 직립형 주연부(3식)와 밀접한 연관이 있으며, 전문2~3과 전문8, 무문2 수막새에서 확인된다. ㄴ식은 18점(16.7%)이며, 음각수지문2, 무문6, 수면문1~2에서 확인된다. ㄷ식은 72점(66.6%)으로 앞에서 살펴본 외반형(39점)과 나팔형(36점) 주연부의 비율

(67.5%)과 ㄷ식의 비율과 거의 일치한다는 점에서 매우 밀접한 연관이 있음을 알 수 있다.

(8) 바탕흙 형태

바탕흙 형태는 가늘고 긴 점토 형태의 점토띠(ⓐ)와 넓적하고 네모난 형태의 점토판(ⓑ)의 2가지가 있다. 바탕흙 형태가 점토판인 ⓑ식은 확인되지 않으며, 평기와를 포함하는 풍납토성 출토 기와 전체를 보더라도 바탕흙 형태가 점토판인 것은 드물고 대부분 점토띠 형태이므로 바탕흙 형태는 시간성을 뚜렷하게 나타내는 속성인 것으로 판단된다.

(9) 와통 유무

와통(瓦桶)은 일정한 크기와 형태의 기와를 만들기 위해 고안된 기와

와통   무와통   내박자

회전   와통 타날

사진 12 와통 유무 및
　　　　수키와
　　　　성형 방법

전용 제작 도구이다. 와통 위에는 점토 상태인 기와를 분리하기 쉽도록 마포(麻布)를 씌우기 때문에 기와 내면에는 마포흔이 남게 되며, 이것은 기와 제작에 와통이 사용되었는지를 밝히는 중요한 단서 중 하나이다. 음각수지문2와 수면문1~2는 접합 수키와 내면에서 마포흔이 확인되므로 와통을 사용(ⓛ)하여 만들었음을 알 수 있다. 초기에는 와통이 없는 상태(ⓗ)에서 만든 이른바 무와통 기와가 나타나지만 와통이 도입된 이후에는 정형성과 생산성, 표준화의 측면에서 와통을 사용하는 방식이 주류를 이루기 때문에 시간성을 뚜렷하게 나타낸다.

(10) 성형 방법

수키와 성형 방법은 와통이 없는 상태에서 토기 제작 방법과 마찬가지로 원통형 기와 안쪽에 받침모루, 즉 내박자를 대고 밖에서 타날판으로 두드리는 방식(ⅰ), 회전대의 회전력을 활용하는 방식(ⅱ), 와통에 대고 두드려 기와를 성형하는 방식(ⅲ)의 3가지로 구분된다. 와통 타날 방식은 음각수지문2 및 수면문1~2에서만 나타나는데, 위의 와통 성형 방식 사례와 정확히 일치한다. 나머지는 무와통 상태에서 내박자나 회전 방식이다.

표 34. 한성시기 수막새 형식별 속성 분석표

문양 형태		수량	성형 (A~B)			배면 (a~d)				주연부 형태 (1~5)					주연부 성형 (①~③)		
		점	와범	무범	정면	무	회전	지두	외반	나팔	직립	돌선	무	일체	접합	부착
I	전문1	5	2		1	3		3	2	3				5		
	전문2	2	2		1				1		1			1	1	
	전문3	26	26		8		5	10			18				9	4
	전문4	1	1			1	1		1					1		
	전문5	6	6		2		1		5	1				5		1

문양 형태		수량	성형 (A~B)		배면 (a~d)				주연부 형태 (1~5)					주연부 성형 (①~③)		
		점	와범	무범	정면	무	회전	지두	외반	나팔	직립	돌선	무	일체	접합	부착
	전문6	2	2			2	2		1	1				2		
	전문7	3	3		2		1		3					3		
	전문8	2	2		1			1	2							2
	전문9	10	10		9			9		9				9		
II	수지문1	2	2		1		1		1	1	1			2		
	수지문2	7	7		2	2	2		3	2						
	수지문3	1	1				1	1		1				1		
	수지문4	3	3		1	1		1								
II′	음각수지1	4		1			1		1							1
	음각수지2	1		1	1							1				
III	초화문1	9	8		7	2			1	8				8		1
IV	방사문1	1	1		1							1		1		
	방사문2	1	1						1					1		
	방사문3	2	2						1	1				2		
IV′	음각방사	2	2		1				1	1					2	
V	수면문1	6	6		2						6			4		
	수면문2	6	6					1			6			5		1
VI	연화문1	3	3		1				2							1
	연화문2	1	1								1			1		
	연화문3	1	2								1					1
VII	음각거치	1	1		1			1	1					1		
VIII	음각격자	1	1						1					1		
IX	자돌문	1		1	1				1					1		
X	무문1	4		4	2	1	1	1	3	1				4		
	무문2	8	8		2	1	1	2	3	3	1			6	1	
	무문3	2	2		1	1				2				2		
	무문4	2		2	1					2						2

문양 형태	수량	성형 (A~B)		배면 (a~d)				주연부 형태 (1~5)					주연부 성형 (①~③)		
	점	와범	무범	정면	무	회전	지두	외반	나팔	직립	돌선	무	일체	접합	부착
무문5	2		2					2				2			
무문5-1	1		1	1				1				1			
무문5-2	1		1					1				1	1		
무문6	3		1	1								1			
계	134	111	14	51	13	16	31	39	36	35	1	6	67	13	14

표 35. 한성시기 수막새 접합 수키와 속성 분석표

문양 형태		수량	형태 (가~나)		접합위치 (ㄱ~ㄷ)			바탕흙 (ⓐ~ⓑ)		와통 (㉠~㉡)		성형방법 (ⅰ~ⅲ)		
		점	원통	반절	외연	끝단	중간	점토띠	점토판	무	유	내박자	회전	와통타날
I	전문1	5	4				5							
	전문2	2	1		2			1		1			1	
	전문3	26	7		14			5		5		1	4	
	전문4	1	1				1							
	전문5	6	1				6	1						
	전문6	2					2							
	전문7	3	2				3							
	전문8	2	1			1	1							
	전문9	10	6				9				1			
II	수지문1	2	2				2	1						
	수지문2	7	4			1	4	1						
	수지문3	1	1				1	1		1				
	수지문4	3												
II′	음각수지1	4	4				4							
	음각수지2	1	1			1		1			1			1

문양 형태		수량	형태 (가~나)		접합위치 (ㄱ~ㄷ)			바탕흙 (ⓐ~ⓑ)		와통 (ㄱ~ㄴ)		성형방법 (ⅰ~ⅲ)		
		점	원통	반절	외연	끝단	중간	점토띠	점토판	무	유	내박자	회전	와통타날
Ⅲ	초화문1	9	8				8	4		1		2		
Ⅳ	방사문1	1	1				1							
	방사문2	1	1				1							
	방사문3	2	1				2							
Ⅳ′	음각방사	2	2				2							
Ⅴ	수면문1	6		6		6					3			3
	수면문2	6		6		6		1			1			1
Ⅵ	연화문1	3	1				1							
	연화문2	1	1			1								
	연화문3	2												
Ⅶ	음각거치	1					1							
Ⅷ	음각격자	1	1				1						1	
Ⅸ	자돌문	1					1							
Ⅹ	무문1	4	2				1	1						
	무문2	8	2		1		7	1		2			1	
	무문3	2	1				2							
	무문4	2	1				2						1	
	무문5	2	2				2	2					1	
	무문5-1	1	1				1						1	
	무문5-2	1					1							
	무문6	1				1		1					1	
계		134	62	12	18	18	72	21	0	11	5	7	7	5

2) 변천 과정

앞 절의 속성 분석 결과를 살펴보면, 수막새에 접합되는 수키와의 형태, 바탕흙 형태, 와통 유무 등은 시간성이 매우 뚜렷한 속성임을 알 수 있다. 또한 주연부의 형태도 어느 정도는 시간성이 반영되어 있는 것으로 판단된다. 다시 말해 수막새에서 관찰되는 속성에 비해 수키와에서 확인되는 속성은 시간적 변화의 흐름을 파악하기 용이하므로 함께 접합된 수막새의 선후관계를 설정하기 위한 좋은 수단이 될 수 있다.

이른 시기부터 기와를 제작하였던 중국의 사례를 참고하면, 기와가 처음 제작되었던 서주(西周, BC1046~BC771) 시기에 처음 등장한 기와는 바탕흙이 점토띠 형태이며, 와통 없이 제작한 원통형의 날기와를 막새 배면에 부착하여 제작하였다. 와통이 처음 사용된 것은 전한(前漢, BC206~AD8) 초기이며, 반절된 단면 반원형의 수키와는 전한 중기에 출현하였고, 점토판 등장 시기는 후한(後漢, AD25~220) 대로 추정된다.[15] 그렇지만 최근 자료에 의하면 섬서성(陝西省) 두부촌(豆腐村)의 전국시대 진옹성(秦雍城)에서 통쪽와통 흔적이 확인되는 암키와 발굴 사례가 있어 와통 사용 연대는 상향될 가능성이 있다.[16]

이상의 연구 결과를 토대로 중국 수키와 제작기술의 변천 과정은 다음과 같이 설정할 수 있다.

---

15) 大脇潔, 2011, 「秦漢代瓦當の製作技法」, 『漢長安城桂宮 -論考編-』, 奈良國立文化財研究所; 山崎信二, 2011, 『古代造瓦史』. 雄山閣; 清野孝之, 2011, 「桂宮出土軒丸瓦の製作技法」, 『漢長安城桂宮 -論考編-』, 奈良國立文化財研究所.

16) 허선영, 2006, 『중국 고대 와당 연구』, 학연문화사, p.94; 윤용희, 2018, 「중국 제와 연의 기와 제작기법 검토」, 『중국와당: 제·연』, 유금와당박물관.

① 와통의 유무: 무와통에서 와통으로 변천(전한 초기)

② 수키와 형태: 원통형에서 반절형으로 변천(전한 중기)

③ 바탕흙 형태: 점토띠에서 점토판으로 변천(후한 대)

이하에서는 우선 이 세 가지 속성을 검토하면서 수키와에서 확인되는 제작기술의 변화 양상을 통해 함께 접합된 수막새 변천의 시간적 흐름을 이해할 수 있는 단서를 찾아보고자 한다.

첫째, 바탕흙 형태에서 점토띠 흔적이 확인되는 문양은 전문2(1점), 전문3(5점), 전문5(1점), 수지문1(1점), 수지문2(1점), 수지문3(1점), 음각수지문2(1점), 초화문(4점), 수면문2(1점), 무문1(1점), 무문2(1점), 무문5(2점), 무문6(1점)으로 총 21점이다. 점토판은 긴 장방형의 흙담을 쌓고, 줄을 이용하여 일정한 두께로 켜내는 작업을 수반하기 때문에 이른바 사절흔(絲切痕)이라 불리기도 하는 점토판 재단흔적(裁斷痕迹)이 남게 된다. 그렇지만 수막새에 접합된 수키와에서는 이러한 점토판 재단흔적이 확인되는 개체는 없다. 그럼에도 불구하고 풍납토성 출토 평기와 중에는 점토판 재단흔적이 확인되는 개체가 일부 존재하므로 백제 한성기 기와의 바탕흙이 모두 점토띠 형태라고 단정 지을 수는 없다.

둘째, 와통 유무에서 와통 사용 여부를 판정하는 마포흔(麻布痕)이 수키와 내면에서 확인되는 문양은 음각수지문2(1점), 수면문1(3점), 수면문2(1점)으로 총 5점이다. 그러므로 이 3가지 문양과 접합된 수키와는 무와통 기법으로 제작된 대부분의 수키와보다 늦은 시기에 제작된 수키와임을 알 수 있다. 이처럼 와통을 사용하여 제작된 수키와에 접합된 수막새의 제작시기가 함께 하향되는 것은 당연한 결과이며, 이 3가지 수막새는 풍납토성에서 확인되는 수막새 중 가장 늦은 시기에 제작된 것이라고 볼 수 있다.

셋째, 수키와 형태는 막새 배면 하단에 원통형 날기와를 자르고 남은 선단부가 있거나, 그렇지 않더라도 잘라낸 흔적이 있는 것과 처음부터 원통을 세로로 반절한 형태의 수키와가 별도로 제작되어 선단부 흔적이 전혀 확인되지 않는 반절형의 2가지가 있다. 앞 장에서 살펴본 것처럼 반절형 수키와는 오직 수면문1(6점), 수면문2(6점)에서만 확인된다. 위의 와통 사용 여부에서 함께 살펴보았던 음각수지문2는 막새 배면 하단에 선단부가 남아 있으므로 2종의 수면문 수막새보다는 상대적으로 이른 시기로 설정할 수 있다. 그렇다면 두 수면문 사이의 선후관계는 어떻게 설정할 수 있을까? 직접적인 근거는 아니지만 수면문2의 한 개체는 수키와에서 점토띠 흔적이 확인되는 반면에 수면문1은 이러한 흔적이 나타나지 않으므로 수면문2가 수면문1보다 앞서는 시간적 서열을 설정할 수 있지 않을까 생각한다. 정리하면 이 3종의 수막새의 상대편년은 음각수지문2→수면문2→수면문1 순으로 이해된다.

다음으로 살펴볼 부분은 주연부 형태이다. 바탕흙 형태, 와통 유무, 수키와 형태처럼 시간적 선후관계가 뚜렷하지 않지만 주연부가 바깥으로 바라지는 외반형이나 나팔형보다 주연부 직립형이 상대적으로 늦은 시기의 특징이라는 것은 웅진~사비기 수막새의 주연부 형태가 모두 직립형이라는 점을 고려할 때 설득력이 있다. 주연부 형태가 직립하는 문양은 전문2(1점), 전문3(18점), 수면문1(6점), 수면문2(6점), 연화문2(1점), 연화문3(1점)이며, 수지문2(1점)과 무문2(1점)은 외반형과 나팔형이 공존한다. 전문3은 총 26점으로 풍납토성 출토 수막새 33개 문양 가운데 개체수가 가장 많으며, 지름 20㎝ 내외의 대형 수막새이다. 전문3 수막새는 주연부가 직립하는 형태이므로 위에서 살펴본 음각수지문1, 수면문 1~2처럼 늦은 시기에 제작되어 규모가 있는 특별한 목적의 건물에 사용된 것으로 판단된다. 직립형과 함께 외반형과 나팔형이 공존하는 수지문2와 무문2 수막새는 제작기술이 변화하는 과도기적 양상을 나타내는 것으로 해석된다. 주연부 형태가 직립형이라는 것은 주연부 성형 방법이나 수키와의 접합 위치 같은 속성과 매우 밀접히 연관된 특징이다. 주연부 성형 방법에서는 접합형(②식)과 관련이 있으며, 수키와 접합 위치는 막새의 외연(ㄱ식)과 관련이 있다. 접합형(②식)은 원통형 수키와 내면 단부와 수막새 외연을 접합하는 방식을 말하는데, 전문2(1점), 전문3(9점), 음각방사문(2점), 무문2(1점)에서 확인되며, 총 13점이다. 막새 외연 접합 방식(ㄱ식)이 확인되는 문양은 전문2(1점), 전문3(14점), 전문8(1점), 무문2(1점)이며, 총 18점이다.

이상 접합 수키와의 형태, 바탕흙 형태, 와통 유무와 막새 주연부 형태를 중심으로 상대적 순서배열의 기준을 설정해 보았다. 다음으로는 일찍이 기와 제작이 시작되어 오랜 변천 과정을 겪은 중국 기와 연구 성과와의 비교를 통해 백제 기와 편년의 근거를 검토해 보고자 한다.

먼저 연화문은 주로 중국 북조(北朝, 386~581)와 남조(南朝, 420~589) 대의 연화문과 관련된 것으로 보고 있다. 풍납토성 출토 연화문수막새의 연판 끝이 뾰족하고, 능각이 표현된 방식은 낙양(洛陽) 출토 수막새에 많이 사용된 북조의 특징[17]인 반면 두께가 얇고, 주연부가 높게 외반된 형태는 남조의 제작 기법과 유사성이 있다.[18] 또한 막새 하단에 0.9㎝ 높이의 선단부가 남아 있어서 막새 배면에 원통형 수키와가 접합되었음을 알 수 있다. 이처럼 주연부 형태가 외반형이고, 수키와 형태가 원통형인 점은 위에서 살펴본 수면문1, 수면문2나 전문2, 전문3 그리고 음각수지문2에

---

17) 李梅, 2002, 「中原地區蓮花文瓦當的類型與分期」, 『文物春秋』 2002年 第2期.
18) 賀云翺, 2004, 「남조시대 건강지역 연화문와당의 변천과정 및 관련 문제의 연구」, 『한성기 백제의 물류시스템과 대외교섭』.

비해 연화문수막새가 선행 형식임을 보여준다. 또한 연화문수막새의 연원이 중국의 북조 혹은 남조에 배경을 두고 있으며, 백제에 불교가 전래된 연대가 384년임을 고려한다면 제작 기술 변천 단계상 후행 형식인 수면문1, 수면문2나 전문2, 전문3, 음각수지문2 수막새는 384년 이후인 4세기 말에서 백제 한성기가 끝나는 475년 사이에 위치하는 것으로 볼 수 있다.

다음으로 수면문은 전국시대 연(燕, BC403~BC222) 대의 수면문 반와당(半瓦當)에서 비롯되며, 진한(秦漢, BC221~AD220)을 거치며 단절되었다가 동오(東吳, 229~280) 대에 다시 나타났다.[19] 이 시기의 수면문와당은 선행 양식이라 할 수 있는 인면문와당에서 변화되어 성립되었으며, 그 변화의 중심은 중국 강소성(江蘇省) 진강시(鎭江市) 철옹성(鐵瓮城)이다.[20] 수면문와당의 초기 형식은 뚜렷한 안면 윤곽과 주위의 갈기 표현, 상대적으로 작은 마늘 모양의 코와 말안장형으로 크게 벌린 입 등이 특징이다. 이후 동진(東晉, 317~420) 대에는 후기로 갈수록 안면 윤곽선이 희미해지고, 코와 입의 형태도 간략하게 변화하여 얼굴 윤곽선이 사라지는 경향이 있다. 남조 대에도 이러한 경향은 계속 이어지다가 말기가 되면 북조의 영향으로 고부조(高浮彫)의 입체적 조형이 시작되는데, 이러한 경향은 수당(隋唐, 581~907) 대의 귀면문(鬼面文)와당으로 연결된다.[21] 풍납토성 출토 2종의 수면문수막새는 위에서 살펴본 바와 같이 가장 늦은 시기로 설정된다. 선각으로 표현하는 방식은 문양 계통 상 북조보다는 남조에 가까운 모습인데 동진 말의 경향인 얼굴 윤곽선이 희미하게 사라지지 않고 얼굴의

---

19) 賀云翶, 2003b, 「南京出土的六朝人面文與獸面文瓦當」, 『文物』 2003年 第7期.

20) 賀云翶, 2004, 「南京出土的六朝獸面文瓦當在探」, 『考古与文物』 2004年 第4期.

21) 윤용희, 2003, 「백제 수면문와당에 관한 일고찰」, 『2013 수선사학회 추계학술대회』.

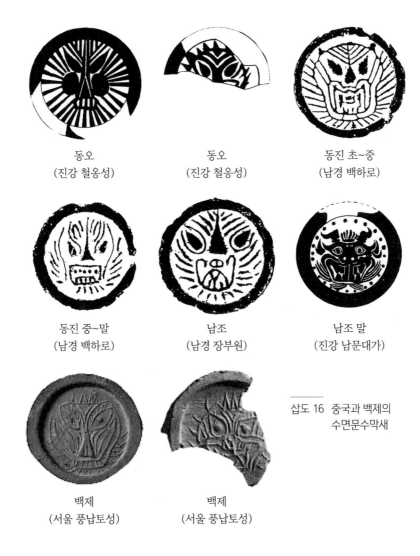

동오 (진강 철옹성)	동오 (진강 철옹성)	동진 초~중 (남경 백하로)
동진 중~말 (남경 백하로)	남조 (남경 장부원)	남조 말 (진강 남문대가)
백제 (서울 풍납토성)	백제 (서울 풍납토성)	

삽도 16 중국과 백제의
          수면문수막새

윤곽선을 뚜렷하게 보여주므로 동진 말기에서 남조 초기에 해당하는 5세
기 전반기에 제작되었을 것으로 판단된다.

마지막으로 전문은 중국 한(漢) 대의 운문(雲文)와당과 연관된 것으로
보는 초기의 연구[22]에서 동전거푸집[錢范]을 모티브로 하는 전문으로 보

는 견해[23]로 이어지고 있다. 중국 문화사의 맥락에서 전문은 기원을 전후한 시기인 전한(前漢) 말경의 전문전(錢文塼)에 처음 나타나며, 동오(東吳, 229~280) 대와 서진(西晉, 265~316) 대에는 전문도기(錢文陶器)에 주로 사용되었다.[24] 기와에 사용된 전문은 중국 남경 출토 수키와 외면에 전문이 찍힌 사례가 있다.[25]

풍납토성 출토 전문 수막새는 9종 57점(42.5%)으로 가장 개체수가 많은 만큼 제작기법 상으로도 다양한 변이를 보여준다. 8종의 전문수막새 가운데 제작기법 상 다른 형식과 가장 구별되는 개체는 전문2와 전문3이다. 이 두 종류의 전문수막새는 크기가 20㎝ 내외로 가장 클 뿐만 아니라 주연부 형태, 주연부 성형 방법, 수키와 접합 위치 등 많은 영역에서 다른 문양에 비해 후행하는 제작 방식을 따르고 있다. 그러므로 전문2와 전문3을 4세기 후반 이후로 설정한다면 나머지 전문수막새는 4세기 전반 이전으로 하한을 설정할 수 있다.

이상 중국계 수막새 문양은 진문의 경우 3세기 전반~4세기 초가 중심이며, 연화문은 4세기 말 이후, 수면문은 5세기 전반에 제작되었을 것으로 판단된다. 다시 말해 중국의 제와술(製瓦術)이 백제에 본격적으로 도입되는 시기는 대략 3세기 전반 중국 삼국시대부터이며, 몇 차례 역사적 계기

---

22) 龜田修一, 1984, 「百濟漢城時代の瓦に關する覺書」, 『尹武炳博士回甲紀念論叢』; 谷豊信, 1989, 「四,五世期の高句麗の瓦に關する若干考察」, 『東洋文化研究所紀要』 108.

23) 門田誠一, 2002, 앞의 글.

24) 馮慧·賀云翱·路侃, 2005, 「南京新出土六朝錢紋陶磁瓷器標本研究」, 『東亞考古論壇』 創刊號.

25) 권오영, 2005, 「백제문화의 이해를 위한 중국 육조문화 탐색」, 『한국고대사연구』 37, p.85.

를 통해 남북조시대 내내 지속적으로 전해졌다. 그렇다면 중국계 기와가 전해지기 이전에 제작된 백제 기와는 존재하지 않는 걸까? 중국계 수막새인 전문, 연화문, 수면문 외에도 풍납토성에서는 수지문 계열이나 초화문처럼 자연을 모티브로 하는 문양들, 방사문, 거치문, 격자문 등 기하학적인 문양과 무문 등 중국 자료에서는 확인되지 않는 다양한 문양의 수막새가 존재한다. 또한 배면에 점토띠를 쌓아 올리는 방식은 토기 제작기술인 테쌓기[輪積法]나 서리기[捲上法]와 상통하므로 백제 지역의 토착적인 문화의 산물로 보는 것이 자연스럽다. 따라서 3세기 전반 중국계 수막새가 도입되기 이전인 2세기 무렵, 선대의 토기 제작 기술을 바탕으로 낙랑 등 주변 지역과의 접촉을 통한 외부적 자극을 융합하여 자생적인 성격의 백제 기와로 탄생시킨 것으로 이해된다.

3) 발전단계 및 편년

앞에서 한성시기 수막새의 특징을 속성별로 검토하면서 그 변천 과정을 살펴보았다. 여기에서는 삼국사기 백제본기의 건축 관련 기사를 중심으로 한성시기 수막새의 변천을 4개의 발전 단계로 나누어 역사적 맥락에서 고찰해 보고자 한다.

삼국사기 백제본기에 기와를 직접 언급한 '와(瓦)'라는 단어가 처음 등장하는 것은 비유왕 3년(429) "11월에 지진이 발생하고, 큰 바람이 불어 기와가 날았다."[26]라는 기사이다. 하지만 그동안 축적된 고고학 자료에 비추어 이 기록만 가지고 5세기 초 이전에 백제에서는 기와를 사용하지 않

---

26) 『삼국사기』 권25 백제본기 3 비유왕 3년 "十一月, 地震, 大風飛瓦."

앗다고 단정 지을 수 없음은 자명하다. 오히려 태풍의 강도를 표현하는 수
단으로 사용될 만큼 기와가 한성백제의 건축문화를 상징하는 존재로 깊이
각인되어 있었다고 해석하는 것이 적절하다. 그렇다면 '와(瓦)'라는 직접적
인 표현 없이 문헌에서 어떻게 기와 혹은 기와 건물이 존재했다는 단서를
찾을 수 있을까? 이러한 주제에 접근하는 가장 좋은 방법은 기와를 사용하
는 1차적인 목적이 건물에 올리기 위한 것이기 때문에 문헌에 기록된 건
축 관련 기사를 찾는 것이 하나의 방법이 될 수 있다. 다행히 삼국사기 백
제본기에서는 궁궐을 짓거나 성을 쌓는 건축 행위에 대한 기사를 상당 부
분 확인할 수 있다.

　여기에서는 앞에서 설정한 기와 제작 기술의 발전 단계 및 편년 설정
내용과 삼국사기 백제본기에 나오는 건축 관련 기사와 결부하여 크게 네
개의 시기로 나누어 살펴보고자 한다.

4) Ⅰ기(기원전후~2세기 전반)

　삼국사기 백제본기에 기록된 건축 관련 기사는 온조왕 원년(BC18)부
터 등장한다. 그 내용은 "여름 5월에 동명왕의 사당을 세우다."[27]라는 것
이다. 그로부터 12년이 지난 온조왕 13년(BC6) 기사에는 "가을 9월, 성과
대궐을 쌓고"[28]라는 내용이 나오며, 이듬해 "정월에 도읍을 옮겼다."[29]는
기록이 보인다. 하지만 이 기록 자체만으로 그 당시 지은 사당〔廟〕이나 성
〔城〕, 궐〔闕〕에 기와가 올라갔는지를 짐작하기는 매우 어렵다. 이듬해인 온

---

27) 『삼국사기』 권23 백제본기 1 온조왕 원년 "夏五月, 立東明王廟."
28) 『삼국사기』 권23 백제본기 1 온조왕 13년 "秋九月, 立城闕."
29) 『삼국사기』 권23 백제본기 1 온조왕 14년 "春正月, 遷都."

조왕 15년(BC4) "정월에 새 궁실을 지었는데, 검소하되 누추하지 않고 화려하되 사치스럽지 않았다."[30]는 기록은 단순히 건물을 지은 사건만이 아니라 건물의 모습에 대해 묘사되어 있어서 참고할 만하다.

앞의 기사들과 연계하여 살펴볼 때, 온조왕 14년(BC5) 정월에 도읍을 기존의 장소에서 다른 곳으로 옮겼는데, 천도하기 1년 전, 정확하게는 4개월 전에 성(城)과 궐(闕)을 지었고, 천도한 이듬해인 온조왕 15년(BC4)에 궁실(宮室)을 지었다는 것이다. 다시 말해 천도를 준비하면서 건축공사를 하는 순서는 도읍의 외곽에 해당하는 '성'을 먼저 쌓고, 궁문(宮門) 외곽에 해당하는 '궐'[31]을 쌓은 뒤 마지막으로 임금이 거처하는 '궁'을 지었던 것

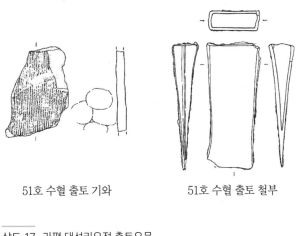

51호 수혈 출토 기와　　　　51호 수혈 출토 철부

삽도 17　가평 대성리유적 출토유물

---

30) 『삼국사기』 권23 백제본기 1 온조왕 15년 "春正月, 作新宮室, 儉而不陋, 華而不侈."
31) 궐(闕)에 대한 정의는 다양하지만 좁은 의미로 궁문 밖 좌우에 설치된 망루를 지칭하나 보다 넓은 의미로 사용하는 것이 일반적이다.

으로 해석된다. 새로 지은 새 궁실의 모습은 '검소하되 누추하지 않고, 화려하되 사치스럽지 않다.'는 표현으로 미루어 짐작하건대 건물의 규모와 의장(意匠)은 기와를 올린 건축물이 아니었을 것으로 사료된다. 하지만 이 시기에 한강 유역을 중심으로 분포하는 여(呂)자형, 철(凸)자형 주거지 일부에서 기와가 출토된 사례가 있으므로 이 시기에 기와가 사용되었을 가능성을 배제할 수 없다.[32]

이후 온조왕 41년(AD23)의 기사는 "봄 2월, …(중략)… 위례성을 수리하였다."[33]는 내용으로 '위례성'이라는 성의 이름이 직접 언급된다. 이 기사 이전의 기록에는 '위례성'이란 단어가 다음과 같이 3번 나온다.

　　온조 8년(BC11) "봄 2월에 말갈군 3천 명이 침입하여 위례성을 포위했다."[34]
　　온조 13년(BC6) "가을 7월 한산(漢山) 아래 목책을 세우고, 위례성 백성을 이주시켰다."[35]
　　온조 17년(BC2) "봄 낙랑이 침입하여 위례성을 불태우다."[36]

이 기사들은 건물 축조 기사는 아니지만 이 무렵 백제가 한강유역을

<hr/>

『辭源』"猶言宮殿 宮門外有兩闕 古稱宮闕 又就其內容言則曰宮殿 就其外觀言之則曰宮闕"

32) 경기문화재연구원, 2009, 『가평 대성리유적』, pp.102~104.
33) 『삼국사기』 권23 백제본기 1 온조왕 41년 "春二月, …修營慰禮城."
34) 『삼국사기』 권23 백제본기 1 온조왕 8년 "春二月, 靺鞨賊三千, 來圍慰禮城."
35) 『삼국사기』 권23 백제본기 1 온조왕 13년 "秋七月, 就漢山下立柵, 移慰禮城民戶."
36) 『삼국사기』 권23 백제본기 1 온조왕 17년 "春, 樂浪來侵, 焚慰禮城."

중심으로 국가라는 정치체로 발돋움하는 과정에서 이 일대에서 영향을 끼치던 낙랑과 말갈 등 주변 세력과의 다툼이 발생하였고, 위례성이 입지조건 상 자주 공격을 당하였기 때문에 한수(漢水) 이남으로 도읍을 옮기는 과정을 보여주는 것으로 생각된다. 위에서 살펴본 온조왕 41년(AD23) '위례성 수리' 기사는 동왕 17년(BC2)에 낙랑의 침입으로 소실되었던 위례성을 복구하였다는 내용을 기록한 것으로 이해된다.

5) Ⅱ기(2세기 후반~3세기 전반)

위의 온조왕 41년(AD23) 기사 이후 100여 년이 지난 후인 초고왕 23년(188)에 들어서야 "봄 2월에 궁실을 중수하였다."[37]는 건축 기사가 다시 등장한다. 이 기사가 등장하기 전까지 백제는 주변의 말갈은 물론 신라와도 크고 작은 다툼이 있었다는 내용이 자주 나온다. 이러한 양상은 도읍을 한수 이남으로 천도한 이후 백제가 북방의 말갈은 물론 남방의 신라 접경지까지 영역을 확장하는 과정을 보여주는 것으로 생각된다. 이러한 관점에서 보면 2세기 말에 해당하는 위 초고왕 대의 '궁실 중수' 기사에 나오는 궁실은 현재의 풍납토성처럼 한수 이남에 위치하는 성곽과 관련이 있는 것으로 충분히 짐작할 수 있으며, 이것은 1999년 풍납토성 성벽 절개조사 결과를 토대로 제기된 2세기 축조설과 부합한다.[38] 이 시기는 풍납토성을 중심으로 앞 시기의 여(呂)자형, 철(凸)자형 주거지를 개량한 육각형 주거지가 나타나면서 한성백제의 중앙양식으로 자리 잡게 된다.[39] 건축학적으

---

37) 『삼국사기』 권23 백제본기 1 초고왕 23년 "春二月, 重修宮室."
38) 국립문화재연구소, 2001, 『풍납토성 Ⅰ -현대연립주택 및 1지구부지-』, pp. 589~593.

로 이 시기는 철제 도끼[鐵斧], 철제 톱[鐵鋸], 철제 송곳[鐵鑿], 철제 끌[鐵
鑿], 철제 못[鐵釘], 꺾쇠 등 발달된 도구를 활용한 건축부재의 치목(治木)
기술이 발전하면서 장부맞춤과 장부이음과 같은 결구(結構)가 이루어졌을
것으로 추정된다.[40] 이는 가구식(架構式) 건축구조의 발달을 이끌었으며,
건물 지붕에 기와를 올릴 수 있는 기술적 바탕이 되었을 것으로 추정된다.

　이 시기에 발생한 군사적 충돌은 갈등을 야기하기도 하지만 말갈과 그
배후에 있는 낙랑 등 중국 문화권과 여러 경로로 문화적으로 접촉하는 계
기가 되기도 한다.[41] 당시 중국은 후한(後漢, AD25~220) 대에 해당하며,
기와 제작기술 측면에서 보면 이미 전한 초에 출현한 와통을 사용한 제작
기술과 점토판 사용 등 선진적인 기술을 보유하고 있었다. 그렇지만 이러
한 기술이 백제에까지 직접 전달되지는 않은 것으로 판단되며, 도공(陶工)
이 기와 제작에 참여하면서 와통을 사용하지 않고, 점토띠를 사용하는 토
기 제작 기술이 접목된 초기 기와 제작 기술이 자생적으로 나타난 것으로
생각된다. 한편 중국 한(漢)대의 수막새 문양은 와낭면을 4구획한 도교적
인 성격의 운문(雲文) 등이 유행하였는데, 국경을 직접 맞대고 있던 고구려
와는 밀접한 영향 관계가 가능하지만, 백제 지역에서는 토착적이고 비종
교적인 백제문화의 내용을 문양 구획 방식이라는 틀에 담아낸 백제의 고
유한 문양들이 막새에 표현되었다고 생각한다. 자연을 모티브로 하는 수

---

39) 신희권, 2001, 「한강유역 1~3세기 주거지 연구」, 서울대학교 석사학위논문,
　　pp.51~63.
40) 국립문화재연구소, 2014, 『한성백제 건축유적 유형분류와 복원연구』, p.11;
　　이승연·이상해, 2007, 「철기시대 여자형·철자형 및 한성백제기 육각형 주거
　　지의 평면과 구조 형식에 관한 연구」, 『건축역사연구』 제16권 4호, pp.49~55.
41) 최몽룡, 2006, 「통시적으로 본 한강유역의 통상권」, 『최근의 고고학 자료로 본
　　한국고고학·고대사의 신연구』, 주류성출판사.

지문 계열의 문양이나 초화문, 방사문이나 거치문 같은 기하학적인 문양들은 2세기 무렵 백제 기와 발생 초기 단계의 자생적인 양상을 여실히 보여준다.

신라는 아직 이 시기에 제작된 기와의 존재를 입증할 고고학적 실물 자료는 확인된 것이 없지만 삼국사기 신라본기 지마이사금 11년(AD122) 기사에 "11년 여름 4월에 강한 바람이 동쪽으로부터 불어와 나무를 꺾고 기왓장을 날리다가 저녁이 되어서야 그쳤다."[42]는 내용이 분명히 기록되어 있음을 주목해야 한다. 따라서 향후 발굴조사 성과에 따라 백제 등 주변 국가와의 교류에 영향을 받아 제작된 이른 시기의 기와가 확인될 가능성은 열려 있다고 볼 수 있다. 또한 역으로 이러한 2세기 대 기와에 대한 직접적인 기록의 존재는 간접적으로나마 같은 시기 백제 지역에서 자생적으로 제작된 기와가 사용되었을 가능성을 뒷받침하는 내용이라고 생각한다.

6) III기(3세기 후반~4세기 후반)

초고왕 23년(188) 기사 이후 약 100년이 지난 책계왕 1년(286)에는 "…위례성을 보수"[43]하였다는 기사가 나온다. 비류왕 30년(333)에는 "가을 7월에 대궐을 수리"[44]하였으며, 근초고왕 26년(371)에는 "도읍을 한산으로 옮겼다."[45]고 한다. 침류왕 2년(385)에는 "봄 2월에 한산에 절을 창건"[46]하였다고 기록되어 있다.

---

42) 『삼국사기』 권1 신라본기 1 지마이사금 11년 "夏四月, 大風東來, 折木飛瓦, 至夕而止."
43) 『삼국사기』 권24 백제본기 2 책계왕 원년 "葺慰禮城."
44) 『삼국사기』 권24 백제본기 2 비류왕 30년 "秋十月, 修宮室."
45) 『삼국사기』 권24 백제본기 2 근초고왕 26년 "移都漢山"

이 시기는 중국을 오랫동안 지배하였던 통일왕조인 한(漢)이 멸망하고, 위(魏), 촉(蜀), 오(吳) 삼국이 병립하는 시대를 거쳐 서진(西晉)과 동진(東晉)으로 이어지는 분열의 시대다. 이 무렵 북쪽의 고구려는 한사군 설치 이후 오랜 시간동안 한반도에 남아 있던 낙랑을 압박하면서 남하하고 있었으며, 백제는 3세기 중반 고이왕 대에 낙랑, 신라와 충돌하면서 세력을 키워 나가는 한편, 팽창하는 고구려의 남하를 저지하기 위해 책계왕 1년(286) 아차성(阿且城)과 사성(蛇城)을 보수하는 등 방비에 힘썼다. 위의 '위례성 보수' 기사는 이러한 당시 상황을 배경으로 이해할 수 있다.[47]

이 시기는 중국 중원을 장악한 위(魏)와 고구려[48], 낙랑과 백제[49], 고구려와 대방, 백제 사이의 충돌[50] 등 국경을 맞댄 여러 나라들 간의 접촉이 잦았지만 한편으로는 비군사적인 인적 접촉을 통한 문화 교류도 활발하게 이루어졌다는 것은 이 시기 백제 유적에서 출토되는 적지 않은 수량의 중국계 유물을 통해 충분히 짐작된다. 중국 삼국시대의 동오(東吳, 229~280)에서 서진(西晉, 265~316) 대에 유행하던 전문도기(錢文陶器)가 백제로 수입되었다는 것은 풍납토성에서 출토된 다량의 시유대호(施釉大壺)를 통해 입증되며, 이것과 궤를 같이 하여 전문이 백제 한성기 수막새의 대표 문양으로 채택되었다는 것이 학계의 일반적 견해이다.

4세기 초에는 낙랑이 멸망하여(AD313) 한반도에서 중국 세력이 완전

---

46) 『삼국사기』 권24 백제본기 2 침류왕 2년 "春二月, 創佛寺於漢山."
47) 『삼국사기』 권24 백제본기 2 責稽1年, "王慮其侵冠, 修阿旦城 蛇城備之."
48) 『삼국사기』 권24 백제본기 2 古爾13年, "魏幽州刺史毌丘儉與樂浪大守劉茂 朔方大守王遵, 伐高句麗"
49) 『삼국사기』 권24 백제본기 2 古爾13年, "王乘虛, 遣左將真忠, 襲取樂浪邊民"
50) 『삼국사기』 권24 백제본기 2 責稽1年, "高句麗伐帶方, 帶方請救於我 … 遂出師救之."

히 축출되며, 중국 중원지역은 서진(西晉, 265~316)이 북방세력에 의해 밀려나면서 동진(東晉, 317~420)이 세워지며, 북위(北魏, 386~534)가 그 자리를 대신하는 위진남북조시대(魏晉南北朝時代)가 열린다. 이 시기 백제는 근초고왕 대에 이르러 고구려를 격파하여 영토를 확장하였으며, 도읍을 한산(漢山)으로 옮기는 등 전성기를 맞이한다. 대외적으로는 동진과의 잦은 교류를 통해 중국 남방의 육조문화(六朝文化)를 적극적으로 받아들이게 된다. 이때 중국에서 전해진 대표적인 문화는 침류왕 원년(384) 동진의 호승(胡僧) 마라난타가 전해 준 불교이다. 이듬해 한산에 불사(佛寺)가 세워졌다. 풍납토성에서 출토된 연화문수막새는 불교가 전래되고, 사원 건축물이 세워지는 당시의 시대적 배경 아래에서 제작된 것으로 사료된다. 4세기 말 이후 한성 지역에서 제작되기 시작한 연화문수막새는 이후 웅진~사비기를 거치며 백제 수막새의 대표 문양이 된다.

7) Ⅳ기(4세기 말~5세기 중후반)

진사왕 7년(391)에는 "봄 정월에 궁실을 (다시) 중수"[51]하였으며, 비유왕 3년(429) "11월에 지진이 발생하고, 큰 바람이 불어 기와가 날았다."는 기사에서 비로소 기와[瓦]라는 단어가 등장한다. 백제 한성기 건축 관련 마지막 기사는 개로왕 21년(475) "백성을 모조리 징발하여, 흙을 쪄서 성을 쌓고, 그 안에는 궁실, 누각, 사대를 지으니 웅장하고 화려하지 않은 것이 없었다."[52]는 내용이다.

---

51) 『삼국사기』 권25 백제본기 3 진사왕 7년 "春正月, 重修宮室."
52) 『삼국사기』 권25 백제본기 3 개로왕 21년 "盡發國人, 烝土築城, 即於其內作宮, 樓閣, 臺榭, 無不壯麗."

이 시기의 백제는 궁실을 새로 짓고, 정원을 꾸미는 등 건축 문화적으로 융성한 시기를 보내고 있었지만 대외적으로는 광개토대왕 즉위 이후 급격히 강성해진 고구려와의 잦은 전쟁으로 영토를 잠식당하면서 많은 어려움을 겪었다. 당시 중국은 남방에 동진(東晉, 317~420)에서 유송(劉宋, 420~479)으로 이어지는 남조문화가 발달하였으며, 북방에는 북위(北魏, 386~534)가 자리 잡고 있는 남북조시대(南北朝時代)였다. 백제는 동진과 유송에 연이어 사신을 보내면서 중국 남조와의 관계를 계속 유지하고 있었으나 북조와의 관계는 정치적으로 순탄치 않았으며, 결국 개로왕 21년(475) 장수왕의 침입으로 한성이 함락되었다. 비록 정치적으로는 도읍을 잃을 정도로 많은 타격을 받았지만 백제는 중국과 활발히 통교하면서 선진문화를 받아들였다. 기와 제작 기술면에서는 5세기를 전후로 와통이라는 새로운 기와 전용 제작도구가 도입되면서 이전과는 전혀 다른 방식으로 기와를 생산할 수 있게 되었다.

와통의 도입은 종전의 기와 생산 체제가 제작도구나 인적 구성 면에서 토기 제작 기술에 기반을 두고 있던 것에서 토기와는 다른 성격의 표준화되고, 규격화되고, 효율적면서도 독자적인 기와 생산 기술과 체계를 발전시켜 나갈 수 있는 계기가 되었다. 인적인 면에서 기와 생산 주체는 와공(瓦工)이라는 새로운 직업 집단이 생기게 되었으며 도공에서 와공으로 전환되는 시기를 맞이한다. 또한 와통 도입보다는 다소 시기가 늦지만 와통으로 기와를 제작하기에 적합한 점토판 형태로 바탕흙을 미리 준비하기 위해 긴 네모꼴의 입방체(立方體)인 흙담을 쌓는 공정이 추가되면서 작업 속도를 배가시키는 동시에 점토띠 방식에 비해 구조적으로 훨씬 단단한 기와를 생산할 수 있게 되었다. 나아가 이러한 기와 제작 기술의 발전은 이후 사회 조직의 발전과 건축 기술의 발달에 부응하는 기와의 대량 생산 체제를 가능하게 하였다. 이 시기에 와통으로 제작된 기와는 수면문1과 수면문2 수막새가 대표적이다.

이상의 내용을 정리하고, 각 시기별 특징을 요약하면 다음과 같다.

표 36. 한성시기 수막새의 발전단계 및 편년

분기	연대	내용
Ⅰ: 맹아기(萌芽期)	기원전후~2C 전반	기와를 지붕 전면에 올릴 수 있는 건축기술의 지속적 발전
Ⅱ: 자생기(自生期)	2C 후반~3C 전반	토기 기술과 고유 문양이 융합된 자생적인 백제 수막새 등장
Ⅲ: 도입기(導入期)	3C 후반~4C 후반	활발한 교류로 전문, 연화문 등 다양한 중국계 막새 문양 도입
Ⅳ: 전환기(轉換期)	4C 말~5C 중후반	와통 사용방식 도입으로 제작 기술과 생산 체제 전면적 혁신

2. 웅진시기

웅진시기(475~538)는 63년간 현재의 충남 공주시 일원에 도읍이 있던 시기이다. 이 시기는 한성이나 사비시기에 비해 기간이 짧기 때문에 유적의 수나 출토 유물의 양이 상대적으로 적은 편이다. 웅진시기의 기와가 출토되는 유적은 당시의 도성으로 추정되는 공주 공산성이 가장 대표적이며, 국가 제사를 지내던 공주 정지산 유적과 불교 사원인 공주 대통사지에서도 이 시기의 기와가 출토되고 있다.[53]

---

53) 위 3개 유적 외에도 공주 지역에서는 오인리 산성, 신원사, 서혈사지, 주미사지, 산성동 일원 등에서도 백제 수막새가 확인되지만 그 시기는 모두 사비시기

웅진시기 수막새 관련 연구는 일찍이 1970년대에 시작되었다.[54] 하지만 아직 발굴조사 성과가 미비하고, 출토지가 불분명한 상태에서 연구가 이루어져 웅진시기와 사비시기의 구분을 명확하게 하지 못했던 한계가 있다. 1980년대부터 공산성 발굴조사가 시작되고 출토 자료가 나오기 시작하면서 웅진시기 수막새 연구가 본격화되었다. 당시 공산성 출토 자료를 다룬 연구[55]에서는 추정 왕궁지 출토 연화문수막새 47점을 5가지 형식 및 기타로 나누어 사비시기 유적에서는 확인되지 않는 1~4형식 연화문수막새 35점을 웅진시기로 파악하였다. 이 35점의 수막새는 본 연구의 형식 분류 체계에서는 융기형(A)에 해당한다. 2000년대에는 공산성과 더불어 웅진시기 수막새 연구의 중요 유적 중 하나인 대통사지 출토 수막새 관련 연구가 이루어졌다.[56] 2010년대를 전후한 시기부터는 웅진시기 수막새 전반을 다룬 학위논문과 연구논문이 계속 나오고 있다.[57]

에 해당한다.

54) 박용진, 1970, 「공주 출토 백제와당에 관한 연구」, 『백제연구』 1, 충남대 백제연구소.

55) 이남석, 1988, 「백제 연화문와당의 일연구」, 『고문화』 32, 한국대학박물관협회.

56) 淸水昭博, 2003, 「백제 대통사식 수막새의 성립과 전개」, 『백제연구38』, 충남대 백제연구소.
조원창·박연서, 2007, 「대통사지 출토 백제 와당의 형식과 편년」, 『백제문화』 36, 공주대 백제문화연구소.

57) 소재윤, 2006, 「웅진·사비기 백제 수막새에 대한 편년 연구」, 『호남고고학보』 22, 호남고고학회.
최은영, 2010, 「백제 웅진시기 연화문와당에 대한 일고찰」, 공주대학교 석사학위논문.
최인선, 2010, 「웅진시기 백제 기와의 특징과 성립 과정」, 『한국기와학회 학술대회 발표자료집』 7, 한국기와학회
이희준, 2013, 「백제 수막새 기와의 속성 분석」, 공주대학교 석사학위논문.

현재까지의 발굴조사 및 연구 성과에 따르면 웅진시기 수막새의 문양은 전문, 수면문, 연화문 등 10가지가 넘는 한성시기 수막새의 다양한 문양이 모두 사라지고 오직 연화문 한 종류만 확인된다. 연화문을 표현하는 방식도 웅진시기에는 선각(線刻)을 위주로 나타내는 평면적인 조형의 한성시기 방식 사라지고 연꽃을 더욱 사실적이고 입체적으로 표현한 점이 특징이다. 웅진시기에 확립된 이와 같은 표현 방식은 사비시기에도 계승되어 백제 연화문수막새의 전형을 이룬다.

웅진시기 연화문수막새는 융기형과 원형돌기형의 2가지 유형이 있다. 본 논문의 연화문 분류 체계에 따르면 융기형은 A유형, 원형돌기형은 C유형에 해당한다. 자방(子房)은 모두 연판(蓮瓣)보다 높은 볼록한 형태이다. 막새와 수키와를 접합하는 방식은 한성시기에 주로 사용되었던 원통형 수키와를 막새와 접합한 후 수키와를 세로로 갈라[半切] 막새와 분리하는 방식이 사라지고 원통형 수키와를 세로로 반절하여 수키와를 완성한 뒤 막새와 접합하는 방식으로 통일되었다.

본 연구에서는 이상의 웅진시기 수막새에 나타나는 공통 속성을 전제로 연판 수, 막새 지름, 자방 크기, 연판 형태, 판단(瓣端) 장식, 연자(蓮子) 배치, 주연(周緣) 너비, 색조 등의 속성을 중점적으로 살펴보고자 한다.

1) 형식

웅진시기 연화문수막새는 연판이 점차 솟아오르는 융기형과 연판 끝에 둥근 장식이 달린 원형돌기형의 2가지 유형이 있다. 융기형(A)은 연판

이병호, 2018, 「공주 지역 백제 수막새의 특징과 계통」, 『백제문화』 58, 공주대 백제문화연구소.

수, 자방 크기, 연판 형태, 판단 장식, 연자 배치 등에 따라 4가지 형식이 있다. 원형돌기형(C)은 연자 배치에 따라 2가지 형식이 있다. 형식 분류의 내용은 아래와 같다.

A. 융기형

연판 끝부분이 점차 솟아오르는 형태로 연판 수, 자방 크기, 연판 형태, 연판 융기 높이, 연자 배치 등에 따라 4형식으로 구분된다.

Ⅰ식: 8엽, 넓은 자방, 타원형 연판, 높은 융기, 연자(1+8과), 넓은 주연

Ⅱ식: 8엽, 넓은 자방, 타원형 연판, 중간 융기, 연자(1+8과), 넓은 주연

Ⅲ식: 8엽, 좁은 자방, 부채꼴 연판, 낮은 융기, 연자(1+8과), 넓은 주연

Ⅳ식: 10엽, 넓은 자방, 타원형 연판, 높은 융기, 연자(1+10과), 넓은 주연

C. 원형돌기형

연판 끝이 둥근 돌기처럼 말린 형태로 연자 배치에 따라 2형식으로 구분된다.

Ⅰ식: 8엽, 좁은 자방, 부채꼴 연판, 원형 돌기, 연자(1+6과), 좁은 주연

Ⅱ식: 8엽, 좁은 자방, 부채꼴 연판, 원형 돌기, 연자(1+8과), 좁은 주연

I 식(공산성)   II식(공산성)

III식(공산성)   IV식(공산성)

C 원형돌기형

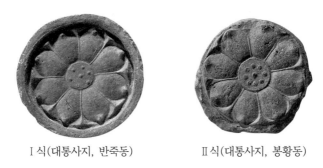

I 식(대통사지, 반죽동)   II식(대통사지, 봉황동)

사진 13 웅진시기 연화문수막새 문양 형식

표 37. 웅진시기 연화문수막새의 형식 　　　　　　　　　　　　　　　(단위 ㎝)

연번	형식	연판수	직경	자방	연자	주연폭	접합	배면	색조	소성도	정선도
1	AⅠ	8	18.5	5.7	1+8	1.5	A	물손질	적갈/흑회	하	하
2	AⅡ	8	17.5	4.9	1+8	1.2	A	물손질	적갈/흑회	하	하
3	AⅢ	8	15.7	3.2	1+8	1.5	A	물손질	회색	상	상
4	AⅣ	10	18.0	5.5	1+10	1.6	A	물손질	암회	중	중
5	CⅠ	8	13.5	2.9	1+6	0.8	C	회전	회색	중	상
6	CⅡ	8	13.5	3.3	1+8	0.9	A	물손질	회색	상	중

2) 형식별 검토

(1) 융기형(A)

① AⅠ식

연판 수는 8엽이며, 연판 내부에 아무런 무늬가 없는 소문(素文)이다. 자방 지름(5.7㎝)이 연판 길이(4.2㎝)보다 길고, 연판 평면이 타원형이다. 연판이 자방에서 판단까지 높게 올라간다. 사잇잎[間葉]은 역삼각형이며, 자방에 1+8과의 굵은 연자가 있다. 주연 너비는 1.5㎝ 내외로 넓은 편이다. 지름 18.5㎝이며, 적갈색과 흑회색으로 소성되었다. 공산성 추정 왕궁지 내 목곽고(木槨庫)와 석축 연못[池], 기타 지역에서 총 3점 출토되었다.

② AⅡ식

연판 수는 8엽이며, 연판 내부에 아무런 무늬가 없는 소문이다. 자방 지름(5㎝ 내외)이 연판 길이(4.5㎝ 이하)와 거의 같아지며, 연판 평면은 타원형이다. 연판이 자방에서 판단까지 완만하게 올라가다가 끝부분에서 약간 접히는 형태이다. 사잇잎은 역삼각형이며, 자방에 1+8과의 작은 연자가 있다. 주연 너비는 1.5㎝ 내외로 넓은 편이다. 지름 18㎝ 내외이며, 적갈색과 흑회색으로 소성되었다. 공산성 추정 왕궁지 내 건물지에서 2점, 목곽고에서 2점, 석축 연못에서 6점, 기타 지역 1점으로 총 11점 출토되었다.

③ AIII식

연판 수는 8엽이며, 연판 내부에 아무런 무늬가 없는 소문이다. 자방 지름(3㎝ 이상)이 연판 길이(4㎝ 내외)보다 작아지며, 연판이 아래가 좁고, 위가 넓은 부채꼴 형태이다. 연판이 주연까지 낮게 융기한다. 'T'자형 사잇잎이 길게 자방까지 이어지며, 좁은 자방 위에 1+8과의 매우 작은 연자가 배치되었다. 주연 너비는 0.6㎝ 내외로 좁은 편이다. 지름 16㎝ 미만이며, 적갈색이 없고, 회색 계통으로 환원 소성되었다. 공산성 추정 왕궁지 내 건물지 출토 1점을 제외한 10점 모두 석축 연못에서 출토되었다.

④ AIV식

연판 수는 다른 개체와 달리 10엽이며, 연판 내부에 아무런 무늬가 없는 소문이다. 자방 지름(5㎝ 이상)이 연판 길이(3~4㎝)보다 길고, 연판 평면이 타원형이다. 연판은 IV식과 같이 자방에서 판단까지 높게 올라간 형태이다. 'T'자형 사잇잎이 길게 자방까지 이어지며 자방에 1+10과의 연자가 있다. 지름 17.3~18㎝이며, 암회색으로 환원 소성되었다. 지름 17.3~18㎝이며, 암회색으로 환원 소성되었다. 공산성 추정왕궁지 내 건물지와 석축 연못에서 총 2점 출토되었다.

(2) 원형돌기형(C)

① CⅠ식

연판 수는 8엽이며, 연판 내부에 아무런 무늬가 없는 소문이다. 자방 지름(3㎝ 이상)이 작고, 연판이 아래가 좁고, 위가 넓은 부채꼴 형태이다. 연판 끝부분에 원형 돌기가 있다. 좁은 자방 위에 1+6과의 연자가 배치되었다. 주연 너비는 0.9㎝ 내외로 좁은 편이다. 지름 13.5㎝이며, 회색으로 환원 소성되었다. 공주시 반죽동 일원 대통사지에서 출토되었다.

② CⅡ식

연판 수는 8엽이며, 연판 내부에 아무런 무늬가 없는 소문이다. 자방 지름(3㎝ 이상)이 작고, 연판이 아래가 좁고, 위가 넓은 부채꼴 형태이다. 연판 끝부분에 원형 돌기가 있다. 좁은 자방 위에 1+8과의 연자가 배치되었다. 주연 너비는 0.9㎝ 내외로 좁은 편이다. 현재지름은 11.0㎝이지만 주연부(周緣部)가 남아 있는 동범(同范) 수막새의 지름은 13.5㎝ 내외이다. 회색으로 환원 소성되었다. 공주시 봉황동 일원 대통사지에서 출토되었다.

3) 속성별 검토

(1) 연판 수

웅진시기 연화문수막새의 연판 수는 10엽 형식(AⅣ) 하나를 제외하면 모두 8엽이다. 수막새의 평면 형태는 원형이며, 중심각은 360°이다. 수학적으로 원을 4분할하면 90°이고, 8분할하면 45°의 안정적인 구도가 된다. 웅진시기 이후 제작되는 연화문수막새는 이처럼 원이 가지는 도형의 성질에 따라 8엽 연화문이 기본 도안으로 채택된다. 반면 한성시기 연화문수막새는 6엽을 기본으로 하므로 웅진시기 연화문수막새와 다른 양상이며, 한성시기와 웅진시기 연화문수막새 사이에 가장 큰 차이 중 하나이다. 사비시기 연화문수막새 또한 일부 6엽과 7엽을 제외하면 대부분 8엽 연화문으로 제작되었으며, 신라와 통일신라의 연화문수막새에서도 이러한 양상은 마찬가지이다. 다만 통일신라 말에는 11엽 이상의 연판을 가진 세판(細瓣) 연화문수막새가 새로운 양식으로 나타나면서 고려 초까지 이어진다.

(2) 막새 지름

막새 지름은 한성시기 수막새의 경우 주연부가 밖으로 돌출된 외반형(外反形), 수키와 지름에 비해 넓게 벌어지는 나팔형(喇叭形)의 형태도 보이지만 점차 막새 지름과 수키와 지름이 일치하는 직립형(直立形)이 자리잡게 되므로 결국 수키와의 크기와 관련이 있다.

웅진시기 연화문수막새에서 융기형은 지름 18㎝ 내외의 대형(AⅠ, AⅡ, AⅣ)과 16㎝ 내외의 중형(AⅢ)이 있다. 원형돌기형은 모두 13㎝ 내외의 소형(CⅠ, CⅡ)이다. 연판의 융기가 높은 AⅠ, AⅣ식을 웅진시기 연화문수막새 중 가장 빠른 형식으로 보고 원형돌기형을 융기형 초기 형식인 AⅠ, AⅣ식보다 다소 늦은 형식으로 본다면 막새의 지름은 점차 약 18㎝에서 13㎝ 내외로 작아지는 경향을 보여주는 것으로 생각된다. 후술하겠지만 백제 수막새의 경우 지름 18㎝ 이상인 경우는 드물고, 대체로 지름 13~14㎝ 내외를 기본이라 보았을 때 수키와의 규격이 일정한 방향으로 표준화되어 가는 모습을 보여주는 것으로 생각된다.

건물의 규모에 따라 지붕에 올라가는 기와의 크기가 달라진다고 가정한다면 18㎝ 내외의 수막새는 대형 건물에 사용되었을 가능성이 있다. 공산성 추정 왕궁지 발굴조사 결과를 보면 대형 수막새인 AⅠ, AⅡ, AⅣ식은 석축 연못에서 출토된 비율이 높다. 하지만 석축 연못은 유구의 특성 상 인근 건물지 등에서 유입된 기와가 퇴적되므로 기와의 사용처를 정확히 알기 어렵다.

(3) 자방 크기

자방은 연화문수막새의 중앙에 위치하여 문양의 중심으로 이루므로 연판과 함께 문양의 특징을 이해하는 데 매우 중요한 요소이다. 비록 작은 수치의 차이에 불과하지만 자방 크기의 변화는 문양의 변화에 큰 영향을 끼친다. 특히 막새 지름에서 차지하는 자방 지름의 비율인 자방비(子房比)는 일찍이 많은 연구자들이 주목해왔던 속성 중 하나이다.

웅진시기 연화문수막새에서 원형돌기형(C)은 막새 지름과 자방 지름 간에 약 22% 정도의 일정한 자방비를 보여주지만 융기형(A)은 세부형식 간에 자방비 변화가 나타난다. 대체로 지름 18cm 내외의 대형인 AⅠ, AⅡ, AⅣ식 연화문수막새의 자방 지름은 5cm 내외이고, 연판에서 자방이 차지하는 비중이 28% 내외로 큰 편이다. 지름 16cm 내외의 중형인 AⅢ식은 자방비가 20% 이하로 줄어든다. 이러한 양상은 웅진시기만 놓고 봤을 때 자방비가 일정한 시간성을 나타내는 지표로 사용될 가능성을 보여준다. 하지만 대상 범위를 사비시기까지 확대하면 자방비는 일관된 시간적 방향성을 보여주는 속성이라기보다는 새로운 문양이 도입되고 시도되는 과정에서 비율이 조정되는 요소로 보는 것이 합리적으로 생각된다.

(4) 연판 형태

웅진시기 연화문수막새 연판 낱장의 평면 형태는 타원형과 부채꼴형으로 구분하였다. 부채꼴형은 중심각이 360°인 원을 8분했을 때 자연스럽게 나오는 원주각 45°의 연판 형태이다. 연판이 타원형인 것은 연판의 끝,

즉 연판 후반부의 너비가 줄어드는 것을 의미하는데, 연판의 입체감을 강조하기 위해 연판을 후반부로 갈수록 높게 솟아오르도록 디자인하여 연판 끝이 타원형을 이루기 때문이다. 연판 끝의 융기가 높은 AⅠ, AⅡ, AⅣ에 해당한다.

웅진시기에 고안된 융기형은 사비시기에 크게 유행하지는 못하였다. 함께 웅진시기에 출현하여 사비시기까지 널리 사용되었던 원형돌기형을 비롯하여 사비시기 연화문수막새의 표현 방식이 연판 끝의 변화를 중심으로 발전하였기 때문으로 생각된다. 하지만 백제 연화문수막새의 문양은 연판 끝의 변화에만 한정되었던 것은 아니고 연판 전체의 형태가 변화하는 융기형은 사비시기에도 계속 디자인으로 사용되었다. 또한 연판 전체의 형태 변화를 추구한다는 측면에서 사비시기에 출현한 능각형도 연판 형태가 타원형이므로 두 형식 간에 연관성을 보여준다.

(5) 연자 배치

연자는 자방 안에 감추어진 씨앗을 나타낸 문양 요소이다. 대개 중앙에 하나의 원으로 표현된 씨앗 1과(顆)를 중심으로 주위에 동심원상의 구슬무늬(珠文)가 배치된 문양이다. 웅진시기 연화문수막새의 연자 배치는 연판이 8구획을 기본으로 디자인되듯이 1+8과가 기본이며, 1+6과도 있다. 연자의 위치는 연판을 8분할로 구획하는 선[瓣間界線] 상에 있거나 이 계선과 엇갈리도록 연판의 중심종선(中心縱線) 상에 두는 2가지 방식이 있다. 사비시기에는 4의 배수인 1+4과, 1+8과 외에도 1+5, 1+7 등 주위 연자의 수가 홀수인 경우도 다수 확인된다. 그럼에도 불구하고 시기를 막론하고 연자 배치는 1+8과가 기본이다.

(6) 주연 너비

주연 너비는 크게 1.5㎝ 내외의 넓은 주연과 1㎝ 미만의 좁은 주연으로 나눌 수 있다. 융기형은 1.5㎝ 내외의 넓은 주연을 가지고 있으며, 원형돌기형은 0.9㎝ 내외의 좁은 주연을 가졌다. 이와 같은 차이는 막새와 수키와를 접합하는 방식에 기인한다. 접합되는 수키와 두께와 같은 넓은 주연의 수막새는 수키와 끝부분[端部]이 수막새 상면은 완전히 덮어 주연부를 이루는 방식으로 접합하는 방식을 사용하였다. 원형돌기형에서 CⅠ식은 막새 뒷면의 수키와 접합부를 사선으로 비스듬히 가공하여 수키와와 접합하였으며, CⅡ식은 수키와 끝부분이 수막새 상면을 완전히 덮어 주연부를 이루는 방식을 사용하여 위의 융기형과 공통점이 있다. 웅진시기의 사례만 놓고 보면 수막새를 가공하지 않고 수키와가 주연부를 이루는 방식이 수막새 뒷면을 가공하여 수키와와 접합하는 방식보다 이른 것으로 나타난다. 하지만 대상 범위를 사비시기로 넓히면 수키와와 막새를 접합하는 기법은 시간성을 정확히 반영하기보다는 와공(瓦工)집단의 특성일 가능성이 높다.

(7) 접합방식

막새와 수키와의 접합 방식은 막새의 주연 상반부를 수키와가 덮어 수키와 끝단이 주연을 이루게 하는 방식(A)와 막새 배면 상반부와 수키와 단부 내면의 접합부를 사선으로 깎아 접합하는 방식(C)의 두 가지가 확인된다. 융기형(A)은 4가지 형식 모두 A방식으로 접합하였으며, 원형돌기형은 CⅡ식도 같은 방식으로 접합하였다. CⅠ식은 C방식으로 접합하였는데, 이는 중국 남조의 제작기법에 그 연원이 있는 것으로 알려져 있다.[58]

(8) 배면조정

막새 배면 조정은 와범에 대고 점토에 압력을 가하여 수막새를 성형하면서 불규칙해지는 막새 배면을 정리하는 공정이다. 융기형(A) 4가지 형식과 원형돌기형 CⅡ식은 막새 배면을 물손질하는 방식으로 정면하였고, CⅠ식은 막새를 회전시키면서 배면을 조정하여 차이가 있다. 이와 같은 회전물손질에 의한 배면 조정은 위의 사선 접합 방식과 마찬가지로 중국 남조의 제작기법이 이 시기에 도입된 것으로 보는 견해가 있다.[59]

(9) 색조, 소성도, 정선도

색조는 가마 안에서의 조건과 소성(燒成) 방식에 따라 산화염(酸化焰)은 적갈색 계통의 색조를 띠고, 환원염(還元焰)은 회색 계통의 색조를 나타낸다. 웅진시기 연화문수막새의 색조는 AⅠ식 1점과 AⅡ식 3점을 빼 나머지 개체가 모두 회색 계통의 색조를 띠므로 대체로 환원염 소성을 한 것으로 판단된다.

소성도는 도질에 가까울 정도로 고온 소성되어 매우 단단한 상태를 '상', 비교적 단단하며 손에 태토가 묻어나지 않을 정도를 '중', 손에 태토가 묻어날 정도로 경도가 낮은 상태를 '하'로 구분하였다. 융기형(A) 중 비교적 이른 시기의 AⅠ·Ⅱ의 소성도는 '하'이며, AⅣ는 '중', 가장 늦은 시기의 AⅢ는 '상'으로 위의 태토 정선도와 같은 양상을 보여준다. 원형돌기형(C)은 상대적으로 이른 시기인 CⅡ가 '상', CⅠ은 '중'으로 차이가 있지만 웅진시기 전체를 놓고 볼 때 소성도는 고온 소성으로 단단하게 제작되는 방향

---

58) 淸水昭博, 2003, 「백제 대통사식 수막새의 성립과 전개」, 『백제연구38』, 충남대 백제연구소, p.61.
59) 淸水昭博, 2003, 앞의 글, p.62.

에 있는 것으로 판단된다.

정선도는 사립(沙粒)이 거의 혼입되지 않은 고운 태토를 '상', 약간의 사
립이 섞였지만 비교적 정선된 태토를 '중', 굵은 입자 등이 다량 혼입된 태
토를 '하'로 구분하였다. 융기형(A) 중 비교적 이른 시기인 A I · II의 태토
정선도는 '하'로 비교적 거친 태토이며, AIV가 '중', 가장 늦은 시기의 AIII
는 '상'이다. 원형돌기형(C) 중 상대적으로 빠른 CII식은 '중'이며, C I 식은
'상'으로 융기형과 원형돌기형 모두 시간이 지날수록 태토 정선도가 높아
지는 경향을 보여준다.

3. 사비시기

사비시기 수막새는 왕궁이나 관청, 사찰 등 대부분의 건축 유적에서
출토되고 있다. 사비시기 수막새는 국립부여박물관 주최 특별전과 학술대
회를 계기로 국립부여박물관 소장품을 중심으로 40여 개 유적 출토품에
대한 전반적인 소개가 있었다.[60] 이후 개별 유적 출토 기와에 대한 종합적
인 조사 연구가 이루어지면서 사비시기 수막새 관련 연구를 위한 기초자
료가 마련되고 있다. 국립부여박물관은 일제강점기 자료조사 보고의 일환
으로 2012년부터 2017년까지 5개 유적에 대한 보고서를 발간하였다.[61]

---

60) 국립부여박물관, 2010, 특별전 『백제와전』 전시도록.
　　한국기와학회·국립부여박물관, 2010, 『백제 와전과 고대 동아시아의 문물교
　　류』 국제학술대회.
61) 국립부여박물관, 2012, 『일제강점기 자료조사 보고 6집 부여 군수리사지』.
　　국립부여박물관, 2014, 『일제강점기 자료조사 보고 11집 부여 동남리사지』.

국립부여문화재연구소는 『백제 사비기 기와 연구』라는 제목으로 2009년부터 2014년까지 연구소가 발굴한 부여 지역의 관북리 유적, 군수리사지, 왕흥사지, 정림사지 4개 유적과 익산 지역의 미륵사지, 왕궁리 유적, 제석사지 3개 유적 출토 기와를 종합하여 총 6편의 연구총서를 발간하였다.[62]

본 연구에서는 국립부여박물관 특별전 『백제와전』에 소개된 자료를 기반으로 사비시기 수막새가 출토된 중요 유적 14개소를 선정하였으며, 위의 『일제강점기 자료조사 보고』와 『백제 사비기 기와 연구』에 소개된 10개 유적 자료를 일부 추가하여 사비시기 수막새의 전반적인 특징과 양상을 살펴보고자 한다.

사비시기 수막새는 기본적으로 웅진시기에 이루어진 수막새의 문양과 형태, 제작기술을 계승하고 있다. 다양한 문양을 사용하였던 한성시기와 달리 웅진시기에는 연화문만이 사용되었는데, 사비시기에도 마찬가지로 수막새 문양은 연화문이 주를 이루지만 웅진시기에는 볼 수 없었던 파문(巴文)과 무문(無文) 같은 새로운 문양이 나타난다는 점에서 웅진시기와 차이가 있다. 연화문의 표현 방식도 선각(線刻)을 위주로 하는 평면적인 조형의 한성시기와는 다르게 사실적이고 입체적인 웅진시기의 표현방식이 그대로 계승된다. 연화문의 구성은 하나의 꽃잎으로 이루어진 단판(單瓣)과

국립부여박물관, 2015, 『일제강점기 자료조사 보고 15집 부여 정림사지』.
국립부여박물관, 2016, 『일제강점기 자료조사 보고 19집 부여 구아리사지』.
국립부여박물관, 2017, 『일제강점기 자료조사 보고 24집 부여 부소산사지』.
62) 국립부여문화재연구소, 2009, 『백제 사비기 기와 연구 Ⅰ』.
　　국립부여문화재연구소, 2010, 『백제 사비기 기와 연구 Ⅱ』.
　　국립부여문화재연구소, 2011, 『백제 사비기 기와 연구 Ⅲ』.
　　국립부여문화재연구소, 2012, 『백제 사비기 기와 연구 Ⅳ』.
　　국립부여문화재연구소, 2013, 『백제 사비기 기와 연구 Ⅴ』.
　　국립부여문화재연구소, 2014, 『백제 사비기 기와 연구 Ⅵ』.

연판 내에 아무런 무늬가 없는 소문(素文)이 중심이다. 유형별로 보면 웅진 시기에 나타난 융기형(A)과 원형돌기형(C) 연화문수막새는 사비시기에도 계속 사용된다. 융기형은 웅진시기에 나타난 4가지 형식과 동일한 문양이 사비시기에 확인되지 않지만 이를 계승한 새로운 형식이 나타난다. 원형 돌기형은 웅진시기에 나타난 2가지 형식과 동일한 문양의 수막새가 부여 지역의 사비시기 유적에서도 확인되어 직접적인 계승 관계를 보여준다. 연화문의 표현 방식도 단판 소문에서 벗어나 연판이 능각(稜角)을 이루거 나 능선(稜線)이 생기기도 하며, 연판 내에 꽃술이나 인동문 같은 장식이 베풀어지는 변화를 맞게 된다. 또한 연판의 구성에서도 하나의 꽃잎으로 이루어진 단판이 아닌 겹꽃잎의 복판(複瓣) 연화문이나 연꽃을 중첩시켜 표현한 중판(重瓣) 연화문 같은 새로운 표현 방식이 나타난다.

1) 형식

사비시기 수막새 문양 종류는 크게 연화문, 파문, 무문의 3종이 있다. 연화문은 연판 구성에 따라 단판, 복판, 중판으로 분류되며, 단판은 내부 문양 유무 및 형태에 따라 소문, 유능, 유문으로 구분되며, 10개의 유형으 로 나눌 수 있다.

표 38. 사비시기 수막새 형식

문양 종류	연판			사진
	구성	내부문양	유형	
연화문 (蓮花文)	단판 (單瓣)	소문 (素文)	융기형(A)	
			첨형(B)	
			원형돌기형(C)	
			삼각반전형(D)	

문양 종류	연판			사진
	구성	내부문양	유형	
연화문 (蓮花文)	단판 (單瓣)	소문 (素文)	곡절형(E)	
			원형(F)	
		유능(有稜)	능각형(G)	
			능선형(H)	

문양 종류	연판			사진
	구성	내부문양	유형	
연화문 (蓮花文)	단판 (單瓣)	유문 (有文)	꽃술문(I)	
			인동문(J)	
	복판(複瓣)			
	중판(重瓣)			

문양 종류	연판			사진
	구면	돌대선	중심돌기	
파문(巴文)	평면	가늚		
		굵음		
	볼록			
	능각			
	변형		화형장식	

문양 종류	연판			사진
	구성	내부문양	유형	
무문(無文)				

2) 형식별 검토

(1) 융기형(A)

융기형은 연판 끝부분의 변화보다는 연판이 전체적으로 자방에서 끝으로 갈수록 점차 솟아오르는 형식이다. 융기형 연화문수막새는 웅진시기 공주 공산성 내 추정 왕궁지에서 처음 나타났다. 총 4가지 형식(I ~IV)이 확인되며, 사비시기에는 같은 형식의 연화문수막새가 확인되지 않으므로 5세기 말에서 6세기 초인 웅진시기 말까지 사용된 것으로 판단된다.

사비시기에는 웅진시기의 4가지 형식은 사라지고 새로운 형식의 융기형 연화문수막새가 나타났다. 부여 관북리 백제 추정 왕궁지를 비롯하여 사찰 유적인 부여 동남리사지, 부소산사지에서 출토되었으며, 부여 능산리사지에서는 3가지 형식이 확인되어 사비시기의 융기형 연화문수막새는 총 6가지 형식(V ~X)으로 구분된다.

AV식의 연판은 8엽이며, 돌출된 자방 아래에서부터 연판 끝까지 자연스럽게 올라가는 형식이다. 연판 끝부분은 부드러운 세모꼴로 마감되었

| Ⅴ식(능산리사지) | Ⅵ식(관북리 유적) | Ⅶ식(능산리사지) |

사진 14　사비시기 융기형 연화문수막새의 형식

다. 넓고 편평하게 돌출된 자방 위에 1+8과의 연자가 있다. 자방과 연판의 비율이나 부드럽고 자연스럽게 처리된 연판이 생동감을 주어서 타 형식에 비해 훨씬 세련되고 정제된 면모를 보여준다. 다소 투박한 느낌의 웅진시기 문양에서 벗어나 사비시기에 새로 창안된 융기형 연화문수막새이다. 부여 능산리사지에서만 41점 출토되었으며, 567년 사원 내에 목탑이 세워질 무렵인 6세기 중엽 능산리사원의 창건과 함께 출현한 양식으로 판단된다.

AⅥ식의 연판은 8엽이며, 연판의 폭이 좁고 긴 형태이고 사잇잎[間瓣]이 크게 돌출된 것이 특징이다. 연판 끝부분은 AⅤ식과 마찬가지로 세모꼴로 마감되어 유사성이 있으나 사잇잎이 크고 연판이 좁아 연판의 평면 형태는 장타원형에 가깝다. 넓고 편평하게 돌출된 자방 위에 1+8과의 굵은 연자가 놓여 있다. 부여 관북리 유적에서 출토되었다.

AⅦ식의 연판은 8엽이며, 끝이 둥근 연판이 밋밋하게 올라가는 형식이다. 넓고 편평하게 돌출된 자방 위에 1+7과의 작은 연자가 있다. 자방이 넓고 연판이 짧기 때문에 연판의 평면 형태는 둥근 편이다. 태토는 모래가

Ⅷ식(동남리사지)   Ⅸ식(능산리사지)   Ⅹ식(부소산사지)

일부 섞여 거친 편이며, 표면에 마모가 심하다. 접합 수키와의 문양은 사격자문, 선문, 무문 세 종류이며, 막새 배면 상단부와 수키와를 사선으로 잘라 접합하였다. 연판 끝부분에 삼각반전형의 돌기가 관찰되기도 한다. 부여 능산리사지에서 19점 출토되었다. 능산리사원 창건와(創建瓦)인 삼각반전형 연화문수막새보다는 늦은 6세기 말경의 퇴화형식으로 판단된다.

AⅧ식의 연판은 8엽이며, 둥근 연판이 낮게 융기한 형식이다. 사잇잎이 커서 연판이 좁아져 평면 형태는 타원형이다. 돌출된 자방에 1+6과의 굵은 연자가 배치되었다. 연판 끝에 돌기는 없지만 봉긋하게 솟아오르는 형태이므로 원형돌기식과도 연관이 있는 것으로 보인다. 부여 동남리사지에서 출토되었다.

AⅨ식의 연판은 8엽이며, 자방이 평면적이고, 끝이 둥근 연판이 높게 융기된 형식이다. 1조의 돌선으로 원권을 두른 자방 안에 1+7과의 연자가 있다. 웅진시기 공산성 추정 왕궁지에서 확인된 융기형 연화문수막새와 유사한 형태이다. 공산성식이 대체로 자방이 크고, 돌출된 형태임에 비해 상대적으로 자방이 작고, 평면적이어서 변화를 보여준다. 수키와와의 접

합기법은 수키와 끝부분이 주연 상부를 덮는 방식으로 공산성에서 확인된 융기형 연화문수막새 AI~IV식 및 대통사지의 원형돌기형 연화문수막새 CII식과 같다. 부여 능산리사지에서 21점 출토되었다. 연판의 형태와 접합기법 등에서 공산성식을 계승하고 있으며, 자방 형태와 연자 배치는 후대의 특징을 보여주므로 능산리사원 창건 이후인 6세기 후반 공산성식 수막새의 기술을 계승한 와공(瓦工) 집단이 제작한 것으로 보인다.

AX식의 연판은 8엽이며, 자방이 평면적이고, 끝이 둥근 연판이 높게 융기된 형식으로 AIX식과 유사하지만 연자 배치는 1+8과로 차이가 있다. 수키와와의 접합기법도 AIX식처럼 수키와로 주연 상부를 덮는 방식으로 웅진시기의 제작 전통을 계승하고 있다. 연판 내부에 방사상(放射狀)의 침선 장식이 보이므로 능선형으로 이어지는 융기형의 가장 마지막 단계로 생각된다. 부여 부소산사지에서 출토되었다.

(2) 첨형(B)

첨형은 연판 끝이 뾰족한 형태이거나 연판 끝에 침선(針線)이 있는 형식이다. 첨형은 웅진시기에는 없던 새로운 형식으로 부여 관북리 유적, 부소산성과 사찰 유적인 부여 용정리사지, 정림사지, 구아리사지, 동남리사지, 군수리사지, 능산리사지, 왕흥사지, 금강사지 등 여러 유적에서 출토되었다. 첨형은 크게 연판 형태와 연판 끝의 표현 방식 등에 따라 4가지 형식(BI~IV)으로 구분되며, 세부 속성의 차이에 따라 다양한 세부 형식이 있다.

BI식의 연판은 8엽이며, 둥글고 볼륨 있는 연판 끝에 첨형 장식이 있는 형식이다. 둥근 연판 사이로 마름모꼴 사잇잎[間瓣]이 두드러진다. 돌출된 자방 위에 1+6과의 굵은 연자가 배치되었다. 정선된 태토이며, 회색 경질 소성되었다. 둥근 연판과 마름모꼴 사잇잎 등 무령왕릉 출토 연화문전의 연꽃무늬와 많은 공통점을 갖추고 있어서 제작 연대를 웅진시기로 보는 견해도 있지만 웅진시기 수막새 중에서는 아직 첨형양식이 발견되지 않아 직접 연관시키기는 어렵고 사비시기에 제작된 것으로 보는 것이 합리적이다. 부여 용정리사지에서 출토되었다.

BⅠ-1식과 유사한 형식의 수막새는 부여 관북리 유적에서도 확인된다. 연판의 형태와 마름모꼴 사잇잎 등은 같지만 자방 내에 1+7과의 연자가 배치된 점이 다르다. 또한 연판 상부가 눌린 흔적과 산화 소성되어 적갈색을 띠는 점 등에서 BⅠ식과 차이가 나므로 아형식(亞形式)인 BⅠ-1식으로 구분하였다.

BⅡ식의 연판은 8엽이며, 뾰족한 연판 끝에 짧고 날카로운 침선이 장식된 형식이다. 연판은 볼륨이 낮으며, 원권(圓圈)이 있고 돌출된 작은 자방 위에 1+4과의 굵은 연자가 배치되었다. 부여 정림사지와 이른 시기의 유적인 구아리사지에서 출토되었다. 이른바 '대통사식' 수막새의 연판 끝부분 장식이 원형에서 침선형으로 변화한 것으로 생각되며, 그 연대는 사비천도 이후인 6세기 중엽으로 추정된다.

BⅡ-1식은 연판 끝의 침선을 BⅡ식에 비해 보다 길고 굵은 양각선(陽刻線)으로 표현하여 뾰족한 형태가 보다 강조된 형식이다. 1조의 돌선으로 원권(圓圈)을 두른 평면적인 자방에 1+8과의 연자가 배치되었다. 부여 정림사지에서 출토되었다. BⅡ식이 부여 정림사지와 구아리사지에 국한된 것에 비해 이 형식은 출토 유적의 범위가 부여 부소산성 및 사찰 유적인 부여 구교리사지, 군수리사지, 동남리사지, 동남리 전 천왕사지, 왕흥사지 등으로 확산되는 양상을 보여준다. BⅡ식에 비해 약간 늦은 파생형으로 보았으며, 하위 형식인 BⅡ-1식으로 분류하였다.

BⅡ-2식은 연자 배열만 1+7과로 다를 뿐 BⅡ-1식과 동형관계에 있는 형식이다.

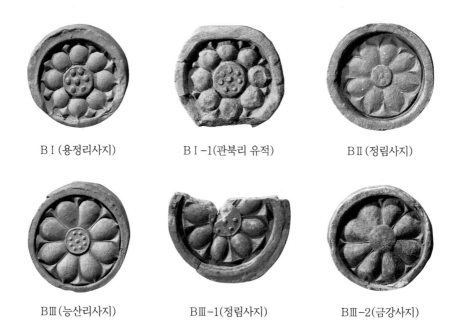

BⅠ(용정리사지)   BⅠ-1(관북리 유적)   BⅡ(정림사지)

BⅢ(능산리사지)   BⅢ-1(정림사지)   BⅢ-2(금강사지)

사진 15 사비시기 첨형 연화문수막새의 형식

BⅡ-3식은 연판 끝에 길고 굵은 침선이 있는 BⅡ-1·2식의 특징을 공유하며, 몇 가지 면에서 차이가 있다. 돌출된 자방 위에 1+8과의 높은 연자가 배치되고, 자방 주위에 구(溝)를 두어 연판과 분리되었으며, 연판 사이에 1~2조의 판간계선(瓣間界線)이 연판 주위를 감싸듯이 뚜렷하고, 연판에 능각(稜角)이 나타나는 점에서 차이가 있다. BⅡ-1·2식에 비해 늦은 형식으로 부여 구아리사지에서만 확인된다.

BⅢ식의 연판은 8엽이며, 둥근 연판 끝을 뾰족하게 장식한 형식이다. 돌출된 자방에 1조의 돌선으로 된 원권(圓圈)이 있으며, 연판의 양감이 풍부하다. 앞의 능산리사지에서 출토된 융기형 AV식과 흡사한 매우 정선된 태토를 사용하였으며, 회청색 경질 소성되었다. 부여 능산리사지에서 27

BⅡ-1(정림사지)   BⅡ-2(동남리사지)   BⅡ-3(구아리사지)

BⅣ(동남리 전 천왕사지)   BⅣ-1(구아리사지)   BⅣ-2(금강사지)

점 출토되었으며, 안정된 구도와 부드러운 곡면 처리 등에서 능산리사원
이 창건되던 567년 무렵인 6세기 중엽 백제 수막새의 안정된 제작기술을
보여주는 것으로 생각된다.

　　BⅢ-1식은 둥근 연판 끝을 뾰족하게 장식한 점에서 BⅢ식과 유사하지
만 연판이 상대적으로 세장(細長)하여 타원형에 가깝고, 1조의 돌선으로
원권을 두른 평면적인 자방인 점에서 차이가 있다. 부여 정림사지에서 확
인되며, BⅢ식의 아형식(亞形式)인 BⅢ-1식으로 분류하였다.

　　BⅢ-2식은 둥근 연판 끝을 뾰족하게 돌출시켜 BⅢ식과 공통점이 있지
만 연판의 평면 형태가 부채꼴이며, 특이하게도 자방을 연판보다 높게 형
성하여 막새 중앙부가 볼록하게 돌출된 점에서 BⅢ식은 물론 다른 수막새

와 차이가 있다. 막새 표면은 마모가 심하여 자방에 연자는 확인되지 않는다. 부여 금강사지에서만 확인되는 형식이다.

BIV식은 연판 자체를 뾰족한 형태로 만든 형식으로 연판 끝에 뾰족한 장식이나 침선을 두어 첨형을 표현하는 다른 형식과 차이가 있다. 연판의 볼륨이 다소 높고 연판 끝에 침선이 없는 것을 제외하면 작은 크기의 자방 위에 1+4과의 굵은 연자를 배치하는 방식 등에서 BII식과 거의 비슷한 동형관계(同形關係)를 보여준다. 부여 금성산 자락에 있는 동남리 전 천왕사지에서 출토되었다.

BIV-1식은 BIV식과 마찬가지로 침선이 없는 첨형이지만 볼륨이 낮고, 태토가 회백색을 띠며, 표면이 마모되어 연자 배치가 불분명한 점에서 차이가 있다. 이 수막새는 BII식과 약간의 시차를 두고 수리한 와범(改范)을 공유하는 동범관계(同范關係)에 있는 것으로 보기도 한다.[63] 부여 구아리사지에서 출토되었다. 본 연구에서는 BIV식의 아형식(亞形式)으로 파악해 BIV-1식으로 구분하였다. 연대는 BIV식보다 다소 늦은 6세기 후반으로 판단된다.

BIV-2식은 침선이 없는 첨형이라는 점에서 BIV식과 특징을 공유하지만 도장을 깊이 눌러 찍듯이 문양을 음각으로 표현하여 BIV식은 물론 다른 수막새들과도 차이가 나며 매우 두껍다. 부여 금강사지에서 출토되었으며, 동형의 수막새가 왕흥사지, 쌍북리사지II에서 확인된다.

(3) 원형돌기형(C)

원형돌기형은 연판 끝에 둥근 돌기가 솟은 형식이다. 웅진시기인 6세

---

63) 국립부여박물관, 2016, 『일제강점기 자료조사 보고 19집 부여 구아리사지』, p.48.

기 초반에 출현하였던 이른바 '대통사식'의 전통을 따르고 있다. 대통사식 수막새는 8엽 소판의 작고 낮은 자방에 1+6, 1+7, 1+8의 연자가 배치되었다. 이 형식은 사비시기 초기 막새형의 성립에 커다란 영향을 끼쳤으며, 연판 끝부분을 입체적으로 표현하는 백제 특유의 반전기법도 이 형식에서 비롯되었다. 부여 지역에서 이와 같은 형식의 수막새가 발견된 유적은 가탑리사지, 구아리사지, 군수리사지, 금강사지, 능산리사지, 동남리사지, 동남리 전천왕사지, 왕흥사지, 용정리사지, 정림사지 등으로 사비도성 내부는 물론 도성 외곽 지역까지 분포되어 널리 유행하였음을 알 수 있다.

이 형식이 부여 지역에 들어온 것은 6세기 전반의 사비천도 무렵으로 보이는데, 대통사지 출토품과 동범관계(同范關係)에 있는 구아리사지와 동남리사지가 그 출발점으로 여겨진다. 6세기 중반을 넘어서면 이 형식의 수막새는 능산리사지, 청양 본의리요지에서 보이는 것처럼 연자의 배열에서 변화가 생긴다.

6세기 후반이 되면 자방의 크기가 작아지면서 연판의 형태도 아래가 좁고 판단부가 넓은 형태를 띠거나 자방 주위에 원권이 생기면서 연자의 수와 배열이 바뀌게 된다. 원형돌기식은 7세기에도 나타나는데, 연자의 수가 훨씬 많아지면서 배열도 복잡해진다. 연판 끝에 원형돌기가 달린 이 형식은 백제뿐 아니라 일본에 전파되어 일본 최초의 가람인 아스카데라[飛鳥寺]의 창건와인 이른바 '성조(星組)' 수막새로 자리 잡는다.

본 연구에서는 원형돌기형 연화문수막새를 14가지 형식으로 분류하였으며, 세부 속성에 따라 세부 형식이 있다.

C I 식은 자방에 1+6과의 연자가 다소 불균형하게 배치된 형식으로 공주시 반죽동 일원의 대통사지 출토 수막새와 동범품이다. 부여 동남리사지에서 출토되었다. C II 식은 자방에 1+8과의 연자가 비교적 정연하게 배치된 형식으로 공주시 봉황동 일원의 대통사지 출토 수막새와 동범품으

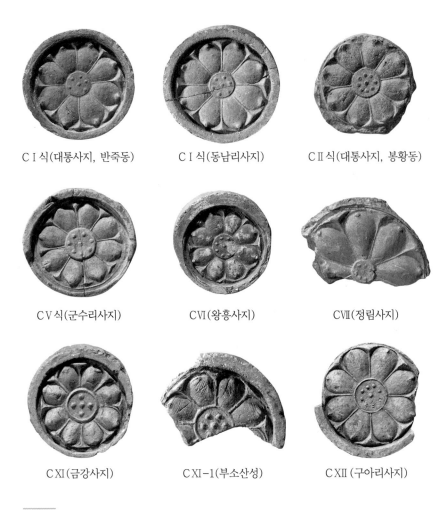

CI식(대통사지, 반죽동)　　　CI식(동남리사지)　　　CII식(대통사지, 봉황동)

CV식(군수리사지)　　　CVI(왕흥사지)　　　CVII(정림사지)

CXI(금강사지)　　　CXI-1(부소산성)　　　CXII(구아리사지)

사진 16　사비시기 원형돌기형 연화문수막새의 형식

로 부여 관북리 유적, 구아리사지, 군수리사지에서 출토되었다. 이상의 두
가지 형식은 웅진시기 공주 대통사지 출토 원형돌기형 연화문수막새와 동
시기에 제작된 형식으로 6세기 2/4분기로 편년되며, 사비시기 수막새 중
가장 이른 시기에 해당한다. CI식은 막새 배면 상단부와 수키와 내면 하

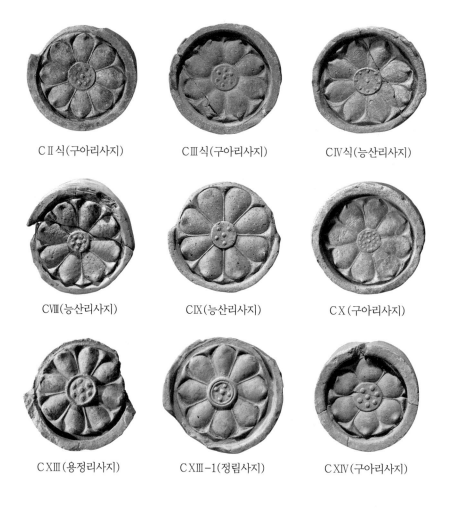

CⅡ식(구아리사지) CⅢ식(구아리사지) CⅣ식(능산리사지)

CⅧ(능산리사지) CⅨ(능산리사지) CⅩ(구아리사지)

CⅩⅢ(용정리사지) CⅩⅢ-1(정림사지) CⅩⅣ(구아리사지)

단을 사선으로 깎아 접합하였으며, CⅡ식은 막새 주연 상단부를 깎은 자
리에 수키와 하단부를 얹어 수키와 끝단이 주연부를 이루게 하는 방식으
로 제작하여 상이한 제작기술을 보여준다. 웅진시기에서 가장 이른 시기
의 막새 형식인 공주 공산성 출토 융기형 연화문수막새의 초기 형식이 대

부분 CII의 접합기법을 사용하였으므로 CII가 CI보다 선행하는 것으로 판단된다.

CIII식은 중앙에 1+6과의 연자가 비교적 정연하게 배치된 형식으로 부여 관북리 유적, 구아리사지 등에서 확인된다. CIV식은 1+8과의 연자가 자방 테두리 부분에 배치된 형식으로 부여 구아리사지, 능산리사지, 부소산성 등에서 확인된다. 이 두 형식은 동범관계 조사를 통해 제작지가 밝혀졌는데, CIII식의 제작지는 서천 금덕리요지이며, CIV식은 청양 본의리요지이다. 웅진시기에 시작된 원형돌기형 연화무문수막새 유형이 사비시기 부여 지역에 확산되는 양상을 보여주며, 웅진 말~사비 초의 기와 생산과 유통 시스템의 일단을 알려준다.

CV식은 자방의 비율이 커지면서 연판의 길이가 짧아진 형식으로 연판 끝의 돌기도 다소 무뎌지는 모습을 보여준다. 자방에 1+7과의 연자가 배치되었다. 부여 군수리사지, 정림사지 등에서 확인된다. CVI식은 넓어진 자방비, 짧은 연판 등의 속성을 CV식과 공유하지만 연판 끝의 돌기가 더 선명하며, 자방에 1+8과의 연자가 배치되어 차이를 보인다. 선행 형식인 CI~IV식과 비교해 문양의 구도가 변화하는 양상을 보여준다.

CVII~IX식은 위의 CV~VI식과 반대로 자방이 작아지면서 연판의 길이가 길어지는 모습으로 변화하였다. CVII식은 작아진 자방에 1+8과의 연자를 촘촘하게 배치하였으며, 긴 부채꼴의 연판 끝이 둥글고, 연판 끝에 점주형(點珠形) 돌기가 있다. 부여 정림사지에서 출토되었다. 이와 유사한 형식의 수막새는 공주 공산성과 부여 군수리사지에서 확인되는데, 공주 공산성 출토품은 CVII식에 비해 자방비가 다소 높은 편이다. CVIII식은 작은 자방에 1+6과의 연자가 배치되었으며, 다소 융기한 연판 끝에 돌기가 솟은 모습이다. CIX식은 연판이 융기하지 않고 편평한 모습이며, 자방에 1+5과의 연자가 배치되었다. 두 형식 모두 회백색의 고운 태토이며, 부여 능산리사지에서 출토되었다.

CX식은 중형의 자방과 연판 등 기본적인 속성은 앞의 형식을 따르지만 자방에 1+7+16과의 연자가 배치되어 선행 형식에 비해 자방 내 연자 배치가 복잡해지는 방향으로의 변화를 보여준다. 부여 구아리사지에서 출토되었다.

CXI~XII식은 자방 형태가 볼록하게 돌출되지 않고 1조의 돌선으로 원권을 두른 평면적인 형식이다. CXI식과 CXI-1식은 연판 형태가 유사하며, 자방 내 연자 배치만 각각 1+4과, 1+6과로 차이가 있다. CXII식은 연판 끝에 점주형 돌기가 있어 CVII식과 속성을 공유하지만 자방 형태와 자방비는 차이가 있다.

CXIII식은 돌출된 자방 상면의 테두리에 원권이 있는 형식인데, CXIII식은 1조의 돌선으로 원권을 둘렀으며, CXIII-1식은 2조의 원권으로 차이가 있다. 연판 형식도 CXIII식은 다소 융기하는 연판 끝에 돌기가 있지만 CXIII-1식은 연판 끝의 돌기가 CIV식처럼 다소 무뎌진 모습으로 차이가 있다.

CXIV식은 연판 수가 6엽인 점이 가장 두드러지는 특징이다. 부여 관북리 유적, 구아리사지에서 확인된다. 자방에 1+6과의 굵은 연자가 배치되었으며, 막세 크기에 비해 자방비가 높아 연판은 짧고 둥근 형태이다. 6엽 연판은 한성시기 연화문 수막새의 특징이며, 사비시기에는 드문 형식이다. 이러한 속성이 한성시기와 직접적인 연관관계가 있는지는 확실치 않다. 6엽 연판의 수막새는 7세기 이후에 나타나는 꽃술문(I), 인동문(J), 복판(複瓣) 연화문에서도 확인된다.

(4) 삼각반전형(D)

삼각반전형은 꽃잎 끝이 반대방향으로 꺾여 역삼각형을 이루는 형식으로 사비시기에 가장 유행한 양식이다. 웅진시기 대통사지 수막새에서 기인하는 연판 끝부분을 장식하는 수법은 사비시기에 창안된 삼각반전형이 보편화되면서 백제 연화문수막새의 기본형이 된다. 6세기 중반경부터 제작된 이 형식은 연판 길이, 반전된 삼각돌기의 크기, 자방 형태와 크기, 연자배열 등 수많은 변이에 따라 다양한 모습으로 전개되며, 6세기 후반 전성기를 맞는다. 7세기에 이르러서는 삼각반전이 도식화되면서 판단부에서의 반전 없이 하트형으로 마무리되거나 연자의 배열이 복잡해지고, 자방 주위에 꽃술이 배치되는 등의 변화가 나타난다.

본 연구에서는 삼각반전형 연화문수막새를 14개 형식으로 구분하였다.

DⅠ식은 돌출된 자방에 1+8과의 연자가 있고, 연판 끝이 삼각형으로 반전되도록 표현한 형식으로 부여 능산리사지 출토 수막새의 90% 이상을 차지하는 창건와이다. 백제창왕명사리감(국보 제288호) 명문을 통해 능산리사원의 창건 연대는 567년으로 추정되므로 이 형식의 수막새는 6세기 중엽으로 편년된다. 삼각반전형 연화문수막새는 이후 사비시기 연화문수막새 문양의 가장 특징적인 주요 문양이 되는데, 그 시원적 역할을 이 형식이 담당하고 있다.

DⅠ-1식은 같은 능산리사지에서 출토되었다. 막새 문양의 기본 형태와 구성은 DⅠ식을 따르고 있으며, 1조의 원권으로 구성된 평면적인 자방과 1+6과의 연자 배치에서 변화된 모습을 보여준다.

DⅡ식은 부여 정암리요지에서 생산되어 부여 구아리사지, 능산리사지, 관북리 유적, 군수리사지 등 여러 유적에 공급된 형식의 수막새이다. 넓은 자방과 다소 짧은 연판, 연판 끝의 삼각반전 및 사잇잎의 삼각반전 등이 강조된 것이 특징이다.

DⅢ식은 넓은 자방과 짧은 연판 끝에 삼각반전이 좌우대칭으로 분명

하게 표현된 형식이다. 1조의 원권을 두른 자방 위에 1+8과의 연자가 일정한 간격으로 정연하게 배치되었다. 부여 구아리사지에서 출토되었다.

DIV식은 중형 자방과 연판으로 초기 형식을 계승하고 있으며, 돌출된 자방 위에 1+5과의 연자가 배치되었다. 주연 상부에 수키와를 얹어 접합하는 제작기술을 보여준다. 연판에는 점토를 수차례 채워 넣은 흔적이 남아 있다. 부여 구아리사지에서 출토되었다.

DV식은 돌출된 자방 테두리에 원권이 있는 형식으로 작아진 자방과 1+4과의 연자 배치 등의 속성을 DV-1식과 공유하지만 DV식은 2조의 원권을, DV-1식은 1조의 원권을 두른 점에서 차이가 있다.

DVI~Ⅷ식은 넓은 자방과 비교적 짧은 연판을 가진 속성을 공유한다. DVI식은 돌출된 자방 주위에 1조의 굵은 원권이 있고, 다소 볼록한 자방 위에 1+5과의 연자가 배치되었다. 연판은 크게 반전되었다. 부여 동남리사지에서 확인된다. DVII식은 넓은 자방 위에 1+6과의 연자가 배치되었는데, 연자 테두리에 원권이 있는 원주문(圓珠文) 형태인 점이 특징이다. 연판이 크게 반전되었으며, 간엽이 삼각형에 머물지 않고 연판과 같은 형태로 표현하여 강조하였다. 부여 관북리 유적에서 출토되었다. DVIII식은 넓은 자방 상부 테두리의 약간 안쪽에 1조의 원권이 있는 점이 특징이다. 연판은 삼각반전이 약해지고 곡절하는 모습이 나타난다. 부여 부소산성에서 출토되었다.

DIX~XI식은 자방이 작아지고, 연판이 다소 길어지면서 연판 끝의 반전이 선행 형식에 비해 다소 도식화된 하트형으로 표현된 형식이다. 자방 위의 연자 배치도 1+8, 1+4+8, 1+5+11, 1+7+16으로 다양해지며, 와범을 보수해 사용하면서 DXI식처럼 자방 내 연자 배치가 부정형인 것도 사용되었다. 출토 유적은 부여 관북리 유적, 부소산성, 군수리사지, 부소산사지, 구아리사지, 정림사지는 물론 익산 미륵사지, 왕궁리사지 등 광범위하

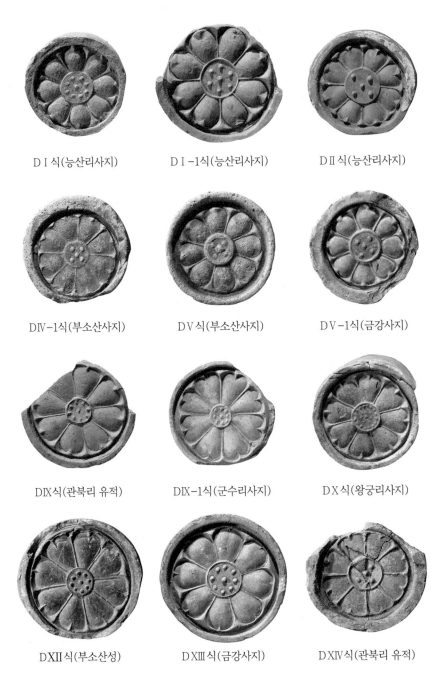

DⅠ식(능산리사지)   DⅠ-1식(능산리사지)   DⅡ식(능산리사지)

DⅣ-1식(부소산사지)   DⅤ식(부소산사지)   DⅤ-1식(금강사지)

DⅨ식(관북리 유적)   DⅨ-1식(군수리사지)   DⅩ식(왕궁리사지)

DⅫ식(부소산성)   DⅩⅢ식(금강사지)   DⅩⅣ식(관북리 유적)

DⅡ-1식(군수리사지)   DⅢ식(구아리사지)   DⅣ식(구아리사지)

DⅥ식(동남리사지)   DⅦ식(관북리 유적)   DⅧ식(부소산성)

DⅩ-1식(관북리 유적)   DⅩ-2식(군수리사지)   DⅪ식(부소산사지)

사진 17 사비시기 삼각반전형 연화문수막새의 형식

므로 이러한 양상은 사비시기 백제 권역 전반에 걸쳐 나타남을 알 수 있다.

DXII~XIV식은 연판 끝의 반전이 침선형으로 가늘게 표현된 형식이다. 삼각형의 반전을 특징으로 하는 사비시기 연화문수막새 표현 방식이 도식화되는 양상을 나타내며, 삼각반전형 연화문수막새의 유행이 퇴조하는 모습을 보여준다.

(5) 곡절형(E)

곡절형은 꽃잎 후반부가 아래로 내려갔다 다시 위로 올라오는 형식으로 꽃잎 끝부분의 변화에 치중했던 앞의 양식들과는 달리 연판의 굴곡에 따른 부드러운 선의 흐름을 강조함으로써 보다 생동감 있는 새로운 양식으로 완성되었다. 이 형식은 익산의 제석사지나 왕궁리사지를 중심으로 7세기에 유행하였는데, 부여지역에서는 금강사지 출토품이 가장 많으며, 쌍북리사지II에서도 확인된다. 그런데 이와 같은 형식의 수막새가 공주 중동, 대통사지 부근에서 1점 확인되어 주목된다. 공주 중동 출토품은 금강사지나 익산지역에서 확인되는 대부분의 곡절형과 달리 연판 끝부분에서 손톱모양으로 살짝 꺾여 올라가는 것으로 표현되어 상대적으로 단순한 형태를 보여주기 때문에 곡절형의 가장 초기 형식인 것으로 생각되며, 그 연대는 사비천도 무렵인 6세기 중엽으로 추정된다. 금강사지 출토품 중에도 이와 같은 형식이 확인되어 공주지역에서 창안된 새로운 형식이 부여지역으로 이입되는 과정을 보여주며, 이러한 형식은 금강사지에서보다 완성된 형태로 전개되어 하나의 새로운 양식으로 정착된다. 금강사지의 곡절형은 연판의 변화가 앞부분에 국한되는 공주 중동의 방식에 비해 연판 주위를 'C'자형으로 감싸는 형태로 확대되면서 중앙의 연판이 둥근 모습을 띠게 되어 구도가 안정되고, 훨씬 부드러운 느낌을 살려냄으로써 금강사지의 방식으로 완성된다. 이렇게 금강사지를 거쳐 하나의 막새형으로 완성된 이 형식은 7세기 익산지역에서는 훨씬 굴곡이 심하고 선의 흐름이 복잡해지면서 보다 다양하고 화려한 의장의 막새형으로 재탄생된다. 익산지역에 나타난 변화의 내용은 연판의 굴곡이 시작되는 시점이 거의 중간

E I 식(대통사지, 중동)   EⅡ식(금강사지)   EⅢ식(금강사지)

EⅣ식(금강사지)   E Ⅴ식(금강사지)   EⅥ식(금강사지)

EⅦ식(제석사지)   EⅧ식(제석사지)   EⅨ식(제석사지)

사진 18 사비시기 곡절형 연화문수막새의 형식

지점으로 당겨지고, 연판 끝부분이 공주 중동에서 손톱모양의 'C'자형을 고수하였던 금강사지 방식과는 달리 자방 쪽으로 갈라져 들어오는 반전형으로 바뀌고 있다는 점을 언급할 수 있다. 또한 연판 내부에 인동무늬 등 화려한 장식이 더해짐으로써 7세기 들어 점차 화려한 장식성을 띠게 되는 익산지역의 문화적 분위기를 잘 보여주고 있다.

본 연구에서는 곡절형 연화문수막새를 9가지 형식으로 분류하였다.

EⅠ식은 연판의 곡절이 연판 끝에 가까운 지점에서 이루어지는 형식이다. 공주시 중동 일원 대통사지에서도 이 형식의 수막새가 확인되며, 부여 지역에서는 동남리사지, 용정리사지 등에서 출토되었다.

EⅡ~Ⅳ식은 연판의 곡절이 연판 끝 2/3 지점에서 이루어지는 형식으로 EⅠ식에 비해 연판이 둥근 느낌을 준다. EⅢ식은 1+6과의 굵은 연자가 정연하지만 EⅡ식은 1+6과의 연자 배치가 비대칭인 점에서 차이가 있다. EⅣ식은 자방이 볼록한 다른 형식과 달리 1조의 원권을 두른 평면적인 자방이며, 1+8과의 연자가 배치되었다. 모두 금강사지에서 출토되었다.

EⅤ식은 위 EⅡ~Ⅳ형식에 비해 연판이 길어지면서 타원형으로 표현되었다. 넓은 자방 위에 1+8과의 연자가 배치되었다. 부여 금강사지에서 출토되었다.

EⅥ식은 연판의 굴곡을 연판 테두리로 강조하지 않아 다소 평면적인 느낌을 주는 형식이다. 돌출된 자방 위에 1조의 원권이 있으며, 1+5과의 굵은 연자가 배치되었다. 이 형식의 가장 큰 특징은 막새 배면의 거치형(鋸齒形) 홈인데, 이와 같은 방식은 다치구(多齒具)로 긁어 막새에 홈을 내어 막새와 수키와의 접착력을 높이기 위한 제작기술로 고구려 수막새의 제작 전통이다.

EⅦ~Ⅸ식은 곡절형 연판 끝에 삼각반전이 표현된 형식으로 익산 제석사지에서만 확인되는 형식이다. 자방은 모두 1조의 원권을 두른 평면적인

형태이며, 1+5, 1+6과의 연자가 배치되었다. EIX식은 연판 내에 인동문 장식이 있다.

(6) 원형(F)

원형은 꽃잎 끝이 둥근 형태인데, 연판의 볼륨이 강하여 단면이 반구형인 것과 전체적으로 연판이 평면적이고 밋밋한 느낌을 주는 두 가지 형식이 있다. 앞의 형식은 정림사지 출토품이 대표적인데, 둥근 반구형의 연판은 마치 용정리사지 첨형 수막새를 연상시키며, 연판 사이에 'T'자형의 간판이 뚜렷하다. 이와 같은 형식의 수막새는 구교리사지에서도 발견되었다. 도안의 구성이나 부드러운 곡면처리에서 세련된 솜씨를 느낄 수 있으며, 웅진시기의 막새유형에서 벗어나 새로운 사비시기 와당이 본격 출현하는 6세기 후반의 흐름을 보여주는 것으로 생각된다. 두 번째 형식은 주로 금강사지에서 발견되며, 학리사지에서 확인되었다. 금강사지 출토품 1점은 판간(瓣間)이 쐐기형으로 두텁게 발달하여 연판이 행인형(杏仁形)이 되었다. 나머지는 연판의 표현이 유약하고, 주연부(周緣部)가 좁은 것이 공통점인데, 주연부에 연주문(連珠文)이 있거나 판간 하단의 자방 근처에 주문이 박혀 있기도 하다. 이러한 후대에 유행하는 표현기법으로 이 막새형의 연대는 백제 최말기형이거나 660년에서 700년 사이의 통일기 양식을 보여주는 것으로 짐작된다.

본 연구에서는 원형 연화문수막새를 5가지 형식으로 분류하였다.

FⅠ식은 넓은 자방으로 좁아진 공간에 타원형 연판을 배치하여 연판 사이의 간격이 넓어진 형식이다. 표면이 마모되어 자방 위 연자가 뚜렷하지 않다. 부여 금강사지, 왕흥사지에서 확인된다.

FⅡ식은 높게 돌출된 자방 위에 1+8과의 연자가 비대칭으로 배치되고 타원형 연판이 자방 테두리에서 연판 끝까지 다소 융기하는 모습인 형식

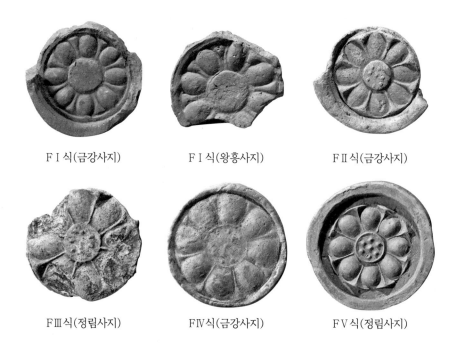

FⅠ식(금강사지)　　　　　FⅠ식(왕흥사지)　　　　　FⅡ식(금강사지)

FⅢ식(정림사지)　　　　　FⅣ식(금강사지)　　　　　FⅤ식(정림사지)

사진 19 사비시기 원형 연화문수막새의 형식

이다. 부여 금강사지에서 확인된다.

　FⅢ~Ⅳ식은 중형 자방과 연판이며, 자방에 1+8과의 연자가 배치되었다. 연판의 볼륨이 낮은 속성을 공유한다. FⅢ식은 자방이 돌출되고, FⅣ식은 자방이 1조의 원권을 두른 평면적인 형태라는 점에서 차이가 있다. 각각 부여 정림사지, 금강사지에서 출토되었다.

　FⅤ식은 높은 볼륨의 반구형 연판이 있는 형식이다. 연판 사이는 'T'자형 사잇잎으로 표현하였으며, 1조의 원권이 있는 자방 위애 1+6과의 연자가 배치되었다. 부여 정림사지에서 출토되었다.

(7) 능각형(G)

능각형은 꽃잎 중심부에 세로로 각이 형성되어 있는 형식으로 금강사지와 능산리사지에서 일부 확인되는데, 금강사지 출토품은 자방 주위에 꽃술이 표현되어 있어 능산리사지 출토품에 비해 시기가 늦다. 능각형은 꽃잎 끝부분의 변화가 아니라 연판의 단면에서 관찰되는 특징을 하나의 형식으로 구분한 것이다. 따라서 융기형의 한 범주로도 생각되는데, 자방 아래에서 상승하듯 올라가는 연판이 세로 방향의 능각으로 인해 보다 직선적인 힘을 나타낼 수 있다는 점에서 융기형의 새로운 변형으로 이해된다. 그렇지만 사비시기의 새로운 막새형으로 완성되지 못하고 6세기 후반경 능산리사지에서 나타났다가 7세기 초 금강사지에서 사라지는 것으로 보인다.

G I 식은 연판이 돌출된 자방 아래쪽에서 위로 솟아오르는 점에서 같은 능산리사지에서 출토된 융기형 연화문수막새(AV)와 유사하지만 연판 중앙을 세로로 살짝 꺾어 각을 두는 차이가 있다. 자방 위에는 1+6과의 연자가 배치되었다. 사비시기 연화문이 대부분 연판 끝부분이 변화를 중심

G I 식(능산리사지)   G II 식(금강사지)

사진 20 사비시기 능각형 연화문수막새의 형식

으로 전개되는 데 비해 능각형은 연판 전체의 형태 변화를 추구한다는 점에서 공주 공산성 융기형 연화문수막새에서 비롯된 전통과 연결된다.

GII식은 연판 중앙에 세로로 능각이 있지만 연판의 융기는 크게 낮아졌으며, 평면적인 자방 테두리에 요철을 두어 꽃술처럼 표현한 점이 특징이다. 부여 금강사지에서 출토되었다.

(8) 능선형(H)

능선형은 꽃잎 중간을 세로방향의 양각선으로 구획한 형식으로 금강사지, 동남리사지, 왕흥사지, 쌍북리사지II에서 출토되었다. 금강사지와 왕흥사지 출토품은 연판의 볼륨이 낮고, 꽃잎 끝부분이 둥글며 안쪽으로 살짝 잡아당겨진 느낌으로 반전되었는데, 왕흥사지의 것에는 자방에 꽃술이 표현되어 상대적으로 연대가 늦다. 동남리사지 출토품은 앞의 두 유적 출토품에 비해 연판이 세장하며, 끝부분이 뾰족한 첨형이다. 그런데 백제의 연화문수막새에 나타나는 능선형은 연판을 가르는 양각선이 뚜렷하지 못하며, 동남리 출토품은 선이 끊어지는 경우도 확인된다. 따라서 굵고 뚜렷한 능선이 하나의 막새형으로 자리 잡는 신라와는 달리 7세기를 전후한

HI식(금강사지)   HI-1식(군수리사지)   HII식(관북리 유적)

사진 21 사비시기 능선형 연화문수막새의 형식

시기에 잠깐 나타났다가 일찍 소멸하는 형식으로 생각된다. 한편 능선형의 범주에는 고구려 계통의 수막새가 있어 주목된다. 쌍북리사지II에서 출토된 이 형식은 중앙의 원권형(圓圈形) 자방 주위를 4등분으로 구획하고, 각각의 공간에 능선이 있는 꽃봉오리형 연판을 배치하였다. 부여 용정리에서도 이와 같은 형식의 수막새가 확인되는데, 고구려 계통의 수막새가 어떤 경로를 거쳐 유입 혹은 제작되었는지는 아직 명확하지 않다.

본 연구에서는 능선형 연화문수막새를 3가지로 분류하였다.

HI식은 넓은 자방과 볼륨이 낮은 연판 중간에 세로 방향의 능선이 있는 형식이다. HI식은 연판 끝 능선이 직선적으로 마무리되었지만 HI-1식은 연판 끝이 안으로 말려 들어오면서 연판이 하트형을 이룬다. HI식은 1+8과의 연자가 배치되었으며, HI-1식은 1+5과의 연자가 배치되어 차이가 있다.

HII식은 높은 자방과 볼륨이 낮은 연판이 특징인데, HI-1식은 자방 둘레에, HI-2식은 자방 상면 테두리에 요철을 두어 꽃술처럼 표현한 점에서 차이가 있다. HI-2식은 1+5과의 연자 배치로 1+8과의 다른 형식과 차이가 있다. HII식은 부여 관북리 유적, HII-1식은 부여 금강사지, H

HII-1식(금강사지)

HII-2식(왕흥사지)

HIII식(동남리사지)

II-2식은 부여 왕흥사지에서 출토되었다.

HIII식은 1조의 원권으로 표현된 작은 자방과 낮은 볼륨의 연판을 특징으로 하는 형식이다. 자방에는 1+8+8과의 연자가 배치되었다. 부여 동남리사지, 부소산성, 관북리 유적에서 확인된다.

(9) 꽃술문(I)

백제 연화문수막새 대부분이 연판에 아무런 장식을 하지 않는 소문(素文) 전통을 유지하고 있지만 7세기 이후가 되면 연판 내부에 몇 가지 장식을 부가하는 방식이 나타난다. 출토지는 부여 관북리 추정 왕궁지, 부소산성이나 부여 정림사지, 부소산사지, 익산 미륵사지, 왕궁리사지 등으로 왕실과 밀접한 관련이 있는 사찰이 변화의 중심이 된다.

본 연구에서는 꽃술문이 부가된 연화문수막새를 4가지 형식으로 분류하였다.

II식은 넓은 자방 상부에 3중의 꽃술이 있고 1+8과의 연자가 배치되었으며, 굵은 양각선으로 표현된 7엽 연판 내부에 물방울 모양의 꽃술문이 장식된 형식이다. 연판 끝은 하트형으로 반전을 표현하였다. 부여 관북리사지, 부소산사지, 정림사지에서 출토되었다.

III식은 높은 자방 주위에 꽃술이 거치형으로 표현되고 1+8과의 연자가 배치되었으며, 볼륨이 거의 없는 연판 위에 꽃술대가 길게 표현된 꽃술문 장식이 있는 형식이다. 부여 부소산사지에서만 출토되므로 II식과 함께 부여 부소산사지를 상징하는 연화문수막새인 것으로 생각된다.

IIII식은 비교적 소형이고, 연판 수가 6엽이며, 자방에 꽃술대가 없다는 점을 제외하면 연판과 꽃술 장식의 형태가 II식의 축소판처럼 유사한 형식이다. 연자 배치도 1+6과로 연판 경계선의 연장선상에 배치하였다. 익산 미륵사지에서 출토되었다.

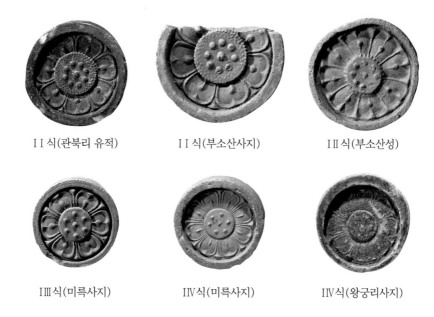

ⅠⅠ식(관북리 유적)　　　　ⅠⅠ식(부소산사지)　　　　ⅠⅢ식(부소산성)

ⅠⅢ식(미륵사지)　　　　ⅠⅣ식(미륵사지)　　　　ⅠⅣ식(왕궁리사지)

사진 22　사비시기 꽃술문 부가 연화문수막새의 형식

Ⅳ식은 넓은 자방으로 좁아진 공간에 8엽 연판을 배치하여 연판 폭이 좁아진 형식이다. 전반적으로 표현이 세장해진 것 말고는 연판의 표현이 ⅠⅠ식이나 ⅠⅢ식과 같은 방식이다. 연판 내 꽃술 장식도 함께 세장해져서 굵은 침선처럼 표현되었다. 자방에는 1+6과의 연자가 배치되었다.

(10) 인동문(J)

인동문은 꽃술문(I)과 함께 사비시기 연화문수막새 연판 내에 장식된 문양이다. 꽃술문이 부여 지역 유적에서도 확인되는 반면 인동문은 익산 지역에서만 확인되므로 다소 후행하는 양식으로 생각된다.

ⅠⅠ식은 넓은 자방에 6엽의 짧은 연판을 표현하였다. 연판은 굵은 양각

J I 식(미륵사지)   J II 식(제석사지)

사진 23 사비시기 인동문 부가 연화문수막새의 형식

선으로 표현하였으며 연판 내에 인동문이 시문되었다. 1+6과의 굵은 연자가 배치되었다.

J II식은 곡절형으로도 분류되며 내부에 인동문이 장식되었다. 1조의 원권을 두른 자방 내에 1+5과의 연사가 배치되었다.

(11) 복판

복판은 하나의 연판 안에 2개의 겹꽃잎이 표현된 형식이다. 백제 수막새 중에서 유일한 형식이며, 익산 미륵사지와 왕궁리사지에서 출토되었다. 이 형식은 아직까지 부여 지역에서는 확인되지 않는다. 소형 막새이며, 돌출된 넓은 자방에 1+6과의 굵은 연자가 배치되고 하트형 연판 안에 볼륨이 높은 복엽의 꽃잎이 표현되었다.

(12) 중판

중판은 여러 장의 연판이 중첩되게 표현하는 형식이다. 백제 수막새 중에서 유일한 형식이며, 부여 부소산사지에서 출토되었다. 이 형식은 아

복판(미륵사지)　　　　　　중판(부소산사지)

사진 24　사비시기 복판과 중판 연화문수막새의 형식

직까지 익산 지역에서는 확인되지 않는다. 소형 막새이며, 굵은 원권이 있는 돌출된 자방 안에 1+8과의 굵은 연자가 배치되었다. 8엽의 짧은 연판은 내판(內瓣)과 외판(外瓣)이 서로 엇갈리지 않게 나란히 배치된 형식이다. 외판은 하트형으로 반전되었으며, 내판도 하트형으로 반전하는 연판 내부가 다소 볼륨이 있는 복판처럼 표현되었다.

(13) 파문

파문은 중앙의 한 점을 중심으로 돌아가는 소용돌이를 4개의 구획선으로 표현한 형식이다. 사비시기 수막새 문양의 대부분을 차지하는 연화문과는 전혀 다른 계통의 문양이다. 존재하지만 형체가 뚜렷하지 않은 자연 현상이나 원리와 같은 형이상학적인 세계관을 표현한 것으로 추정된다. 출토 유적은 부여 관북리 추정 왕궁지, 부소산성과 부여 정림사지, 구아리사지, 부소산사지, 익산 왕궁리사지, 공주 공산성 등으로 지역은 넓지만 유적의 수는 제한적이다.

본 연구에서는 파문 수막새를 4가지 형식으로 분류하였다.

Ⅰ식(공산성)   Ⅰ-1식(관북리 유적)   Ⅱ식(부소산성)

사진 25 사비시기 파문수막새의 형식

파문Ⅰ식은 편평한 막새면에 오직 중앙부의 볼록한 원형 중심점과 4개의 선으로만 소용돌이를 표현한 형식이다. Ⅰ-1식은 Ⅰ식보다 굵은 선으로 표현하여 차이가 있다. Ⅰ식은 부여 관북리 유적, 부소산성, 능산리사지, 정림사지, 구아리사지와 공주 공산성에서 출토되었으며, Ⅰ-1식은 부여 관북리 유적에서만 확인된다.

파문Ⅱ식은 4개의 돌선 사이 공간을 부풀어 오른 형태로 볼륨을 주어 훨씬 입체적으로 표현한 형식이다. Ⅱ-1식은 4개의 구획선이 2조의 돌선으로 표현한 방식이다. Ⅱ식은 부여 부소산성, 구아리사지, 부소산사지와 익산 왕궁리사지, 공주 공산성에서 출토되었으며, Ⅱ-1식은 부여 부소산성에서 확인된다.

Ⅲ식은 Ⅱ식의 구획선 사이 팽창한 부분에 능각이 표현된 형식이다. 능각으로 인해 소용돌이 선이 추가되어 속도감을 강화하였다. 부여 부소산성과 능산리사지에서 출토되었다.

Ⅳ식은 Ⅰ~Ⅲ식의 형이상학적 표현에 장식이 부가된 형식이다. 중앙의 중심점 주변은 끝이 뾰족한 4엽의 장식이 부가되었고, 단순한 선으로 표현되었던 구획선도 갈고리형의 꺾인 선으로 날카롭게 표현하였다. 익산

Ⅱ-1식(부소산성)   Ⅲ식(부소산성)   Ⅳ식(왕궁리 유적)

왕궁리사지에서만 확인된다.

(14) 무문

무문은 둥근 테 모양의 주연 내부 막새 면에 아무런 문양이 없는 형식이다. 무문 수막새는 파문 수막새와 짝을 이루어 불교를 상징하는 연화문과 양립하는 백제 도교의 상징으로 추정된다. 무문과 파문은 각각 '무(無)와 유(有)', '정(靜)과 동(動)'의 개념으로 자연의 원리를 풀이하는 도교적 세계관을 나타내는 것으로 이해된다. 부여 관북리 유적, 부소산성과 군수리사지, 능산리사지, 부

Ⅰ식(부소산성)

사진 26 사비시기
        무문수막새의 형식

소산사지, 정림사지에서 확인되는데, 특히 부소산성에서 집중 출토되었다.

3) 속성별 검토

본 연구에서는 사비시기 14개 유적에서 출토된 수막새의 문양을 14개 유형으로 나누고, 세부 속성에 따라 92개 형식으로 분류하였다. 문양별로는 연화문 12개 유형, 파문 1개 유형, 무문 1개 유형으로 연화문이 수량과 종류에서 월등히 많다. 14개 유형의 유형별 형식 분포는 연화문의 경우 융기형 6형식, 첨형 12형식, 원형돌기형 16형식, 삼각반전형 21형식, 곡절형 9형식, 원형 5형식, 능각형 2형식, 능선형 6형식, 꽃술문 장식형 4형식, 인동문 장식형 2형식, 복판 1형식, 중판 1형식이 있으며, 파문은 6형식, 무문은 1형식이 있다.

앞 절에서 사비시기 수막새의 92가지 형식별 검토 내용을 기반으로 살펴보았고 본 절에서는 사비시기 수막새의 특징을 아래 9가지 속성에 따라 살펴보고자 한다.

① 막새 지름   ② 자방 크기   ③ 연자 배치   ④ 주연 너비
⑤ 접합 방식   ⑥ 배면 조정 방식   ⑦ 태토   ⑧ 소성도   ⑨ 색조

(1) 막새 지름

본 연구에서 92가지 형식으로 분류한 사비시기 수막새 지름의 평균값은 14.1㎝이다. 지름이 가장 큰 개체는 CXⅡ식으로 19.0㎝이며, 가장 작은 개체는 중판 연화문수막새로 8.5㎝이다. 유형별로 살펴본 내용은 〈표 39〉와 같다.

사비시기 수막새 14개 유형에서 평균 지름이 가장 큰 유형은 무문으로 평균값은 16.3㎝이며, 다음으로는 파문이 15.2㎝이다. 가장 작은 유형은 위에서 살펴본 것처럼 중판 유형으로 평균값은 8.5㎝이며, 다음으로는 복판 유형이 11.2㎝이다. 검토 범위를 단판 연화문으로 좁히면 가장 큰 유형

표 39. 사비시기 수막새 유형별 지름 평균값 (단위 ㎝)

유형	A	B	C	D	E	F	G	H	I	J	복판	중판	파문	무문
평균	14.8	13.8	13.8	14.9	12.7	13.9	13.4	14.0	14.9	12.8	11.2	8.5	15.2	16.3

은 삼각반전형(D) 유형과 꽃술문 장식형(I)으로 평균값은 14.9㎝이고, 다음으로는 융기형(A)이 14.8㎝이다. 가장 작은 유형은 곡절형(E)이 12.7㎝이고, 다음으로는 인동문 장식형(J)으로 12.8㎝이다.

사비시기 수막새 지름의 평균값인 14.1㎝는 웅진시기 수막새 지름의 평균값인 16.1㎝보다 작은 편이다. 유형을 대입시켜 살펴보면 융기형 연화문수막새의 웅진시기 평균값은 17.4㎝이고, 사비시기 평균값은 14.8㎝로 소형화되었다는 것을 알 수 있다. 반면 원형돌기형은 웅진시기 13.5㎝, 사비시기 13.8㎝로 사비시기 수막새가 다소 커지는 양상인데, 원형돌기형의 초기 형식인 CⅠ식과 CⅡ식의 평균값이 13.5㎝이고, 이를 제외한 CⅢ~XⅣ식의 평균값은 14.0㎝로 격차가 다소 커지는 양상을 보여준다.

종합하면 유형에 따라 막새 지름이 커지거나 작아지기도 하지만 전반적으로 14㎝ 내외의 크기로 수렴되면서 규격화, 표준화되어 가는 방향을 보여 주는 것으로 생각된다.

(2) 자방 크기

사비시기 연화문수막새 자방 지름의 평균값은 4.8㎝이다. 자방 지름이 가장 큰 개체는 IⅠ식으로 6.5㎝이며, 다음으로는 DⅢ식으로 6.0㎝이다. 가장 작은 개체는 CⅦ식으로 2.3㎝이며, 다음으로는 BⅡ식과 BⅣ식으로 2.5㎝이다. 흥미로운 점은 막새 지름이 8.5.㎝로 가장 작았던 중판 유형의 경우 자방 지름이 3.1㎝로 36.5%의 높은 자방점유율을 보여준다는 것이다. 다시 말해 막새 지름과 자방 지름은 항상 정비례하지 않으며, 문양 구성에 따라 크기와 비율이 결정되는 것으로 볼 수 있다. 이런 관점에서 막새나 자방의 절대적인 크기가 아닌 막새에서 자방이 차지하는 비율, 즉 자방점유율을 주목할 필요가 있다.

본 연구에서는 유형별로 자방점유율의 분포 및 양상과 변화를 살펴보고자 한다. 융기형(A)은 자방점유율 평균값이 29.2%이다. 자방점유율이 가장 높은 형식은 AⅦ식으로 자방점유율이 34.8%로 35%에 육박하며, AⅩ식이 25.5%로 가장 낮다. 첨형(B)은 자방점유율 평균값이 25.9%이다. 자방점유율이 가장 높은 형식은 BⅢ-2식으로 35.7%이며, BⅣ식이 19.5%로 가장 낮다. 최대값과 최소값의 차이가 약 15% 이상으로 높은 편이다. 원형돌기형(C)의 자방점유율 평균은 24.2%이다. 자방점유율이 가장 높은 형식은 CⅪ식으로 28.6%이고, CⅢ식이 21.0%로 가장 낮다. 주목할 점은 원형돌기형(C) 각 형식의 자방점유율은 20%대의 범위 안에 들어있기 때문에 큰 변동의 폭 없이 일정한 자방점유율을 보여준다는 점이다. 삼각반전형(D)의 자방점유율 평균은 28.0%이나. 35% 내외의 높은 자방점유율을 보여주는 형식은 DⅡ·DⅡ-1·DⅢ·DⅧ식이며, DⅨ-1식이 20%로 가장 낮다. 대체로 20%대의 자방점유율을 보여주지만 원형돌기형(C)에 비해 자방점유율의 변동 폭이 큰 편이다. 곡절형(E)의 자방점유율 평균값은 31.6%로 자방점유율이 35% 이상인 꽃술문 장식형(I)이나 인동문 장식형(J), 중판을 제외하면 가장 높은 편이다. EⅣ식과 EⅨ식의 자방점유율은 각각 34.8%, 34.6%로 약 35% 육박하며, 최저값도 EⅧ식의 26.3%로 대체로 20% 후반에서 30%대의 자방점유율 분포를 보인다. 원형(F)은 자방점유율 평균값이 28.3%이며, 가장 높은 형식은 FⅡ·FⅣ식으로 자방점유율은 30.8%이다. 능각형(G)의 자방점유율은 27.1%이다. 능선형(H)은 자방점유율 평균값이 30.4%이고, 자방점유율 최대값은 HⅡ-1식으로 34.3%이고, 최저값은 HⅢ식으로 26.8%이다. 최대값과 최소값 간 차이는 8% 미만으로 자방점유율은 대체로 일정한 편이다. 꽃술문 장식형(I)의 자방점유율 평균값은 36.0%이며, 최대값은 II식의 43.3%로 모든 유형을 통틀어 가장 자방점유율이 높다. 가장 낮은 형식인 IV식도 29.7%로 약 30%에 육박한다. 인동문 장식형(J)은 자방점유율 평균값이 35.7%이고, 두 형식 모두 35% 내외의 높은 자방점유율 보여준다.

위에서 살펴본 것처럼 사비시기 연화문수막새 중에 자방점유율이 가장 높은 유형은 자방비가 35% 이상인 꽃술문 혹은 인동문이 장식된 유형이고, 자방점유율이 가장 낮은 유형은 자방비가 25% 미만인 원형돌기형(C)인 것으로 나타났다. 그렇다면 자방점유율의 차이 혹은 변화는 무엇을 의미할까? 자방점유율이 높다는 것은 상대적으로 연판의 길이가 짧아지는 것을 의미한다. 연판 길이의 축소는 연판 형태의 변화에 제약을 초래한다. 따라서 자방점유율이 35% 내외로 가장 큰 유형인 꽃술문 장식형과 인동문 장식형은 연판 형태의 변화보다는 연판의 길이와 상관없이 연판 내 문양을 부가하는 방식으로 변화한 것으로 생각된다. 이에 비해 20% 중후반의 자방점유율을 보이는 유형들은 상대적으로 긴 연판의 형태, 그중에서도 연판 끝부분의 변화를 중심으로 발전한 것으로 생각된다. 또 한 가지 주목할 부분은 유형별 자방점유율의 변화 폭이다. 원형돌기형(C)은 자방점유율이 모두 20%대 이내로 변동 폭도 약 7% 내외로 크지 않은 반면 첨형(B)과 삼각반전형(D)은 변동 폭이 15% 이상으로 커서 대비를 이룬다. 그러면 이러한 자방점유율 변동 폭의 차이는 무엇을 의미할까? 본 연구에서는 변동 폭이 큰 것을 새로운 문양에 대한 시도가 빈번했음을 의미한다고 본다. 반대로 변동 폭이 크지 않다는 것은 안정적인 하나의 유형으로 자리 잡게 되면서 문양 변화에 보수적인 경향을 보여주는 것으로 생각된다. 다시 말해 웅진시기에 처음 나타난 초기 연화문수막새 유형인 원형돌기형(C)은 사비시기 백제 수막새의 기본형을 이루면서 지속적으로 사용된 유형이고, 사비시기에 처음 채택되어 가장 많은 형식으로 제작된 삼각반전형(D)은 사비시기 연화문수막새의 주류를 이루면서 백제 수막새 문양의 다양화를 주도하였던 유형이었던 것으로 생각한다. 또한 상대적으로 연판의 길이가 짧은 꽃술문 장식형(I), 인동문 장식형(J)이 익산 지역을 중심으로 7세기 무렵에 성행하였음을 고려한다면 큰 방향에서 보았을 때 자방점유율이 커지는 방향으로 변화한 것으로 생각된다.

(3) 연자 배치

연자 배치는 8엽이 대부분인 연판 수의 영향을 받게 되므로 1+8과의 연자가 연화문 85형식 중 27형식에서 확인된다. 31.8%로 가장 높은 비중을 차지함을 알 수 있다. 다음으로는 1+6과의 연자가 23형식에서 확인되어 27.1%를 차지한다. 이외에도 1+4, 1+5, 1+7, 1+9과의 연자 배치가 확인되며, 연자를 여러 겹으로 배치한 1+7+16, 1+4+8, 1+5+11, 1+8+8과의 연자 배치도 나타난다. 연자가 없거나 불규칙하게 배치된 부정형도 확인된다. 1+8과의 연자 배치는 연판을 8엽으로 가르는 경계선 혹은 경계선 사이 공간에 배치할 수 있어서 연자 사이의 간격을 정연하게 유지하기 위한 가장 손쉬운 방법이므로 가장 널리 사용된 것으로 보인다. 1+6과는 상대적으로 자방이 작거나 연자의 지름이 클 경우에 채택된 방식으로 생각된다. 1+6과의 자방 지름 평균은 3.8㎝로 자방 지름 전체 평균인 4.8㎝보다 1㎝ 작은 것이 이를 뒷받침한다.[64] 1+5, 1+7, 1+9처럼 바깥 부분의 연

---

64) 수학적으로도 1+6과는 원을 1/6로 분할하는 방식으로, 6개의 정삼각형 내각(60°)의 총합이 하나의 원을 이루므로 당시에 원의 중심각이 360°라는 수학적 개념에 대한 인식이 없었더라도 도안을 구성하는 데는 큰 어려움이 없었을 것으로 생각된다.

자가 홀수 배치인 경우는 1+8과 1+6의 변형으로 판단된다. 이것을 더 변형하여 연자를 겹으로 배치한 1+7+16, 1+4+8, 1+5+11, 1+8+8과의 연자는 앞의 방식에 비해 후행하는 것으로 시간성을 반영한다고 생각된다. 연자 배치가 불규칙한 부정형은 막새를 여러 차례 개범(改范)하면서 생긴 결과로 판단된다.

(4) 주연 너비

앞서 웅진시기 수막새의 주연 너비는 1.5㎝ 이상의 넓은 주연과 1㎝ 미만의 좁은 주연 및 그 중간에 해당하는 1.2㎝의 주연으로 구분되며, 유형별로는 융기형(A)이 넓은 주연을 가지고, 원형돌기형(C)이 좁은 주연을 가진다는 점을 살펴보았다. 또한 이러한 주연 너비의 차이가 막새와 수키와를 접합하는 방식의 차이에 기인하는 것임을 확인한 바 있다. 다시 말해 접합 수키와의 단부가 수막새의 주연 상부를 이루는 접합방식이 사용된 수막새는 상대적으로 주연이 넓고, 막새 배면 상부와 수키와 내면 단부를 비스듬히 가공하여 접합하는 방식이 사용된 수막새는 주연이 좁아진다는 것이다.

사비시기 수막새 주연 너비의 평균값은 1.0㎝인 것으로 집계되며, 가장 넓은 것은 DIV-1식으로 2.0㎝이고, 가장 좁은 것은 DIX-1식으로 0.5㎝이다. 1.5㎝ 이상의 넓은 주연은 DIV-1식을 포함하여 9가지 형식에서 확인되는데, 주연 너비가 1.9㎝인 BIII-1식을 제외하면 모두 1.5㎝에 분포한다. 1.0㎝ 미만의 좁은 주연은 36개 형식에서 확인되는데, 주연 너비가 0.5㎝로 가장 좁은 DXI-1식을 기준으로 중간 지점인 0.7㎝ 이하는 11개 형식에서 확인되며, 0.8㎝ 이상은 25개 형식에서 확인되므로 0.8㎝ 이상인 것의 비중이 상대적으로 큰 편이다. 유형별로는 복판과 파문이 1.3㎝로 가장 넓고, 중판이 0.7㎝로 가장 좁다. 융기형(A)과 곡절형(E)도 0.9㎝로 평

표 40. 사비시기 수막새 유형별 주연 너비 평균값 　　　　　　　　　　　　　(단위 ㎝)

유형	A	B	C	D	E	F	G	H	I	J	복판	중판	파문	무문
평균	0.9	1.2	1.0	1.0	0.9	1.2	1.2	1.1	1.1	1.0	1.3	0.7	1.3	1.0

균값보다 작으며, 나머지 유형은 모두 1.0㎝ 이상이다.

　　주연 너비가 1.9㎝인 BⅢ-1식은 수막새 상부의 주연 위에 수키와를 덧대는 방식으로 접합한 것으로 보이며, 주연이 넓어진 것은 이러한 방식에 기인한 것으로 생각된다. 뒤에서 다루게 될 막새와 수키와의 접합 방식에서 수키와가 주연 상부를 덮는 C방식과 유사하지만 수키와와 막새를 가공하지 않은 것으로 보이는 점에서 차이가 있다. 주연 너비가 2.0㎝인 DⅣ-1식은 막새 가공 여부가 확인되지 않지만 주연 상부의 너비가 하부에 비해 넓은 모습을 보여주므로 BⅢ-1식과 유사한 방식으로 접합한 것으로 추정된다. 위 두 형식을 제외한 1.5㎝ 이상의 넓은 주연을 가진 7가지 형식에서 수키와 단부가 수막새의 주연 상부를 이루는 A방식은 BⅣ-2·DⅩⅣ·FⅡ·GⅡ의 4가지 형식에서 확인된다. BⅡ-2식은 막새 가공 여부를 확인할 수 없지만 수키와 단부가 막새 주연 상부를 덮은 모습이 확인되므로 C방식으로 접합하였을 가능성이 있으며, HⅢ식도 막새 가공 여부는 확인되지 않으나 수키와 단부가 막새 상부 전체를 덮은 것 같은 모습이 보이므로 A방식으로 접합한 것으로 추정된다. 파문Ⅲ은 막새 배면 상부에 1단의 턱을 두어 깎고 수키와 단부와 접합하는 E방식을 사용한 것으로 보인다.

　　이상의 내용을 중간 정리하면, 주연 너비가 1.5㎝ 이상인 수막새는 대부분 주연 상부에 수키와 단부가 위치하며, 접합 방식으로는 A방식이 가장 많이 사용된 것으로 나타났다. 다시 말해 웅진시기와 마찬가지로 주연 너비가 1.5㎝ 이상인 수막새의 경우, 주연 너비와 A방식의 접합 기법은 어느 정도 상관관계가 있는 것으로 판단된다.

주연 너비가 1.0~1.4㎝ 범위에 있는 수막새 중에는 10가지 형식(A Ⅹ·BⅣ·CⅡ·CⅫ·CⅩⅢ·DⅦ·EⅠ·FⅠ·HⅡ·파문Ⅰ·파문Ⅱ)에서 A방식이 나타나는 반면 주연 너비가 1.0㎝ 미만인 10가지 형식(AⅨ·CⅨ·CⅩ Ⅲ-1·DⅠ-1·DⅡ·DⅨ·DⅩ·DⅩ-2·EⅧ·HⅡ-2)에서도 A방식이 확인되므로 위의 결과와 다소 차이가 있다. 그렇다면 사비시기 수키와의 평균 두께가 1.0㎝ 이상임에도 수키와 단부가 막새 주연 상부를 이루는 A방식의 접합기법을 사용한 막새의 주연 두께가 1.0㎝ 이하의 수치를 보이는 이유는 어떻게 설명할 수 있을까? 본 연구에서는 수키와 내면 단부를 조정하는 공정과 관계가 있는 것으로 본다. 앞의 사비시기 수키와 분석 결과에 따르면, 부여 정암리 가마터와 청양 관현리 가마터 출토 기와는 내면 단부를 조정하지 않았지만 청양 왕진리 가마터 출토 기와는 모두 단부를 조정하였다. 기와의 내면 단부 조정은 지붕 위에 기와를 서로 포개어 올릴 때 생기는 간극을 최소화하기 위해 기와 내면의 지름을 넓히는 공정으로 이 과정에서 기와의 두께가 얇아지게 된다. 다시 말해 막새와 접합하는 기와 단부의 두께가 얇아지게 되므로 막새의 주연을 이루는 수키와의 단부가 1.0㎝ 이하로 줄어들게 되면서 막새 주연의 너비도 1.0㎝ 이하로 좁아지게 되는 것으로 생각된다.

(5) 접합 방법

막새와 수키와를 접합하는 방법에 대해서는 일찍이 많은 연구자들이 관심을 가지고 연구를 진행해왔다. 한성시기에는 막새와 원통형 수키와를 접합한 후 원통형 수키와를 세로로 반절(半切)하는 방식이 보편적으로 사용되었으나 4세기 말 무렵 반절된 단면 호형(弧形)의 수키와를 막새에 접합하는 방식이 도입되었으며, 웅진시기에 이와 같은 방식이 보편화되었다. 웅진시기에는 막새 주연 상부를 잘라내고 반절된 수키와의 단부를 접합하여 수키와의 단부가 막새 주연의 상부를 이루는 방식이 먼저 사용되었으며, 5세기 초에 막새 배면 상부와 수키와 내면 단부를 비스듬히 가공하여 접합하는 새로운 방식이 도입되어 2가지 방식이 모두 사용되었다. 사비시기에는 이보다 다양한 접합 방식이 사용되었는데, 연구자에 따라 30여 가지 방식으로 세분하여 연구하기도 한다.[65]

막새와 수키와를 접합하는 방법은 막새에 접합하는 수키와의 단면 형태가 원통형에서 호형으로 변화함에 따라 함께 변화하게 된다. 이후 세로로 반절된 단면 호형의 수키와를 접합하는 다양한 방법을 지속적으로 개발하는 과정에서 지역별 혹은 와공집단별로 접합 방법이 분화하고, 보편화한 것으로 보인다. 접합 방법을 개량하고, 발전시키는 방향에는 작업의 편의성, 접합된 기와의 내구성, 기와의 생산성이라는 세 가지의 요소가 고려되었을 것으로 생각된다. 다시 말해 제작 공정이 효율적이어야 하고, 생산된 결과물에 하자가 없어야 하며, 작은 노력으로 다량의 기와를 생산할 수 있이야 한다는 것이다.

최근 사비시기 수막새에 대한 관찰 결과를 토대로 수키와와의 접합 방법을 9가지 유형으로 나누고 16가지 방식으로 정리한 연구[66] 결과가 있지만 본 연구에서는 이 내용을 참고로 하되 관찰자의 입장이 아닌 제작자의 입장에서 막새와 수키와의 접합 위치, 막새 및 수키와의 가공 여부, 가공 형태 등에 따라 접합 방법을 아래의 5가지로 단순화하여 살펴보고자 한다.

A방식: 주연 상부를 제거하고 수키와 단부를 접합

---

65) 戶田有二, 2001, 「百濟の鐙瓦製作技法について -特に漢城時代と熊津時代を中心として」, 『백제문화』 37.
66) 국립부여문화재연구소, 2014, 『백제 사비기 기와 연구Ⅵ』, pp.133~136.

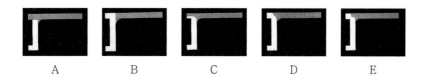

그림 05 접합 방식 분류표

B방식: 주연부를 제거하지 않고 막새 배면에 수키와를 접합

C방식: 주연 일부와 막새 배면 및 수키와 내면 단부를 가공하여 접합

D방식: 막새 배면 상부와 수키와 내면 단부를 비스듬히 가공하여 접합

E방식: 막새 배면과 수키와 단부 내면을 'ㄱ'자로 가공하여 접합

A방식은 와범(瓦范)에 찍어 낸 점토 상태의 막새 주연 상부를 잘라내고, 그 자리에 반건조 상태의 수키와 단부를 접합하여 수키와 단부가 막새 주연의 일부를 이루게 하는 방식이다. 이 방식은 접합을 위한 가공 부위가 막새에만 해당하기 때문에 공정이 단순하고, 접착면이 비교적 넓은 곡면에 형성되므로 사비시기에도 널리 사용된 것으로 판단된다.[67] 이미 웅진 시기의 공산성 출토 수막새에 나타났던 방식으로 본 연구에서는 28개 형식에서 확인되며, A방식 추정 8개 형식을 포함하면 36개 형식으로 늘어난

---

67) 어느 접합 방식이 가장 널리 사용되었는지에 대해서는 단일한 막새 문양 형식에도 다양한 접합기법이 사용되므로 특정 문양 형식과 특정 접합 방식을 획일적으로 판단할 수 없다. 이를 위해 모든 유적 출토품에 대한 전수조사가 선행되어야 유의미한 통계 결과가 나올 수 있겠지만 이는 추후의 과제로 남겨두고자 한다. 다만 특정 문양 형식을 대표하는 수막새에서 확인되는 사례를 통해 사비시기 막새 접합 방식의 일면은 파악할 수 있을 것으로 생각된다.

다.[68] 국립부여문화재연구소(이하 부문연) 분류안의 A방식에 해당한다.

B방식은 점토 상태의 막새를 가공하지 않거나 접착면만 약간 가공한 뒤 막새 배면에 직접 수키와의 단부를 접합하는 방식이다. 이 방식은 막새와 수키와를 가공하지 않거나 최소한의 가공만이 이루어지기 때문에 가장 공정이 단순한 반면 접착 면적이 비교적 작고, 평면 상태에서 접착이 이루어지기 때문에 완성된 기와의 내구성은 가장 약할 것으로 판단된다. 본 연구에서는 5개 형식에서 확인되며, B방식 추정 4개 형식을 포함하면 9개 형식에서 관찰된다. 부문연 분류안의 G방식에 가깝다.

C방식은 막새의 배면과 주연 일부를 가공하여 수키와와의 접착면을 만들고 수키와도 같은 형태로 가공하여 접합하는 방식이다. 이 경우 가공된 수키와 일부가 주연 상부를 덮어 잔여 주연과 함께 막새 주연부를 이루게 된다. 이 방식은 접착면을 만들기 위해 막새와 수키와를 모두 가공해야 하기 때문에 공정은 비교적 복잡하지만 막새의 상면과 배면에 모두 접착면이 생기기 때문에 비교적 견고한 결과물을 만들어 낼 수 있다는 장점이 있다. 본 연구에서는 7개 형식에서 확인되며, C방식 추정 9개 형식을 포함하면 16개 형식에서 사용되었다. 부문연 분류안의 B방식에 해당한다.

D방식은 막새 배면 상부와 수키와 단부를 비스듬히 가공하여 서로 접합하는 방식이다. A방식과 마찬가지로 웅진시기부터 사용되었다. C방식과 마찬가지로 막새와 수키와를 모두 가공하여 접착면을 만들기 때문에 공정은 비교적 복잡하지만 단을 형성하는 2차 가공이 없기 때문에 상대적으로 난이도는 높지 않은 것으로 생각된다. 막새와 수키와를 모두 비스듬

---

68) 추정 형식이란 해당 관찰 부위가 결실되었거나 막새와 수키와가 완전히 분리되지 않아서 직접적인 관찰이 어렵지만 다른 관찰 요소를 통해 접합 방식을 추정하는 경우를 뜻한다.

히 직선으로 가공하기 때문에 접착면은 C방식에 비해 넓지 않다. 본 연구에서는 6개 형식에서 확인되며, D방식 추정 1개 형식에서도 보인다. 부문연 분류안의 C, D, E방식에 해당한다.

　E방식은 막새 배면을 'ㄱ'자로 깎아 턱을 두고 수키와를 같은 형태로 가공하여 접합하되 수키와의 단부가 주연 위로 돌출되지 않게 하는 방식이다. 이 방식은 막새와 수키와를 모두 가공하여 접착면을 만들기 때문에 공정은 비교적 복잡한 편이지만 막새의 배면에 단을 두어 2개의 접착면을 만들기 때문에 내구성이 높은 것으로 생각된다. 특히 수키와 단부가 막새 주연부를 넘어 돌출되지 않기 때문에 주연의 형태를 다시 정리하기 위한 작업이 필요 없다는 장점이 있다. 12개 형식에서 확인되며, 부문연 분류안의 F방식에 해당한다.

(6) 배면 조정 방식

　막새 배면은 와범에 찍어 문양을 낸 이후 표면을 정리하는 과정에서 흔적을 남기게 된다. 사비시기 수막새의 배면 조정 방법은 물손질, 회전물손질, 깎기, 타날, 지두흔의 5가지 방법이 사용되었으며, 조정을 하지 않은 것은 무조정으로 분류하였다. 물손질은 손으로 막새 배면을 문지르는 방식으로 제작 과정에서 발생한 불규칙한 표면을 정리하는 공정으로 40개 형식에서 확인되어 가장 많이 사용된 방법으로 생각된다. 회전물손질은 회전력을 이용하여 막새 배면을 정리하는 공정으로 27개 형식에서 관찰되었다. 깎기는 막새 배면 하단에 밀린 점토를 와도로 깎아 조정하는 공정으로 BII-3식에서만 확인되었다. 타날은 와범에 눌러 불류칙해진 막새 배면을 두들개로 두드려 표면을 정리하는 공정으로 DXIV와 IIII식에서 확인되었다. 지두흔은 막새 배면의 불규칙한 면을 손으로 눌러 조정하여 남은 흔적으로 BII-2와 DXI식에서 확인된다.

표 41. 배면 조정 방법

방식	물손질	회전	깎기	타날	지두흔	무조정
수량	40	27	1	2	2	20

조사 결과를 놓고 볼 때 사비시기에 막새 배면 조정은 대부분 물손질 혹은 회전물손질처럼 손을 사용하는 방식으로 이루어졌고, 와도나 두들개 같은 도구는 많이 사용되지 않은 것으로 보인다. 회전물손질 방식의 배면 조정은 5세기 초 무렵 중국 남조를 통해 도입된 기술이라는 기존 연구가 있지만[69] 아직 중국 남조 기와에 대한 연구가 충분하지 않다는 점, 와범을 올려 놓을 수 있는 회전대와 같은 도구가 이미 토기 제작에 사용되고 있다는 점을 고려할 때 외래기술의 도입 여부에 대해서는 향후 자료 증가에 따른 추가 연구가 필요한 것으로 생각된다.

(7) 정선도, 소성도, 색조

정선도에 따라 사립(沙粒) 등이 거의 혼입되지 않은 정선된 태토를 '상', 약간의 사립이 포함되었지만 비교적 정선된 태토를 '중', 굵은 입자 등이 다량 혼입된 다소 거친 태토를 '하'로 구분하였다.

태토의 정선도는 사립이 일부 포함되지만 비교적 정선된 중간 정도의 정선도를 가진 것이 46개로 가장 많고, 사립이 거의 혼입되지 않은 정선된 태토를 가진 것이 25개로 다음을 차지하므로 사비시기에는 대체로 정선된 태토를 사용하여 기와를 제작하였고, 굵은 사립이 혼입된 거친 태토는 상대적으로 많이 사용되지 않았음을 알 수 있다. 또한 태토 정선도가 상에

---

69) 淸水昭博, 2003, 「백제 대통사식 수막새의 성립과 전개」, 『백제연구38』, 충남 대 백제연구소, p.61.

표 42. 태토 정선도

태토의 정선도	상	중	하	계
수량	25	46	21	92

서 중으로 변화하는 것은 태토에 사립을 혼입시키는 비중을 높임으로써
가소성(可塑性)을 증가시켜 기와의 두께를 늘이는 실용적인 선택이 작용
한 것이라고 생각한다.

소성도의 분류는 도질에 가까울 정도로 고온 소성되어 단단한 상태를
'상', 경질로 손에 묻어나지 않을 정도의 경도를 가진 것을 '중', 손에 입자
가 묻어날 정도로 낮은 경도를 가진 것을 '하'로 구분하였다.

소성도는 경질 이상의 높은 소성도를 가진 상과 중을 합하여 56개로
높은 비중을 차지하지만 하 이하의 비교적 낮은 경도를 가진 것도 36개로
다수 확인된다. 낮은 소성도의 기와가 여전히 많이 생산되었다는 것은 백
제 기와 가마의 구조와 계통의 다양성에서 비롯된 것으로 보인다. 삼국 중
에서 가장 이른 시기에 기와가 사용된 것으로 보이는 고구려 영역에서 아
직 정식 조사되어 보고된 사례가 매우 드문 여건에서 백제의 기와 가마는
삼국시대 기와 가마의 시원적 모습을 보여주는 것으로 생각된다.[70] 백제
사비시기 가마는 일부를 빼면 등요가 많지만 부여 정암리, 왕흥사지, 청양
왕진리 가마 등에서는 평요도 적지 않게 확인된다. 평요는 열효율이 낮은
구조적 특징으로 구들식 바닥과 여러 개의 배연구를 만들어 이를 보완하
였다. 또한 부여 궁남지에서는 중국계 가마와 유사한 시설이 발견되기도
하였다. 이와 같은 백제 기와 가마의 다양성이 소성도의 분포에 영향을 준

---

70) 국립중앙박물관, 2021, 『한국 고대 기와 생산유적 자료집』, p.13.

표 43. 소성도

소성도	상	중	하	계
수량	22	34	36	92

것으로 보인다.

색조는 소성온도나 가마 안에서의 산화 혹은 환원 분위기에 따라 결정된다. 환원염 소성의 경우 흑색 혹은 회색 계통으로 소성되고, 산화염 소성의 경우 갈색 혹은 적색 계통으로 소성된다. 크게 회색과 갈색 계통의 색조를 기본으로 가마 안에서의 조건에 따라 회백색, 연회색, 회청색, 회흑색, 회갈색, 연갈색, 적갈색과 같은 다양한 중간색이 결정된다.

회색이 35개로 가장 많은 수를 차지하며, 전체적으로 회색 계통은 79개 정도 확인되어 사비시기 기와는 환원염 소성된 회색 계통의 기와가 대다수를 차지하는 것으로 보인다. 그렇지만 산화염 소성된 갈색 계통의 기와도 10여 점 확인된다.

표 44. 색조

색조	회백	연회	회색	회청	회흑	회갈	연갈	갈	적갈	계
수량	11	17	35	6	10	1	6	5	1	92

표 45. 사비시기 수막새 형식별 속성   (단위 ㎝)

연번	형식	직경	자방경	연자수	주연폭	접합	배면	태토	소성도	색조
1	AⅤ	15.0	4.3	1+8	0.8	E	회전	중	하	회
2	AⅥ	15.5	4.4	1+8	1.4	C	물손질	중	상	회흑
3	AⅦ	13.8	4.8	1+7	0.6	C	무	하	하	연갈

연번	형식	직경	자방경	연자수	주연폭	접합	배면	태토	소성도	색조
4	AⅧ	13.5	3.5	1+6	1.0	(B)	–	상	하	연회
5	AⅨ	15.0	4.8	1+7	0.7	A	물손질	하	상	회
6	AⅩ	15.7	4.0	1+8	1.1	A	회전	하	하	회
7	BⅠ	10.5	3.2	1+6	1.0	C	물손질	중	하	회백
8	BⅠ-1	15.1	4.4	1+7	1.2	B	물손질	중	중	갈
9	BⅡ	12.7	2.5	1+4	1.0	E	회전	중	중	회
10	BⅡ-1	14.3	4.0	1+8	1.3	(C)	무	중	하	회
11	BⅡ-2	12.8	3.9	1+7	1.5	(C)	물/지두	중	중	회
12	BⅡ-3	15.7	4.2	1+9	1.1	–	깎기	하	중	회
13	BⅢ	14.4	3.7	1+8	0.8	E	회전	상	중	회
14	BⅢ-1	14.0	3.4	1+6	1.9	(C)	무	하	하	회
15	BⅢ-2	14.0	5.0	1+4	0.7	A	물손질	중	상	회백
16	BⅣ	12.8	2.5	1+4	1.0	A	물손질	하	하	연갈
17	BⅣ-1	13.8	2.8	무	1.2	(B)	물손질	하	하	회백
18	BⅣ-2	14.5	3.0	1+8	1.5	A	물손질	중	상	회
19	CⅠ	12.5	2.7	1+6	0.9	–	회전	상	상	회청
20	CⅡ	12.5	3.2	1+8	1.0	A	회전	하	상	회흑
21	CⅢ	12.5	2.8	1+6	0.8	C	회전	상	상	회흑
22	CⅣ	14.3	3.0	1+8	0.8	D	회전	중	중	회
23	CⅤ	14.0	3.3	1+8	0.8	E	무	중	하	회
24	CⅥ	15.0	3.5	1+8	0.9	(C)	회전	하	하	갈
25	CⅦ	11.0	2.3	1+8	–	A	무	중	중	회
26	CⅧ	15.2	4.0	1+8	0.8	C	무	상	하	회
27	CⅨ	14.0	3.1	1+5	0.6	A	무	하	하	연회
28	CⅩ	14.2	3.0	1+7+16	1.1	D/E	회전	중	하	연회
29	CⅪ	13.5	4.0	1+4	1.1	(C)	물손질	중	중	연갈
30	CⅪ-1	(12.0)	4.0	1+6	1.3	A	물손질	하	상	회청
31	CⅫ	19.0	5.0	1+8	1.1	A	물손질	중	하	회백
32	CⅩⅢ	12.0	3.2	1+6	1.0	A	물손질	중	중	회흑
33	CⅩⅢ-1	15.5	3.8	1+4	0.9	A	회전	상	하	회백

연번	형식	직경	자방경	연자수	주연폭	접합	배면	태토	소성도	색조
34	CXIV	13.3	3.5	1+6	1.2	(C)	물손질	상	중	회백
35	DI	14.3	4.6	1+8	1.0	D	물손질	중	상	회
36	DI-1	15.7	4.4	1+6	0.9	A	회전	상	하	회갈
37	DII	13.8	4.8	1+4	0.9	A	무	상	중	회흑
38	DII-1	13.4	4.7	1+4	1.1	B	물손질	중	하	연회
39	DIII	16.7	6.0	1+8	1.3	-	물손질	중	하	회
40	DIV	12.2	3.3	1+5	0.8	D	회전	상	상	회흑
41	DIV-1	16	3.5	1+4	2.0	(C)	회전	하	하	연회
42	DV	14.1	3.8	1+4	1.0	E	무	하	하	연회
43	DV-1	17.0	5.0	1+4	0.7	(B)	물손질	중	상	회백
44	DVI	14.2	5.0	1+5	1.0	B	물손질	중	중	회흑
45	DVII	14.0	4.0	1+6	1.0	(A)	무	중	하	회
46	DVIII	12.4	4.5	1+8	-	A	물손질	중	하	연회
47	DIX	15.6	3.2	1+8	0.8	A	회전	상	상	회
48	DIX-1	15.0	3.0	1+8	0.5	A	회전	상	중	연회
49	DX	15.6	4.4	1+7+16	0.9	(A)	물손질	하	하	회
50	DX-1	15.8	3.7	1+4+8	0.8	-	물손질	중	중	회흑
51	DX-2	15.0	3.7	1+5+11	0.6	A	물손질	중	중	연회
52	DXI	15.0	3.7	부정형	1.0	(C)	물/지두	중	중	회
53	DXII	15.6	3.6	1+8	1.2	C	물손질	상	중	회
54	DXIII	15.5	4.5	1+8	0.8	(B)	회전	상	중	회
55	DXIV	16.8	4.4	1+4	1.5	A	타날	하	중	회
56	EI	12.5	4.2	1+6	1.2	(A)	회전	상	중	회
57	EII	11.4	3.8	1+6	1.0	(A)	무	상	상	회
58	EIII	10.4	3.0	1+6	0.7	(D)	물손질	중	상	회
59	EIV	11.5	4.0	1+8	0.7	A	무	중	중	회
60	EV	15.0	4.6	1+8	1.0	(D)	무	중	상	연회
61	EVI	14.0	4.0	1+5	1.1	E	무	상	상	회
62	EVII	13.2	4.5	1+5	0.9	(C)	회전	중	상	회흑
63	EVIII	13.3	3.5	1+6	0.9	(A)	회전	중	하	회백

연번	형식	직경	자방경	연자수	주연폭	접합	배면	태토	소성도	색조
64	EIX	13.0	4.5	1+5	0.9	A	물손질	상	중	갈
65	FⅠ	15.0	4.5	무	1.4	A	물손질	상	상	회청
66	FⅡ	13.0	4.0	1+6	1.5	A	무	하	중	연갈
67	FⅢ	13.0	3.6	1+8	-	A	무	하	하	연갈
68	FⅣ	13.0	4.0	1+4+8	0.6	B	물손질	중	하	갈
69	FⅤ	15.5	3.6	1+6	1.2	B	무	상	하	연회
70	GⅠ	14.0	3.8	1+6	0.9	C	무	하	중	회청
71	GⅡ	(12.8)	3.8	1+6	1.5	A	무	중	상	회청
72	HⅠ	16.3	5.0	1+8	0.9	-	무	중	상	연갈
73	HⅠ-1	14.0	4.4	1+5	1.3	B	물손질	중	하	적갈
74	HⅡ	(10.2)	4.1	1+8	-	(A)	물손질	하	하	회백
75	HⅡ-1	14.0	4.8	1+6	0.8	B	-	중	하	회
76	HⅡ-2	15.5	4,5	1+5	0.8	A	물손질	중	중	회
77	HⅢ	14.2	3.8	1+8+8	1.5	(A)	물손질	중	하	회
78	IⅠ	15.0	6.5	1+8	1.2	-	회전	중	중	회흑
79	IⅡ	15.7	5.2	1+8	0.8	D/E	타날	하	하	회청
80	IⅢ	14.3	5,4	1+6	1.1	-	물손질	중	중	연회
81	IⅣ	14.5	4.3	1+6	1.3	-	물손질	하	하	회백
82	JⅠ	12.5	4.6	1+6	1.1	-	회전	중	중	회
83	JⅡ	13.0	4.5	1+5	0.9	A	물손질	상	중	갈
84	복판	11.2	3.5	1+6	1.3	-	물손질	중	중	회백
85	중판	8.5	3.1	1+8	0.7	E	물손질	상	하	연회
86	파문Ⅰ	16.0	3.0	-	1.1	D/E	회전	중	중	연회
87	파문Ⅰ-1	16.0	3.0	-	1.1	A	물손질	중	상	회
88	파문Ⅱ	16.3	2.4	-	1.4	(A)	회전	상	중	연회
89	파문Ⅱ-1	(7.4)	-	-	1.3	-	회전	상	중	연회
90	파문Ⅲ	16.8	1.8	-	1.5	E	물손질	상	중	회
91	파문Ⅳ	18.2	-	-	1.3	-	회전	중	상	회
92	무문	16.3	-	-	1.0	E	회전	중	하	연회

VI. 기와의
특성과
변천

1. 기와의 생산과 유통

1) 생산 유적 현황

백제의 기와 가마는 사비시기의 왕도였던 부여를 비롯하여 인접한 청양 일원에 15개소의 유적이 집중 분포하고 있으며, 대전과 서천·보령·아산 등 충남 지역, 전북 익산·김제·진안 등 한반도 서남부 백제 영역에 9개소의 유적이 고루 분포되어 있다.[1] 웅진시기의 왕도였던 공주 지역에서는 아직 기와 가마가 조사된 사례가 없으며, 한성시기의 기와 생산 유적은 현

---

[1] 엄기일, 2009, 「사비기 백제 와요의 구조변화 연구」, 공주대학교 석사학위논문.
국립문화재연구소, 2019, 『한국고고학전문사전 -생산유적편-』.
배나리, 2021, 「백제 기와가마의 변천과 특징」, 계명대학교 석사학위논문.
국립중앙박물관, 2021, 『한국 고대 기와 생산유적 자료집』.

재 인천 불로동 유적의 토기·기와 겸용 가마가 유일하다.[2]

사비시기의 기와 가마는 가마의 위치 및 운영 주체에 따라 도성 내에서 운영하던 중앙 가마와 도성 외부의 지방 가마로 나눌 수 있다. 도성 내 가마터 15곳 중 부여 정암리·능산리사지·왕흥사지·궁남지와 청양 관현리·왕진리 등 6개 유적은 정식으로 발굴조사가 이루어져 백제 가마의 구조와 출토유물에 관해 많은 정보를 주었다. 가마 생산품의 수급(受給) 양상에 따라 부여 능산리사지·왕흥사지 가마는 사찰에 기와를 조달하던 사찰

표 46. 백제 기와 가마 주요 유적 현황

유적명	연대	유구	유물
인천 불로동 유적	3~4C	가마 1기	평기와, 대형 옹 등
부여 정암리 유적	6C 중~7C 초	가마 12기 (백제 10기)	막새, 평기와, 토기류 등
부여 능산리사지	6C 후~7C 초	가마 2기	평기와
부여 왕흥사지	6C 후~7C 초	가마 17기 (백제 16기)	막새, 평기와, 전 등
부여 궁남지 유적	6C 전	가마 1기	없음
청양 관현리 유적	7C	가마 1기	막새, 평기와, 토기, 전 등
청양 왕진리 유적	7C	가마 6기	막새, 평기와, 인각와
익산 연동리 유적	7C	가마 2기	막새, 평기와, 인각와 등
대전 월평동 유적	6C 후~7C 전	가마 1기	평기와, 토기편
서천 신검리 유적	6C 후~7C 전	가마 15기 (백제 7기)	평기와 등
보령 용수리 유적	6C 후~7C 전	가마 14기 (백제 3기)	평기와
아산 풍기동 유적	6C 후~7C 전	가마2기	평기와
당진 대전리 유적	7C 초	가마 4기	토기, 기와
김제 신덕동 유적	7C 전~7C 중	가마 2기	막새, 평기와, 토기류
진안 월계리 유적	7C 후	가마 3기	평기와, 토기편

---

2) 한국문화재보호재단, 2007, 『인천 불로동 유적』.

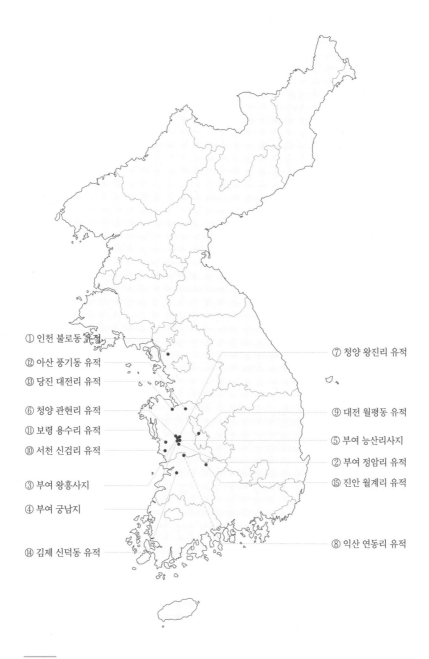

① 인천 불로동 유적

⑫ 아산 풍기동 유적

⑬ 당진 대전리 유적

⑥ 청양 관현리 유적

⑪ 보령 용수리 유적

⑩ 서천 신검리 유적

③ 부여 왕흥사지

④ 부여 궁남지

⑭ 김제 신덕동 유적

⑦ 청양 왕진리 유적

⑨ 대전 월평동 유적

⑤ 부여 능산리사지

② 부여 정암리 유적

⑮ 진안 월계리 유적

⑧ 익산 연동리 유적

그림 06 백제 기와 가마 주요 유적 분포

전용 가마이며, 부여 정암리와 청양 관현리·왕진리 가마는 왕실 관련 건축물이나 사찰 등 다양한 수요를 충당하던 공용 가마이다. 공용 가마는 도성 중심부와 떨어져 있으면서도 수운이 편리한 지점에 입지한다.

사비시기의 지방 가마는 충남과 전북 지역 9곳에 분포한다. 그중 정식으로 발굴보고서가 간행되어 유적의 전모를 확인할 수 있는 곳은 대전 월평동과 충남 서천 신검리, 보령 용수리, 아산 풍기동, 당진 대전리와 전북 익산 연동리, 김제 신덕동, 진안 월계리 유적 등 8개소이다. 왕도에서 멀리 떨어진 지역에서 운영되던 지방 가마들은 대부분 지역 내 수요지에 기와를 자체 조달하는 생산시설이었던 것으로 판단된다. 가마의 구조나 출토 유물에서 백제 중앙과의 높은 관련성을 보여주지만 축조 재료 등 세부적으로 지역적인 특징이 나타나기도 한다.

2) 생산체제

(1) 입지

기와 가마의 입지는 기와 생산을 위한 3대 원료인 점토와 물, 그리고 땔감인 나무를 구하기 쉽거나 수운(水運) 등의 교통이 편리한 곳을 고려하여 결정하게 된다. 또한 수요지와의 관계 등 수급관계의 성격도 가마의 입지에 영향을 미친다.

부여 능산리사지, 왕흥사지, 정림사지와 같은 대규모 사찰은 자체적으로 전용 가마를 운영하였던 것으로 보인다. 능산리사지 남편과 서편 가마터, 왕흥사지 동편 가마터, 정림사지 가마터는 사찰에서 운영하던 전용 가마로 소비지인 사찰과 근거리에 입지한다. 사비시기에는 도성 건설과 사찰 건립 등 건축 활동이 활발했던 것으로 보이는데, 이처럼 도성 내외에서 발생하는 기와 수요를 충당하기 위해 대규모 기와 생산시설인 공용(共用) 가마가 조성된다. 부여 정암리 가마터, 청양 왕진리 가마터가 대표적이다. 두 가마터는 접안(接岸)이 가능한 강변에 입지하는데, 수운을 이용하여 다수의 소비지에 공급하기 위해 교통을 최우선적으로 고려한 결과이다.

(2) 생산시설

백제의 기와 가마는 대부분 사비시기에 집중되어 있지만 인천 불로동 유적은 3~4세기에 운영되던 한성시기의 가마이다. 본래 대형 옹(瓮)을 생산하기 위한 목적으로 구축되었지만 기와도 함께 생산하였던 겸용(兼用) 가마였던 것으로 추정된다. 반지하식 등요(登窯)이며, 요전부 평면은 원형이다. 연소실 평면은 역제형(逆梯形), 소성실은 주형(舟形)이고, 바닥은 무계식(無階式)이다. 단벽(段壁) 경사는 17°이다. 현재 고구려 기와 가마의 조사 사례가 부족한 여건에서 이 가마의 구조적 특징은 삼국시대 초기 기와 가마의 시원적(始原的) 모습을 보여주는 사례이다.

웅진시기의 가마는 공주 지역에서 아직 확인되지 않고 있으며, 무령왕릉이나 송산리고분군에서 출토되는 벽돌의 동범품(同范品)이 부여 정동리 가마터에서 출토되어 웅진시기 공주 지역에 벽돌을 공급하였던 가마로 인식되고 있다. 하지만 정식 발굴조사가 실시되지 않아서 가마의 구조 등에 관한 상세한 내용은 알 수 없다.

사비시기 기와 가마는 일부 횡염식(橫焰式)을 제외하면 대부분 반도염식(半倒焰式) 가마이다. 횡염식이 배연구(排煙口)가 소성실(燒成室) 후벽 천정에 있어서 열이 빨리 배출되는 것에 비해 반도염식은 천정에 도달한 화염이 다시 아래로 내려오도록 시설되어 열을 가마 내에 오래 가두는 구조이다. 열효율이 높기 때문에 토기보다 두꺼운 기와를 소성하기 유리한 구조적 장점이 있는 반도염 소성방식의 가마를 채택한 것으로 보인다.[3] 또

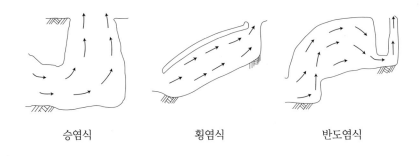

승염식   횡염식   반도염식

그림 07 소성방식별 화염 유동 모식도

한 백제 기와 가마의 축조 위치는 일부 반지하식을 제외하면 모두 지하식으로 축조되었다. 이는 주로 반지하식으로 축조된 신라와는 다른 백제 기와 가마의 커다란 특징 중 하나이다.[4] 백제 기와 가마의 내부 시설 중 소성실 바닥은 12~30° 정도의 경사면을 따라 열기를 전달하는 등요(登窯)가 많지만 경사도 10° 미만의 평요(平窯)도 적지 않아 축조 방식의 다양성은 백제 기와 가마의 또 다른 특징이 된다. 평요는 열기를 골고루 전달하기 위해 소성실 바닥에 구들식 구조를 가진다. 평요의 소성실 평면은 장방형이며, 후벽이 넓기 때문에 2~3개의 배연구를 조성하였는데, 신라와 통일신라는 평요의 경우에도 소성실 후벽을 곡선으로 마감하여 1개의 배연구를 두어 차이가 있다. 등요는 경사진 소성실 바닥에 계단을 둔 유계식(有階式)으로 설치하기도 한다. 계단은 기와를 활용하여 와단(瓦段)을 쌓는 방식이 많이 사용되었으나 일부 지방 가마에서는 석재를 사용하기도 하였다.

---

3) 문옥현, 2012, 「백제 사비기 기와 생산시설과 생산체제의 일단」, 『백제 사비기 기와 연구Ⅳ』, p147.
4) 국립중앙박물관, 2021, 『한국 고대 기와 생산유적 자료집』, p.79.

계단이 없는 무계식(無階式)의 경우에는 암반을 그대로 이용하거나 소성
실 바닥에 기와를 규칙적으로 열을 지어 까는 방식이 고루 사용되었다.

표 47. 사비시기 기와 가마 구조 및 주요 시설

유적명	유구명	소성방식	축조 위치	축조 방식	단벽	소성실			연도 배연구
					재료	평면	바닥형태		
정암리	A-1	반도염식	지하	평요	암반/기와	장방형	무계식		2
	B-2	반도염식	지하	평요	암반	제형	유계식(와단)		3
	B-3	반도염식	지하	평요	암반	제형	유계식(와단)		3
	B-5	반도염식	지하	평요	암반	제형	유계식(와단)		3
	B-6	반도염식	지하	등요	암반	제형	유계식(와단)		3
	B-7	반도염식	지하	등요	와적	타원형	유계식(와단)→무계식		1
	B-8	반도염식	지하	등요	암반	타원형	유계식(와단)		1
	B-9	반도염식	지하	등요	암반	타원형	무계식		1
능산리	1	반도염식	반지하	등요	암반?	타원형	유계식		1
	2	반도염식	지하	등요	–	제형	유계식		1
왕흥사	2	반도염식	지하	등요	석재/기와	장방형	무계식(와열)		1
	3	반도염식	지하	평요	석재/기와	장방형	구들식(석재)		3
	4	반도염식	지하	등요	석재/기와	장방형	무계식		1
	5	반도염식	지하	등요	석재/기와	장방형	유계식(와단)		11
	6	반도염식	지하	등요	석재/기와	장방형	무계식		1
	7	반도염식	지하	등요	석재/기와	장방형	무계식(와열)		1
	8	반도염식	지하	등요	암반	장방형	무계식(와열)		1
	9	반도염식	지하	등요	암반	제형	무계식		1
	10	반도염식	지하	등요	암반	제형	무계식		1
	11	반도염식	지하	등요	암반	제형	무계식		1
	12	반도염식	지하	등요	암반/기와	제형	무계식		1
	13	반도염식	지하	등요	암반	타원형	무계식		1
	14	반도염식	지하	등요	석재/기와	–	무계식		–
	15	반도염식	지하	등요	암반/기와	–	무계식		–
	16	반도염식	지하	등요	암반/기와	–	무계식(와열)		–
	17	반도염식	지하	등요	기와/석재	–	무계식		–

유적명	유구명	소성방식	축조 위치	축조 방식	단벽 재료	소성실 평면	소성실 바닥형태	연도 배연구
관현리	1	반도염식	지하	등요	암반	장방형	무계식(와열)	2
왕진리	B-1	반도염식	지하	등요	-	-	무계식	1
	B-2	반도염식	지하	등요	-	제형	유계식(와단)	1
	A-3	반도염식	지하	등요	암반	제형	유계식(와단)	1
	A-4	반도염식	지하	평요	석재?	장방형	구들식(석재)	3
	A-5	반도염식	지하	등요	-	장방형?	무계식→유계식(와단)	1
	A-6	반도염식	지하	등요	-	제형	유계식 (암반→기와/점토)	1
연동리	2	반도염식	지하	등요	암반	장방형	무계식	1
월평동	1	반도염식	반지하	등요	암반	-	유계식(와단)	-
신검리	7	반도염식	지하	등요		세장방형	유계식	1
	8	반도염식	지하	등요	-	-	-	1
	10	반도염식	지하	등요				
	12	반도염식	지하	등요	기와/석재	장방형	무계식(와열)→유계식 (기와/석재)→무계식	1
	13	반도염식	지하	등요	기와/석재	장방형	무계식→유계식(와단)	1
	14	반도염식	지하	등요	암반	세장방형	유계식(1단: 와단)	1
	15	반도염식	지하	등요	-	-	-	
용수리	I-1	반도염식	-	평요	암반	-	-	
풍기동	1	반도염식	-	등요	-	타원형?	무계식	1
	2	반도염식	-	등요	암반		유계식	-
대전리	KY-1	반도염식	지하	등요	암반	타원형	무계식	1
	KY-2	반도염식	지하	등요	암반	타원형	무계식	1
	KY-3	반도염식	지하	등요	암반	타원형	무계식	1
	KY-4	반도염식	지하	등요	암반	타원형	무계식	1
신덕동	1	반도염식	지하	등요	암반	장방형	유계식(와단)	-
	2	반도염식	지하	등요	암반	장방형	무계식(와열)	-
월계리	1	반도염식	반지하	등요	암반	-	유계식	-
	2	횡염식	지하	등요	암반	타원형	유계식(석재)	1

(3) 생산조직

기와의 생산은 제작기술 및 생산시설의 변화에 따라 운영체제가 변화하며, 생산조직의 변화를 수반한다. 백제 기와의 제작기술은 한성시기에 와통(瓦桶)과 점토판 소지의 사용으로 토기 제작기술에서 독립하게 되었으며, 기와 생산의 주체가 도공(陶工)에서 와공(瓦工)으로 변화하게 되었다. 기와 생산시설은 반도염식(半到焰式) 가마의 도입과 함께 전환을 맞이하게 되는데, 6세기 초 웅진시기에 축조된 중국 남조 계통의 전축분(塼築墳)용 벽돌 생산과 관련이 있을 것으로 추정된다.[5] 벽돌 가마의 존재는 확인되었지만 발굴되지 않아 새로운 기술의 도입과 정착에 관한 상세한 내용은 여전히 과제로 남아 있다. 다만 한성~웅진시기에 이루어진 기와 제작기술과 생산시설의 변화를 바탕으로 사비시기에는 백제의 기와 생산체제가 확립되어 기와의 생산이 체계적으로 이루어졌음은 분명하다.

백제 기와 생산조직에 대한 단서는 『일본서기』에서 찾을 수 있다. 위덕왕 35년(588), 아스카데라[飛鳥寺]를 창건하기 위해 사공(寺工), 노반박사(鑪盤博士), 와박사(瓦博士), 화공(畵工)이 파견되었다는 내용이다.[6] 이 시기 일본 초기 기와 관련 연구는 백제에서 전해진 두 계통의 제작기법이 있다는 것인데, '화조(花組)'와 '성조(星組)'라는 독자적인 문양과 제작기술을 가진 두 개의 조와집단(造瓦集團)이 있었던 것으로 파악하고 있다.[7] 이러한 일본의 문헌기록과 고고학 자료의 연구 성과를 받아들이고, 우리 역사에

---

5) 이상준, 2012, 「한반도 반도염요의 출현과 생산체제의 변화」, 『경주사학』32, p.14.

6) 『日本書紀』崇峻天皇元年條, "蘇我大臣亦依本願於飛鳥地起法興寺… 是歲 百濟國遣使幷僧惠總 令斤惠寔等 獻佛舍利… 寺工太良未太 文賈古子 鑪盤博士將德白昧淳 瓦博士麻奈文奴 陽貴文 陵貴文 昔麻帝彌 畫工白加…"

7) 이다운, 2004, 「百濟瓦博士考」, 『호남고고학보』20, pp.135~137.

적용한다면 백제의 기와 생산체제는 6세기 말 복수의 와공집단(瓦工集團)이 운영되었고, 문양과 제작기술 면에서 분화가 이루어지고 있었으며, 국가의 통제 속에 운영되던 관영(官營) 생산체제였던 것으로 추정할 수 있다.

박사(博士)는 중국 춘추시대 말기부터 경술(經術)에 능통한 유가(儒家) 계통의 인물에 부쳐진 이름으로서 진(秦)나라 때 경술의 연구와 정치의 고문 및 스승의 일을 담당하는 관료였다.[8] 한(漢)나라에서는 오경박사(五經博士)가 교육을 담당하였고, 남북조시대를 거치면서 전문 학자의 역할이 커지면서 당(唐)나라 때 국자(國子), 대학(大學), 사문(四門), 율학(律學), 산학(算學), 의학(醫學) 등 종류가 크게 늘어났다.[9] 백제의 박사 관련 기록은 『삼국사기』에 근초고왕 30년(375), 박사 고흥(高興)이 『서기書記』를 썼다는 내용이 등장한다.[10] 또한 고구려와 신라 관련 기록에도 박사라는 호칭이 자주 등장하므로 삼국이 고대국가의 기틀을 갖추고 제도 정비가 이루어지는 시점에 국가의 제반 업무를 담당할 전문 관료의 필요성이 증가하게 되었고, 건축 혹은 수공업 분야를 담당하는 기술 관료로서 와박사를 두어 운영하였던 것으로 보인다.

백제의 기와 생산조직은 중앙 관부(官府)의 최고위직인 와박사를 정점으로 도성 안팎에 대규모 생산시설을 운영하면서 왕궁, 관청, 사찰 등 복수의 수요처에 기와를 공급하는 관영 생산체제가 중심이었을 것으로 생각된

---

8) 김용흥, 1990, 「古代中國의 博士官에 關한 研究」, 『역사교육론집』 13·14, pp. 881~906.

9) 국사편찬위원회 한국사데이터베이스 『三國史記』 卷 第24 「百濟本紀」 第2 近肖古王 30年條 註 002.

10) 『三國史記』 卷 第42 「百濟本紀」 第2 近肖古王 30年 "冬十一月, 王薨, 古記云, '百濟開國已來, 未有以文字記事, 至是得博士高興, 始有書記.'" 然高興未嘗顯於他書, 不知其何許人也."

다. 부여 정암리 가마터와 청양 왕진리 가마터가 대표적이다. 또한 부여 정
림사, 능산리사원, 왕흥사 같은 대규모 사찰은 사찰 전용 가마를 운영하면
서 사찰의 보수 등에 필요한 기와를 공급받았을 것으로 보인다. 하지만 그
운영 주체가 관영 생산체제와는 독립적인 승장(僧匠) 조직에 의한 것인지
는 확실치 않다. 문자기와나 목간(木簡) 같은 새로운 자료의 발견을 기대한
다. 중앙 가마 외에도 충남과 전북 일원에서 운영되던 지방 가마도 존재하
며, 일부는 대규모로 운영되기도 하였다. 백제의 영역 확장에 따라 지방 거
점 시설이나 사찰 건립 등 기와 수요가 증가하는 양상을 보여준다.

3) 유통체제

백제 기와의 생산과 유통에 대한 문헌기록은 없기에 고고학 자료인 출
토유물을 통해 물자의 이동 양상을 규명하면서 실마리를 찾아나가는 수밖
에 없다. 기와의 수급관계(受給關係) 규명은 동일한 와범을 사용한 동범(同
范) 수막새와 벽돌, 특정한 문자가 새겨진 도장을 찍은 인각와(印刻瓦)의
분포를 통해 이루어지고 있다.

웅진시기에는 공주 무령왕릉과 송산리고분군에 사용된 벽돌과 동일한
제품이 부여 정동리 가마터에서 확인되어 웅진시기의 왕릉급 무덤을 축조
하는 데 쓰일 벽돌의 공급처임을 알려주었다.[11]

사비시기 기와의 생산과 유통은 수막새의 동범관계(同范關係)에 집중
한 최근의 연구가 있다.[12] 이 연구에서는 사비시기 동범 수막새 12종을 판
별하고, 이를 크게 1:1 수급의 전용생산 공급체계와 1:다(多) 수급의 복수

---

11) 김성구, 1990, 「부여의 백제요지와 출토유물에 대하여」, 『백제연구』 21.
12) 박원지, 2012, 「백제 사비기 기와의 수급체계」, 『백제 사비기 기와 연구Ⅳ』.

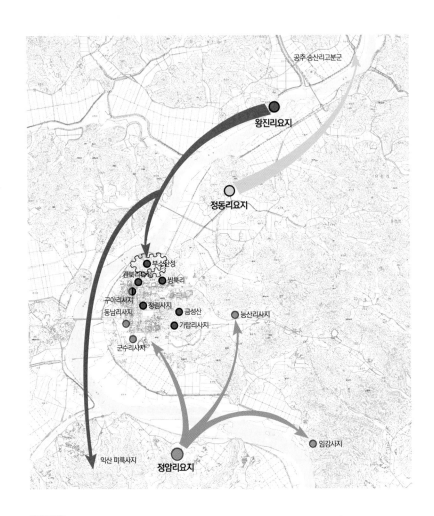

공주 송산리고분군

왕진리요지

정동리요지

부소산성
관북리유적
쌍북리
구아리사지
동남리사지
정림사지
금성산
가탑리사지
능산리사지
군수리사지

익산 미륵사지   정암리요지

임강사지

그림 08 백제 기와의 생산과 유통 체제

생산 공급체계로 나누었으며, 복수생산 공급체계는 다시 중앙, 지방, 중
앙-지방으로 나누어 정리하였다.

　1:1 수급 전용생산 공급체계의 대표적인 유적은 부여 왕흥사지이다.
대규모 불사(佛事) 때 사찰 전용 가마터를 사찰 인근에 마련하는 방식은 사비시기 가마 운영의 한 특징이 되고 있다. 이러한 사례는 능산리사지, 정림사지, 임강사지도 유적 인근에서 가마터의 존재가 확인되고 있어서 사찰 전용 가마 운영은 사비시기 기와 생산시설 운영의 일반적인 형태였던 것으로 추정된다.

1:다(多) 수급 복수생산 공급체계의 대표적인 유적은 부여 정암리 가마터이다. 이 가마에서 생산된 연화문수막새는 8엽 소판의 자방에 1+4과의 높은 연자가 시문되어 특징적인데, 부여 일원의 군수리사지, 동남리사지, 구아리사지, 능산리사지, 임강사지 등 여러 유적에서 동일한 수막새가 출토되어 광범위한 수요처에 기와를 납품하기 위해 상설적으로 운영되던 가마임을 보여주었다.

청양 왕진리 가마터에서는 약 20종의 인각와가 출토되었다. 여기에서 생산된 기와들이 부소산성, 금성산, 쌍북리, 관북리, 가탑리사지, 구아리사지 등 부여 일원의 여러 유적은 물론 멀리 익산 미륵사지에서까지 확인되므로 백제 기와의 생산-유통-소비시스템이 대단히 광범한 지역에 걸쳐 형성되어 있음을 알려주고 있다.

2. 평기와의 변천 과정

백제 평기와는 선사시대 이래 축적된 토기 제작 기술을 바탕으로 1~3세기 토기의 제작 도구 및 생산시설, 태토, 기술 인력 등의 제작 기술을 공유하면서 한성시기부터 제작되기 시작하였다. 이 시기의 기와 내면에서 흔히 확인되는 받침모루[內拍子]와 점토띠 흔적, 토기 가마에서 함께 소성된 기와들[13], 토기와 다름없는 니질(泥質) 혹은 정질(精質)의 고운 태토,

1㎝ 내외의 얇은 두께의 기와 등은 한성시기 기와와 토기 제작 기술 사이의 깊은 관련성을 보여준다. 이후 기와 전용 제작 도구인 와통(瓦桶)이 도입되면서 기와 제작 공정에 혁신이 이루어졌다. 와통의 사용은 기와의 생산이 토기 제작 기술에서 벗어나 독립적인 생산 체제를 갖추어 나가는 중요한 계기가 되었다. 또한 새로운 제작 도구와 기술을 보유한 와공(瓦工)이라는 새로운 직업으로의 전문화가 이루어졌다. 웅진시기에는 더 이상 토기 제작 방식으로 기와가 생산되지 않고 와통에 의한 기와 생산이 자리 잡았으며, 와통에 부착하는 바탕흙[素地]도 점차 점토띠에서 점토판 형태로 대체되면서 규격화하고 견고하며, 실용적인 백제 평기와의 새 전형이 마련되었다. 사비시기에는 웅진시기의 기와 제작 전통을 이어받으면서도 도성 건설과 사원 건축의 수요 증가에 부응하기 위해 일부 제작 공정을 간소화하는 등의 효율성을 추구하였으며, 가마의 운영 방식도 다변화하면서 기와의 대량 생산을 위한 체제를 갖추어 나갔다.

여기에서는 앞 장의 백세 평기와 분석 결과를 바탕으로 한성, 웅진, 사비시기로 나누어 각 시기별 평기와의 특성 및 제작 방법의 기술적 변화 과정을 검토하고자 한다. 본 연구에서는 한성시기를 백제 기와의 형성기, 웅진시기를 백제 기와의 전환기, 사비시기를 백제 기와의 발전기로 설정하였으며, 각각의 내용은 다음과 같다.

1) 백제 기와의 형성 : 한성시기

한성시기 평기와 문양은 무문과 격자문이 높은 비중을 차지한다. 기와

---

13) 한국문화재보호재단, 2007, 『인천 불로동 유적』.

의 종류에 따라 수키와에서는 무문의 비율이 높고, 암키와는 격자문의 비율이 높아 차이가 있다. 기와의 종류에 따른 문양의 차이는 지붕에 기와가 어떻게 올라가는지의 문제와 관련이 있다. 수키와는 지붕 위에서 외면이 위를 향하면서 기왓등을 이루고, 암키와는 내면이 위를 향하면서 기왓골을 이루어 암·수키와가 어우러지는 지붕 경관을 만들게 된다. 다시 말해 지붕 위에서 수키와는 외면, 암키와는 내면이 외부에 노출되는 것이다. 수키와에서 무문의 비율이 높은 것은 타날 성형 후 수키와 외면에 생긴 요철(凹凸)면을 의도적으로 물손질 정면하기 때문이다. 수키와 외면 정면은 빗물의 흐름을 도와 기와에 수분이 머무는 시간을 줄이기 위한 기능적 목적에 따른 것으로 해석된다. 반면 암키와는 외면이 외부에 노출되지 않기 때문에 물손질 정면을 하지 않아 외면에 타날 흔적이 그대로 남는 경우가 많은 것으로 생각된다. 오히려 암키와 외면의 요철면을 남겨둠으로써 지붕에 올리는 점토와의 접착력을 높이고자 했던 것으로 생각된다.

한성시기 평기와에서 격자문이 많이 나타나는 것은 동시대의 토기 문양과 관련이 있다. 백제 토기의 문양은 기와보다 더욱 다양하며, 격자문은 1~3세기의 타날문토기에 많이 시문되었고, 한성시기의 호(壺)와 심발형토기에 나타나는 대표적인 문양이다.[14] 이처럼 토기와 기와가 문양을 공유하는 양상은 백제 기와의 기술적 바탕이 토기 제작 기술에 있음을 보여준다. 직접적으로는 타날 도구를 공유하였으며, 제작 방식도 토기와 마찬가지로 내벽에 받침모루[內拍子]를 대고 밖에서 두들개[外拍子]로 두드리는 방식이 사용되었음을 보여준다. 이는 생산체제의 측면에서 도공(陶工)과 와공(瓦工)이 완전히 분리되지 않은 와도겸업(瓦陶兼業) 방식의 운영이 이

---

14) 김종만, 2012, 『백제토기』, p.191.

루어졌음을 의미한다.

　한성시기에는 처음에 토기 제작 방식으로 기와를 만들다가 와통(瓦桶) 도입 이후 새로운 도구와 방식으로 기와를 제작하였다. 그러므로 두 가지 방식 사이에는 기술 발전 단계 상 선후관계가 분명하다. 하지만 변화는 단선적이지 않고 기와의 종류와 유적에 따라 와통과 무와통이 혼재되어 다양하게 전개되었다. 풍납토성 내에서도 경당지구와 197번지 마-1호 건물지는 암·수키와 모두 와통으로 제작한 비율이 높지만 197번지 가-1호 수혈 출토 수키와는 무와통의 비율이 높다. 석촌동고분분은 4호분과 1호분 연접 적석총 모두 와통으로 제작한 비율이 높다. 이러한 양상은 신기술이 적용되는 과정에서 기존의 제작 전통이 일정 기간 공존하였음을 보여준다. 신기술 도입 이후에도 새로운 공정에 맞는 도구의 개량, 새로운 기술을 익힌 장인집단의 형성 같은 과도기가 필요했던 것으로 보인다.

　통보는 성형 공정을 마친 점토 상태의 기와를 와통에서 분리하기 쉽도록 와통을 감싼 천이며, 주로 마포(麻布)를 사용하였다. 경당지구 출토 암키와 중에는 승문이 확인되는데, 와통에 노끈을 감아 사용한 것으로 보인다.

　와통이 사용되면서 기와 제작을 위해 준비된 재료인 바탕흙[素地] 형태도 점토띠에서 점토판 형태로 변화하게 된다. 토기 제작에 널리 쓰이던 점토띠 소지는 와통이 도입된 이후에도 와통에 붙여 사용되었다. 점토띠 소지는 준비가 간편한 반면 내구성이 부족하므로 이를 보완하기 위한 용도로 점토판 형태의 소지가 개발되었다. 점토판 소지를 만들기 위해선 와통 크기에 상응하는 긴 장방형의 육면체의 흙담과 여기에서 점토판을 일정한 두께로 켜내기 위한 전용 작업 도구가 필요하다. 복잡한 준비 과정을 거쳐야 하지만 일단 준비가 되면 점토판으로 와통을 단번에 감쌀 수 있기 때문에 규격화된 기와의 대량생산에 유리한 측면이 있다. 무엇보다도 점토판 소지는 점토띠 소지에 비해 내구성이 훨씬 높기 때문에 점차 점토띠 소지를 대체해 나간 것으로 생각된다. 한성시기에는 점토띠 소지와 점토판 소지의 사용 비율에서 유적 간에 차이가 있어서 점진적 변화가 있었던 것으로 보이는데, 석촌동 1호분 연접 적석총에서 점토띠 소지만 사용된 점이 두드러진다.

기와를 타날 성형하는 과정에서 불규칙한 표면을 정리하는 정면(整面) 공정, 형태의 일부를 조정(調整)하는 공정, 원통 형태로 성형된 기와를 낱개로 분할(分割)하는 공정이 이루어진다.

한성시기에는 유적 간에 다소 차이는 있지만 수키와의 경우 대부분 정면한 비율이 높고, 암키와는 석촌동 1호분 연접 적석총을 제외하면 상대적으로 비율이 낮은 편이다. 수키와의 정면 비율이 높은 것은 앞의 문양 검토에서 살펴본 것처럼 빗물의 흐름을 돕기 위한 조치로 생각된다.

조정은 기와 내면의 지름을 확대하기 위하여 단부를 깎거나 물손질하는 작업이다. 넓어진 내면 단부의 크기는 즙와(葺瓦) 시 기와 사이의 간극을 좁혀 빗물의 침투를 방지하는 효과가 있다. 한성시기의 기와 내면 단부 조정은 대부분의 유적에서 깎기 조정이 이루어졌으나 경당지구는 물손질 조정의 비율이 더 높다.

분할은 원통 상태의 기와를 세로로 쪼개 낱장의 기와를 만드는 공정이다. 완전 분할은 낱장의 기와 측면을 와도로 몇 차례 다듬는 작업이고, 부분 분할은 기와 분할 후 와도가 들어가지 않은 분절흔을 그대로 두는 것을 말한다. 한성시기에는 모든 유적에서 완전분할의 비율이 압도적으로 높으며, 부분분할은 드문 편이다.

한성시기 수키와의 형태는 미구가 없는 토수기와에 비해 모든 유적에서 미구기와의 비율이 압도적으로 높다.

한성시기 평기와의 색조는 회색 계열이 높은 비율을 차지하며, 소성도는 유적마다 다소 차이가 있다. 경당지구는 연질의 비율이 높고, 197번지 가-1호 수혈은 연질과 경질의 비율이 비슷하며, 마-1호 건물지는 경질이 높다. 석촌동고분군은 4호분과 1호분 연접 적석총 모두 중질의 비율이 높다. 태토 정선도는 전체적으로 가는 사립이 섞인 정질 태토의 비율이 가장 높은 편이며, 경당지구는 고운 니질 태토의 비율이 가장 높다.

2) 백제 기와의 전환 : 웅진시기

웅진시기 평기와의 문양은 무문과 선문이 주류를 이룬다. 한성시기와 달리 암·수키와에서 모두 무문의 비중이 압도적으로 높은 것이 특징이다. 다시 말해 지붕에서 위를 향하는 수키와 외면뿐 아니라 아래를 향하는 암키와 외면도 물손질 정면하였다는 것이다. 수키와 외면을 물손질 정면하는 이유 중 하나는 빗물의 흐름을 도와 수분이 지붕에 머무는 시간을 줄이기 위함이다. 그렇지만 빗물과 직접 접촉하지 않는 암키와 외면을 물손질 정면하는 것에는 다른 이유가 있을 것이라 생각한다. 본 연구에서는 그 이유를 웅진시기에 와통이 본격적으로 사용된 것에 있다고 본다. 와통은 기와 제작을 위해 고안된 편리한 작업 도구이기 때문에 기와의 성형이 쉽고, 단단한 기와를 만들 수 있는 장점이 있다. 물손질 정면은 기와 표면의 요철을 줄여 기와의 내구성을 높여주기 때문에 웅진시기의 암키와 외면에도 물손질 정면이 이루어졌다고 생각한다.

웅진시기 기와의 문양의 주류는 선문이다. 한성시기 기와 문양이 격자문인 것과 달리 선문이 주류를 이루는 것은 웅진시기에 토기와 제작 도구를 공유하던 것에서 벗어나 타날 도구의 독립이 이루어진 결과로 이해된다. 선문이 새겨진 단판 타날판을 사용하는 전통은 사비시기에도 계속 이어져 백제 평기와의 주문양이 된다.

웅진시기에는 수키와에서 원통와통에 의한 제작 방식만 확인되고, 암키와에서는 모골와통에 의한 방식이 90% 이상을 차지하므로 한성시기의 무와통 방식이 사라지고 수키와는 원통와통, 암키와는 모골와통이라는 방식이 성립된 것으로 보인다.

와통을 감싸는 통보는 마포만 확인되며, 승문은 보이지 않는다. 또한 암키와 내면에서 거의 대부분 마포흔이 확인되므로 웅진시기에는 내면 물손질 정면이 거의 이루어지지 않은 것으로 보인다.

소지는 점토띠(34.9%)와 점토판(65.1%) 형태가 모두 사용되었다. 점토띠 소지가 60~70%를 차지하였던 한성시기에 비해 점토판 사용이 많아지고 있음을 보여준다.

웅진시기에는 기와의 종류와 상관없이 기와 외면을 대부분 물손질 정면하였음을 앞의 문양 검토에서 확인하였다. 다만 정지산 유적은 개체수가 적긴 하지만 무정면의 비율이 높아 대조를 이룬다. 내면 단부 조정은 공산성의 경우 깎기 조정만 확인되지만 정지산 유적은 물손질 조정도 확인되어 다소 차이를 보인다. 측면 분할 방법은 한성시기에서와 마찬가지로 대부분 와도를 사용하여 완전히 분할하는 방식이 사용되었는데, 공산성에서는 내측에서 와도로 그은 후 그대로 떼어내는 사례도 확인되어 변화의 모습을 보여준다.

수키와의 형태는 확인되는 개체수가 적긴 하지만 일부 토수기와를 제외하면 미구기와가 대부분으로 한성시기의 전통이 계속 유지되는 것으로 보인다. 기와의 크기는 길이와 너비를 확인할 수 있는 개체를 측정한 결과, 공산성의 경우 수키와 48.2×17.1㎝, 암키와 42.3×35.0㎝, 38.5×33.5㎝이며, 두께는 1.6~2.0㎝의 범위로 파악되며, 정지산 유적 출토 기와는 수키와의 길이가 14.8~27.1㎝로 작아서 특수 용도의 기와인 것으로 추정된다. 기와 두께는 공산성이 1.6~2.0㎝의 범위에서 최소 1.4㎝, 최대 2.6㎝이고, 정지산 유적은 1.4~1.7㎝의 범위에서 최소 1.1㎝, 최대 1.8㎝ 정도로 한성시기 평기와의 약 1.3㎝보다는 두꺼우며, 불로동 가마터의 0.8~1.0㎝보다는 훨씬 두꺼워졌음을 알 수 있다.

웅진시기 평기와의 색조는 회색 계열의 비율이 압도적으로 높고, 소성도는 경질의 비율이 70% 정도로 유적에 따라 소성도 비율에 차이가 있고 대체로 연질과 중질의 비율이 높았던 한성시기에 비해 기와의 소성도가 향상되었다. 태토 정선도는 가는 사립이 섞인 정질 태토의 비율이 높으며, 고운 니질 태토를 사용한 비율은 10% 대로 한성시기에 비해 확연히 낮아지는 양상을 보여준다.

3) 백제 기와의 발전 : 사비시기

사비시기 평기와의 문양은 웅진시기와 마찬가지로 무문과 선문이 대부분을 차지하지만 웅진시기에 비해 무문의 비중이 줄고 선문의 비중이 다소 높은 편이다. 이와 같은 변화는 물손질 정면이라는 공정을 줄임으로써 제작 시간을 단축하려는 제작 공정 간소화와 관련이 있다. 전체적으로 사비시기 평기와의 문양을 살펴본 바로는 웅진시기의 경향을 계승하여 선문의 비중이 우세한 것을 알 수 있으며, 능산리사지 가마터에서 승문의 비율이 높은 것은 여기서 생산된 기와가 능산리사원으로 공급된다고 보았을 때 능산리사원만이 가지는 특수성으로 이해된다. 또한 정암리 가마터에서 비록 적은 수량이긴 하지만 한성시기에 유행하던 격자문이 보이고, 문양 간의 복합 현상도 확인된다.

사비시기에는 내박자를 이용한 무와통 성형 기법이 확인되지 않으므로 와통의 사용이 정착되었던 웅진시기의 흐름은 계속 이어진다. 또한 수키와는 주로 원통와통으로 제작하고, 암키와는 주로 모골와통으로 제작하는 방식도 계속 이어진다. 다만 정암리 가마터는 수키와와 암키와 모두 원통와통의 사용 비중이 높다는 점에서 정암리 가마의 특성을 보여준다.

사비시기 통보에서 승문은 전혀 확인되지 않으며, 전체 433점 가운데 미확인 16점을 제외한 417점 모두 포흔이 확인되어 사비시기에는 통보로 마포가 널리 사용되었음을 알 수 있다. 또한 포흔이 확인되지 않는 수량이 433점 중 16점(3.7%)에 불과해 사비시기에는 기와 내면에 대한 물손질 정면도 거의 이루어지지 않았음을 알 수 있는데, 이러한 경향은 전반적으로 기와 대량 생산을 위한 제작 공정 간소화 현상을 보여주는 것으로 해석된다.

소지는 거의 대부분 점토판 형태로 성형에 사용되어 웅진시기의 제작 기술이 계속 이어지는 양상인데, 능산리사지 가마터와 왕진리 가마터에서 일부 점토띠 성형 흔적이 확인되기도 한다.

외면 정면은 여러 유적에서 무정면이 높은 비율을 차지하는데 사비시기에 무문의 비중이 줄어드는 것과 관련이 있다. 물손질 정면이라는 공정을 줄이기 위한 제작 공정 간소화의 양상을 보여주는 것으로 생각된다. 다만 왕흥사 가마터와 관현리 가마터는 물손질 정면이 높은 비율로 나타나 유적의 특성을 보여준다. 내면 단부 조정은 90% 이상이 깎기 조정으로 나타나므로 웅진시기의 양상이 계속 이어진다. 측면 분할은 정암리 가마터와 능산리사지 가마터의 경우 모두 내측에서 외측으로 와도를 그어 떼어내는 방식이 사용되었지만 왕흥사지 가마터에서는 암키와와 유단식 미구기와에서만 이러한 방식이 사용되고 무단식 토수기와에서는 외측에서 내측으로 긋는 방식이 사용되어 변화가 나타난다. 또한 왕진리 가마터에서는 70.9% 정도가 앞선 한성~웅진시기에서처럼 완전분할하는 방식이 사용되어 차이를 보인다.

기와의 크기는 전체 길이를 확인할 수 있는 개체를 대상으로 측정되었는데, 유단식 미구기와의 경우 왕흥사지 가마터의 33.2㎝를 기준으로 정암리 가마터는 29.5~35.5㎝ 범위로 확인된다. 무단식 토수기와는 이보다 약간 긴 편인데, 정암리가마터는 32.5~37.5㎝이며, 왕흥사지 가마터는 36.5~38.0㎝로 왕흥사지 가마터가 약간 길다. 암키와 길이는 정암리 가마터가 31.0~35.2㎝, 왕흥사지 가마터가 30.3~34.0㎝ 범위이다. 기와 두께는 왕흥사지 가마터의 경우, 유단식 미구기와가 1.6㎝, 무단식 토수기와가 1.3㎝로 나타나므로 웅진시기 정지산 유적의 1.4~1.7㎝와 비슷한 양상인 반면, 공산성의 1.6~2.0㎝에 비해 오히려 얇아지는 경향이 있다.

사비시기 평기와의 색조는 웅진시기와 마찬가지로 회색 계열의 비율이 압도적으로 높다. 소성도는 경질의 비율이 60% 정도로 웅진시기와 비슷하나 연질의 비율이 5% 대로 확연히 낮은 모습을 보여준다. 태토 정선도는 가는 사립이 섞인 정질 태토가 약 70%를 차지하며, 굵은 모래가 섞인 조질 태토는 11% 대로 매우 낮은 편이다. 능산리사지 가마터와 왕흥사지 가마터에서는 소량이지만 고운 니질 태토가 여전히 확인된다.

3. 사상의 전개와 막새의 변천

고대사회에서 왕궁을 세우고, 사찰을 건립하는 것은 단지 종교시설을 세우기 위한 건축 활동이 아니라 당대의 정치적 상황과 그에 걸맞은 사상적 변화를 반영하여 통치체제를 새롭게 구축하려는 고도의 정치적 행위의 소산이다. 백제사는 한성, 웅진, 사비의 세 시기로 구분하며, 막새 문양도 시기 변화에 따라 다양한 변화 양상을 보여준다. 막새 문양의 변화 또한 단순한 유행의 변화가 아니라 당시의 사상적 변화를 담고 있으며, 정치적 변동의 추이를 읽을 수 있다는 점에서 사상의 전개와 막새의 변천을 함께 살펴보는 것은 백제의 역사를 이해하는 데 매우 유용한 수단이라 할 수 있다.

한성시기 수막새의 문양은 전문(錢文), 연화문(蓮花文), 수면문(獸面文) 등 중국계 문양과 수지문(樹枝文), 초화문(草花文)처럼 자연을 모티브로 하는 문양, 방사문(放射文), 거치문(鋸齒文), 격자문(格子文) 등 기하학(幾何學)적인 문양과 무문 등 중국 자료에서 확인되지 않는 자생적 문양이 공존하며 발전한다. 중국계 문양은 외래종교인 불교와 도교의 도입과 관련되며, 자생적 문양의 기원은 그 이전의 토착종교와 연관되거나 자연에 대한 관념을 점, 선, 면으로 표현한 예술적 행위의 산물이라고 생각된다.

웅진시기에는 불교를 대표하는 연화문이 중심이 된다. 웅진시기 연화문의 사실적, 입체적 조형은 백제 후기 막새 문양 전형으로 자리 잡으며, 사비시기에 꽃을 피운다. 사비시기 왕궁과 산성에서 주로 출토되는 파문(巴文)과 무문수막새는 백제의 도교문화를 상징하며, 7세기 무왕의 집권과 관련이 있는 것으로 보인다.

사비시기 수막새의 문양은 사비 천도와 도성 건설(538), 능산리사원 창건(567), 무왕의 집권과 익산 경영(600), 제석사 소실 및 미륵사 서탑 건립(639) 등의 역사적 계기와 함께 변천하며, 백제의 역사와 문화상을 이해하는 중요한 지표가 된다.

1) 한성시기

전문(錢文), 즉 동전무늬는 부귀(富貴)와 벽사(辟邪)의 상징으로 후한(後漢)대에 처음 나타나 양자강 이남을 중심으로 주로 육조시대(六朝時代)[15] 도자기의 주 문양으로 사용된 것으로 알려져 있다. 한성시기 수막새 연구에서 중국 육조시대 전문이 주목 받게 된 것은 풍납토성에서 출토된 새로운 막새 형식의 기원을 찾게 되면서부터이다. 수막새에 표현된 전문의 기본 도안은 '十'자형으로 4구획된 공간에 둥근 무늬가 배치된 형태인데, 이와 같은 도안의 수막새는 풍납토성에서 전문 계열의 수막새가 본격 출토되기 이전 석촌동고분에서도 찾을 수 있다. 석촌동고분 출토 수막새는 당시 원문(圓文)으로 불렀으며, 그 기원은 중국 전국시대~한대 수막새를 계승한 낙랑과의 접촉을 통해 들어온 것으로 보았다.[16]

이와는 달리 전문의 기원을 서진(西晉)에서 찾기도 한다. 석촌동고분 출토 수막새의 원문 중앙에 있는 방형(方形)무늬에 주목하여 동전으로 보고, 막새 중앙의 '十'자형 구획선 끝에 달린 작은 '十'자형 무늬를 포함하여 전체적으로 막새의 도상을 동전을 주조하는 동전틀[錢范][17]로 해석하여, 이를 서진시기 중국 낙양(洛陽) 등지에서 유행한 전문과 연결하여 본 것이다. 또한 풍납토성에서 출토된 전문 계열의 수막새들 가운데 석촌동고분 출토 수막새와 달리 원문 중앙에 방형무늬가 아닌 '⊕', '⊗', '⊖', '⊕' 형태의 무늬가 있고, 중앙의 '十'자형 구획선 중간에 잔가지처럼 사선이 배치된 형식의 수막새들은 전체적으로 나뭇가지에 동전이 달린 것으로 해석하여, 이를 중국 후한(後漢)에서 삼국시대에 걸쳐 사천성(四川省), 섬서성(陝西省), 운남성(雲南省) 등 서부 지역에서 부장품으로 널리 사용된 요전수(搖錢

---

15) 6조(六朝)는 3~6세기 무렵 중국 양자강 이남에 있던 東吳(229~280)-東晉 (317~420)-宋(420~478)-齊(479~502)-梁(502~557)-陳(557~581)의 여섯 왕조를 지칭한다.

16) 龜田修一, 1984,「百濟漢城時代の瓦に關すゐ覺書」,『윤무병박사회갑기념논총』. 谷豊信, 1989,「四, 五世紀の高句麗の瓦に關すゐ若干の考察 -墳墓發見の瓦を中心として-」,『東洋文化研究所紀要』108.

17) 門田誠一, 2002,「百濟前期における錢文瓦當の背景: 石村洞出土資料の再檢討」,『청계사학』16·17집.

樹)와 연결하여 보기도 한다.[18] 나뭇가지에서 동전이 사라지거나 아예 전문이 아닌 초화문(草花文)으로 분류되기도 하는 형식 등은 전형적인 전문의 초기형 혹은 퇴화형 등으로 해석되기도 한다. 그렇지만 전체적으로 한성시기 전문수막새에 관한 연구는 여전히 그 기원과 계통을 찾아나가는 탐색의 단계에 있다고 볼 수 있다. 전문에 관해서는 연구자 간의 이견은 물론 연구를 통해 새로운 논고가 발표될 때마다 자신의 견해를 스스로 계속 수정 보완하고 있을 정도로 이른바 전문 계열 수막새 관련 연구는 여전히 진행형이며, 매우 유동적인 상황이다.[19] 이러한 상황은 근본적으로 한성시기 유적에서 출토되는 전문수막새와 유사한 사례가 중국에서는 아직까지 발견된 적이 없기 때문에 직접적인 비교가 어려운 점에서 비롯된다. 수막새의 명칭을 '전문'이라고 부르는 것도 위에서 살펴본 바와 같이 석촌동고분 출토품을 '전문도기(錢文陶器)'와 연결하기 시작하면서부터인데, 이후 그 개념이 '요전수'로 확장되면서 나뭇가지 혹은 풀꽃[草花] 형태의 문양까지 모두 전문의 범주에 포함되게 된 것이다. 그런데 전문도기를 포함한 시유도기(施釉陶器)의 시작연대가 후한 말기이며, 그 중심은 삼국시대, 그중에서도 양자강 하류의 동오(東吳)에 있다는 점이 알려지면서, 백제 유적 출토 전문도기의 기원을 3세기 중엽의 서진으로 본 기존 견해도 재검토가 필요하게 되었다.[20] 그에 따라 전문수막새의 연대도 종전의 3세기

---

18) 권오영, 2005, 「백제 문화의 이해를 위한 중국 육조문화 탐색」, 『한국고대사연구』 37, p.86~87.
19) 정치영, 2007, 앞의 글.
    정치영, 2009, 앞의 글.
    정치영, 2010, 「백제 한성의 와당과 와즙경관」, 『호서고고학』 23.
20) 王志高, 2005, 「남경에서 출토된 동오(東吳)시대 인면문 와당과 한반도에 끼친 영향」, 『백제문화 해외조사 보고서 V』, 국립공주박물관.

중엽에서 3세기 초 삼국시대까지 올려볼 수 있는 여지가 생기게 되었다. 중국 서부 지역이 중심인 '요전수'는 중국에서의 사용 연대가 2세기 중반에서 3세기 중반경에 해당되는데, 백제로의 유입 경로와 유입 시기에 대한 검증이 요구되지만 백제 전문수막새의 연대를 더욱 상향(上向)시킬 수 있는 해석이다.[21]

　이상 현재까지 진행된 전문수막새 관련 국내외 논의를 살펴보았다. 여기에서는 전문수막새에 담긴 내용적 측면을 살펴보려고 한다. 전문수막새의 기본적인 도안은 앞에서 검토한 것처럼 둥근 막새 중앙의 한 지점을 중심으로 사방을 '十'자형으로 4구획하여 문양을 배치하는 것이다. 이것은 동-서-남-북-중앙의 5방 개념과 함께 중국 진대(秦代)에서 유래한 천원지방(天圓地方)의 개념과 일맥상통하는데, 이러한 패턴은 도교(道敎)가 성행하였던 중국 한대(漢代)의 권운문(卷雲文)수막새 혹은 문자(文字)수막새의 가장 뚜렷한 특징 중의 하나이다. 이와 같은 막새의 기본 구도 상의 유사성은 백제 전문수막새에 담긴 사상적 내용을 도교의 관점에서 바라볼 필요가 있음을 시사한다. 전문에 담긴 핵심적 내용인 부귀나 벽사는 현세적(現世的), 기복적(祈福的)인 성격이 강한 도교에서 이질적이거나 생경한 요소가 아니며, 오히려 한대의 문자수막새 가운데 '부귀(富貴)', '부귀만세(富貴萬歲)', 장락부귀'(長樂富貴)' 등의 길상문구(吉祥文句)가 많이 사용된 점에 비추어 도교와 밀접한 관련이 있다. 따라서 전문을 도교사상이라는 큰 틀에서 새롭게 바라봄으로써 백제 전문수막새에 대한 다양한 해석의 길을 열어놓는 것이 바람직하다.

　백제의 도교는 근구수왕(近仇首王)이 태자 시절이었던 근초고왕 24년

---

21) 권오영, 2005, 앞의 글, p.86.

(369), 고구려의 침입을 격퇴하고 쫓으려하자 부장 막고해(莫古解)가 태자에게 도덕경(道德經)의 구절인 "지족불욕, 지지불태(知足不辱, 知止不殆)"를 인용하며 만류하였다는 기사에서 보듯 적어도 4세기 중엽 이전에 이미 지식층을 중심으로 성행하였음을 알 수 있다. 백제에 도교가 어느 시기에 어떤 경로를 거쳐 도입되었는지는 여전히 불확실하지만 전문수막새에 담긴 문양의 내용과 형식에서 한성시기 백제 도교의 기원과 성격을 살펴보고, 나아가 이 시기 백제 지배층이 도교를 수용하고, 이를 수막새 문양으로 채택하였던 배경을 이해하는 실마리를 찾게 될지 모른다.

수면문(獸面文)은 풍납토성 경당지구와 풍납동 197번지에서 2종의 수막새가 출토되어 큰 주목을 받았다. 이 막새는 치켜뜬 눈과 미간의 주름, 크게 벌린 입과 송곳니, 정수리에 난 뿔, 위로 솟은 갈기로 구성된 무시무시한 형상이다. 이와 같은 표현 방식은 고대의 제사용 의기(儀器) 등에 흔히 표현되는 방식으로 기본적으로 강한 힘을 가진 존재의 힘을 빌려 사악한 기운을 물리친다는 '벽사(辟邪)'의 기능을 충실히 나타내고 있다. 하지만 표현 수법에 있어 짐승의 형상을 평면적인 선으로 처리하였기 때문에 입체적이지 못하고, 사실감도 떨어지는 편이다. 중국의 수면문수막새도 북조(北朝)의 표현이 사실적이고 입체적인 데 비해 남조(南朝)는 그렇지 못하므로 풍납토성 출토 수면문수막새는 북조보다는 남조 쪽에서 그 계통을 찾아야 한다는 견해가 있다.[22] 그렇지만 최근 중국 남경(南京), 진강(鎭江)을 포함한 양자강 하류 지역의 옛 동오(東吳) 지역에서 이루어진 발굴조사에서 다수의 수면문수막새가 출토되고 있으며, 아직 중국 학계에서 수면문수막새와 관련하여 완전히 학설이 정립되고 의견의 일치를 보이고 있지

---

22) 심광주, 2009, 「북조의 기와」, 『제6회 한국기와학회 학술대회 자료집』.

는 않지만 어느 정도의 형식 분류와 편년은 이루어지고 있다. 최근의 연구
동향에 따르면 풍납토성 출토 수면문수막새의 기원은 남조(南朝)나 동진
(東晉)이 아닌 삼국시대 동오(東吳)일 가능성이 더 높은 것으로 추정된
다.[23]

　수면문은 주로 중국 학계에서 통용되는 용어이며, 이와 유사한 개념으
로 국내에서는 '귀면문(鬼面文)'이 더 널리 사용된다. 백제 기와 중에는 부
여 가탑리사지와 금성산 출토 부연와(附椽瓦) 각 1점, 외리사지 출토 귀형
문전(鬼形文塼) 2종, 익산 제석사지 출토 암막새에서 귀면이 확인되는데,
백제의 수막새 중에는 아직 귀면문이 확인되지 않았다. 따라서 풍납토성
출토 수면문수막새는 백제 귀면문수막새의 계통 연구에 중요하며, 웅진~
사비시기 귀면문수막새의 새로운 발견을 기대하게 한다.

　연화문(蓮花文)이 수막새의 문양으로 채택되는 것은 불교의 수용과 깊

23) 王志高, 2005, 「남경에서 출토된 동오(東吳)시대 인면문 와당과 한반도에 끼친
　　영향」, 『백제문화해외조사보고서V』, 국립공주박물관.
　　賀雲翱, 2010, 「육조와당 연구의 회고와 문제 탐구」, 『백제 와전과 고대 동아
　　시아의 문물교류』 제7회 한국기와학회 국제학술심포지엄.
　　鐵甕城考古隊, 2010, 「江蘇鎭江市鐵甕城遺址發掘簡報」, 『考古』 2010年 第5期.
　　王志高·賈維勇, 2004, 「六朝瓦當的發現與初步硏究」, 『東南文化』 2004年 第4記.
　　王志高·馬濤, 2007, 「論南京大行宮出土的孫吳雲文瓦當和人面文瓦當」, 『文物』
　　2007年 第1期.
　　劉尊志, 2004, 「徐州出土晉代記事碑及相關問題略考」, 『中原文物』 2004年 第2期.
　　劉建國·潘美云, 2005, 「論六朝瓦當」, 『考古』 2005年 第3期.
　　鎭江古城考古所, 2005, 「江蘇鎭江市出土古代瓦當」, 『考古』 2005年 第3期.
　　賀雲翱, 2003a, 「南京出土六朝瓦當初探」, 『東南文化』, 2003년 製1期.
　　賀雲翱, 2003b, 「南京出土的六朝人面文與獸面文瓦當」, 『文物』 2003年 第7期.
　　賀雲翱, 2004, 「南京出土六朝獸面文瓦當再探」, 『考古與文物』 2004年 第4期.
　　賀雲翱, 2005, 『六朝瓦當與六朝都城』, 文物出版社.

은 관련이 있다. 불교의 수용은 4세기 전반 낙랑과 대방이 사라진 이후 이 영역을 놓고 고구려와 백제가 충돌하고 경쟁하는 과정에서 국가의 통합과 왕실의 안정을 도모하기 위한 새로운 이념이 필요했던 당시의 대내외적인 상황을 배경으로 한다. 그 결과 4세기 후반 고구려는 소수림왕(小獸林王) 2년(372) 중국 전진(前秦)으로부터, 백제는 침류왕(枕流王) 원년(384) 중국 동진(東晉)으로부터 불교를 공식 수용하였다.[24] 백제는 이듬해 한산(漢山)에 절을 창건하는 등 왕실의 태도가 매우 적극적이었다. 한산에 창건된 절은 백제 초기 불교의 모습을 이해하는 데 매우 중요한 성격을 가지겠지만 정확한 위치는 아직 확인되지 않았다. 경기도 하남시 하사창동 일대의 천왕사지를 유력한 후보지로 보고 시굴조사가 이루어지기도 했지만 아직 고고학적으로 명확하게 증명된 것은 없다.[25] 다만 출토유물 중 연판 내에 자엽이 있는 연화문수막새는 7세기로 편년되므로 향후 추가 조사가 이루어진다면 삼국시대 유적이 확인될 가능성은 여전히 남아 있다고 할 수 있다.[26]

현재까지 발굴조사에서 출토된 연화문수막새는 총 3종으로 몽촌토성 출토품 2종과 풍납토성 출토품 1종이 있다. 몽촌토성 출토 연화문수막새는 고구려 수막새와 유사한 연판의 능형(菱形) 연판이 있는 형식과 이중원권(二重圓圈)의 자방 주위에 양각선(陽刻線)으로 복판(複瓣)의 연꽃을 표현

---

24) 『三國史記』 卷24 「百濟本紀」 2 枕流王 "九月, 胡僧摩羅難陁自晉至, 王迎之致宮內 禮敬焉, 佛法始於此."

25) 한국문화재보호재단, 2001, 『하남 천왕사지 시굴조사보고서』.
한국문화재보호재단, 2002, 『하남 천왕사지 2차 시굴조사보고서』.

26) 노윤상, 2012, 「하남 천왕사지 출토 이중연판 막새의 제작시기 검토」, 『신라문화』 39, p.228~233.
최몽룡, 2019, 「고고학으로 본 하남시의 역사와 문화」, 『하남역사총서』 1, p.45.

한 2가지 형식이 있다. 능형 연화문수막새는 암갈색 태토에 주연이 좁고 매우 높게 마련된 것이 인상적이다. 풍납토성 출토 연화문수막새도 2중원 권의 자방 주위를 양각선으로 표현하였는데, 연판의 형태가 5각형으로 몽촌토성 출토품과 차이가 있다. 이 풍납토성 출토 연화문수막새와 유사한 사례는 중국 북조(北朝)시기의 와당에서 확인된다. 북위(北魏)의 옛 도읍이었던 평성(平城)과 낙양(洛陽) 지역에서 출토되어 한성시기 연화문수막새와의 관련성이 주목되었다. 하지만 한성시기 백제와 북조의 교류는 그리 원활하지 않았던 것 같고, 백제의 왕실은 남조에 여러 번 사신을 파견할 정도로 북조보다 남조와 긴밀한 관계를 유지하였기 때문에 백제의 연화문수막새가 북조의 영향을 직접 받았는지에 대해서는 신중할 필요가 있다. 그래서 최근에는 풍납토성 출토 연화문수막새의 두께, 주연 높이, 연판을 양각선으로 표현하는 수법 등에서 남조(南朝)수막새의 특징이 다분하므로 북조의 문양과 남조의 제작기법이 융합되어 나타나는 것으로 보아야 한다는 견해가 제출되기도 하였다.[27]

2) 웅진시기

웅진시기의 수막새는 전문을 주 문양으로 하여 연화문, 방사문, 기하문, 자돌문, 수면문 등 다양한 무늬가 사용되었던 한성시기와 달리 오직 연화문만이 사용되었다. 이러한 변화는 중국 육조(六朝)시대 수막새의 주문양이 동오(東吳)시기에는 운문(雲文), 인면문(人面文), 동진(東晉)시기에는 수면문(獸面文), 남조시기에는 연화문으로 각각 변화하는 현상과 무관하지

---

27) 정치영, 2009, 「백제 한성기 와당의 형성과 계통」, 『한국상고사학보』 제64호.

않다.[28] 즉, 남조문화가 불교를 중심으로 정립되면서 불교문양의 가장 큰 모티브인 연꽃무늬가 중심이 되듯이 남조문화를 수용한 웅진시기의 백제문화에서도 이러한 현상이 나타나는 것이다. 북조에서도 493년 이후의 낙양(洛陽)도읍기에는 수막새의 문양이 연화문을 중심으로 전개되고 있다는 점도 이러한 현상과 일맥상통한다고 할 수 있다.

그런 의미에서 한성시기 풍납토성과 몽촌토성에서 각각 발견된 3종의 연화문수막새는 웅진시기 연화문수막새와의 연결고리라는 측면에서 그 계통과 연대를 밝히는 것이 중요한 과제가 될 것으로 생각된다. 한성시기 연화문수막새의 계통은 대체로 실물자료로는 북위에 가깝고, 당시의 정치적 상황을 고려하면 남조에 무게가 실리는 것이 사실이지만 여전히 풀기 어려운 난제임은 분명하다. 어쨌든 웅진시기에 새로 나타나기 시작하는 연화문수막새는 한성시기와는 크게 다른 문양과 제작기법으로 생산되었는데, 이러한 전통은 커다란 변화 없이 사비시기까지 계속 이어지므로 백제후기 수막새의 기본형은 웅진시기에 정립되었다고 볼 수 있다.

웅진시기 연화문수막새의 가장 큰 특징은 한성시기의 평면적인 조형에 비해 훨씬 입체적이고 사실적인 표현 수법에 있다. 이러한 양상을 대표하는 2가지 형식은 공주 공산성의 융기형(A) 연화문수막새와 공주 대통사지의 원형돌기형(C) 연화문수막새이다. 여기에서는 이 두 유적을 중심으로 웅진시기 연화문수막새의 특징을 살펴보고자 한다.

공산성 수막새의 가장 큰 특징은 꽃잎 끝부분이 둥글고 볼륨이 있으며, 완만한 반전이 있는 형식이 주를 이룬다는 점이며, 연판과 자방의 비율에 따라 세부형식으로 나눌 수 있다. 연판 끝부분이 높이 융기하고 연판에

---

28) 신창수, 2009, 「남조의 연화문와당」, 『제6회 한국기와학회 학술대회 자료집』.

서 차지하는 자방의 비율이 높을수록 시기가 올라가고, 점차 연판이 평면화되고 자방이 작아지면서 접합기법 등에서도 변화가 나타난다. 대체로 초기 형식을 475년 웅진 천도 직후인 5세기 말로 설정한다면, 무령왕릉이 축조되는 6세기 초~중반을 거치면서 자방이 축소되고, 연판이 평면적으로 변화되다가 웅진 말기인 6세기 초반에는 접합기법 등 제작기술적인 면에서 변화가 나타나는 것으로 볼 수 있다.[29]

공산성 출토 수막새는 웅진시기 들어 새롭게 등장하는 백제 수막새 중 가장 고식(古式)으로 475년 웅진 천도 이후 사비시기 말까지 약 200년간 제작되는 백제 후기 수막새의 기본적인 특징을 미리 보여준다고 할 수 있다. 즉, 양감이 풍부한 연판이 지닌 부드러운 곡선과 입체감을 주기 위해 꽃잎 끝부분을 반전시켜 사실적으로 표현하는 백제 수막새 특유의 미감(美感)은 웅진시기, 그중에서도 공산성 수막새에서 이미 충분히 발휘되고 있는 것이다.

공산성 양식이 웅진시기 수막새, 그중에서도 웅진 초기양식의 대표적인 특징을 보여준다면, 대통사지(大通寺址) 출토 수막새는 6세기 초중반 이후의 양식을 보여준다. 대통사지 수막새는 연판 끝부분에 원형돌기가 있는 것이 특징인데, 이러한 형식은 이른바 '대통사식'이라 하여 웅진시기뿐만 아니라 사비시기에도 계속 이어지며, 일본 고대사원에도 나타나는 것으로 알려지고 있다. 대통사(大通寺)는 양(梁) 대통(大通) 원년인 527년(성왕 5), 양(梁)의 무제(武帝)를 위해 웅천주(熊川州: 지금의 공주)에 창건된 사찰이라고 『삼국유사』에 기록되어 있다.[30] 이 기록에 따르면 대통사

---

29) 이남석, 1988, 「백제 연화문와당의 일연구: 공산성 왕궁지출토품을 중심으로」, 『고문화』 32.

30) 『三國遺事』 卷 第三 興法第三 原宗興法 厭髑滅身 '…大通元年丁未爲梁帝創寺於熊

는 6세기 전반 공주 지역에 세워진 사찰인 셈인데, 제15대 침류왕(枕流王) 2년(385) 봄 2월 한산(漢山)에 세웠다는 절의 이름이 밝혀지지 않은 점을 고려한다면, 문헌을 통해 그 이름이 알려진 백제 최초의 사찰이라는 점에서 중요하다. 이 대통사의 위치가 처음 알려지게 된 것은 공주시 반죽동에서 '대통(大通)' 글씨가 새겨진 기와가 발견되면서부터이다. 당시 공주 지역의 불교 유적을 조사하던 가루베 지온[輕部慈恩]은 '대통'명 기와가 나온 반죽동 주변에 분포하던 당간지주와 석조를 포함하는 일대를 문헌에 등장하는 대통사로 비정하기도 하였다.[31] 그렇지만 대통사지의 정확한 위치가 어디인지는 아직 확실치 않다. 1999년 공주대학교박물관에서 실시한 당간지주 동쪽 구간 시굴조사는 대통사지에 대한 최초의 고고학적 조사였지만 당시 조사에서 대통사지임을 입증할 단서는 확인되지 못하였다. 또한 당간지주마저도 후대에 옮겨진 것으로 밝혀짐에 따라 백제 성왕 대에 세워졌다는 대통사지의 위치를 새로 찾아야 한다는 과제가 생기게 되었다.[32] 그렇지만 1999년 조사 지역이 사역의 중심부가 아닐 가능성이 있으므로 조사 지역 인근의 어느 지점엔가 대통사지가 존재할 가능성은 여전히 부정하기 어렵다.

대통사식 수막새는 제작기법 측면에서 막새 배면을 회전물손질로 정면하고, 막새 배면 상단과 수키와 하단 내면을 비스듬히 잘라 접합한 것을 특징으로 한다. 이후 문양 구성과 제작기법 면에서 다양한 이형식(異形式)이 제작되어 널리 확산된다. 이를 통틀어 대통사계(大通寺系)로 부르기도 한다. 웅진시기 융기형과 원형돌기형 연화문수막새는 사비시기에 계승되

川州名大通寺…'
31) 輕部慈恩, 1946, 『百濟美術』, 寶雲舍.
32) 공주대학교박물관, 2000, 『대통사지』.

어 연화문수막새의 초기 형식에 영향을 끼친다.

웅진시기는 무령왕 대에도 불교문화의 흔적이 보이지만 성왕 대에 대통사가 창건되면서 더 뚜렷한 모습을 보여준다. '대통(大通)'은 중국 양(梁) 무제(武帝)의 연호로 당시 불교의 계통과 연대를 알려준다. 하지만 '대통'을 『법화경(法華經)』에 나오는 대통불(大通佛)과 연관 지어서 해석하면, 성왕(聖王)-위덕왕(威德王)-법왕(法王)의 계보를 각각 전륜성왕(轉輪聖王)-대통불(大通佛)-석가불(釋迦佛)이라는 부처의 연기(緣起)에 빗대 왕실 계보에 신성성을 부여하는 성족관념(聖族觀念)의 성립 과정을 나타내는 것으로 보기도 한다. 다시 말해 성왕 자신은 전륜성왕으로 자처하고, 이후 자신의 아들이 대통불이 되고, 손자가 석가모니불로 이어져 대통불이 다스리는 불국토, 석가모니불이 다스리는 불국토의 이상세계가 이루어지기를 기원했다는 것이다.[33] 이런 관점에서 보면 대통사는 무령왕의 명복을 비는 원찰(願刹)이면서 왕실의 신성함을 보여주는 사찰이 되고, 훗날 사비 땅에 세워지게 되는 능산리사원도 성왕의 명복을 비는 원찰인 동시에 왕실의 신성함을 상징하는 사찰이 되는 것이다. 법화사상(法華思想)을 기반으로 이러한 성족관념의 구현과 정치적 목적에서 대통사를 세웠다면 창건와(創建瓦)의 문양 또한 상징적인 의미를 담아 새롭게 고안(考案)되었을 것으로 보이며, 연판 끝에 둥근 돌기가 있는 이른바 대통사식 원형돌기형(C) 연화문수막새는 이런 배경에서 탄생되지 않았을까 생각한다.

---

33) 조경철, 2006, 「백제불교사의 전개와 정치변동」, 한국학중앙연구원 박사학위 논문, pp.77~88.

3) 사비시기

(1) 연화문

사비시기 수막새는 불교를 상징하는 연꽃무늬가 주를 이루며, 도교와
관련이 있는 파문(巴文)이나 무문(無文)수막새는 7세기 이후 부여 부소산
성, 관북리 유적이나 익산 왕궁리 유적 등 왕궁이나 관청 관련 유적과 그
주변에서 집중적으로 출토된다.

사비시기의 수막새를 장식하는 연꽃무늬는 풍부한 양감과 부드러운
곡선의 아름다움을 최대한 살리면서 입체감을 극대화하기 위해 꽃잎 끝부
분을 들어 올리거나 반전시키는 수법을 가장 큰 특징으로 한다. 이러한 표
현법은 이미 웅진시기에 고안된 바 있으나 사비시기에는 연판 끝부분의
변화를 중심으로 보다 다양한 모습의 문양이 디자인 된다. 사비시기에 유
행한 연화문수막새의 유형은 꽃잎의 개수가 8개이면서 연판이 하나의 꽃
잎으로 이루어진 8엽 단판(單瓣)양식이 대부분이다. 단판 가운데 연판 내
부에 아무런 장식이 없는 것을 따로 소문(素文)이라고 구분하기도 하는데,
백제의 연화문수막새는 단판 중에서도 소문연화문이 중심을 이룬다.

초기에는 웅진시기의 공산성이나 대통사지 수막새의 영향을 받은 융
기형과 원형돌기형의 수막새가 제작되었으나 웅진시기에 없는 새로운 형
식이 개발됨으로써 사비시기 수막새의 기본형이 완성되는 데는 그리 오랜
시간이 걸리지 않았다. 538년 사비천도와 567년 능산리사지의 창건은 원
형돌기형과 삼각반전형을 중심으로 사비시기 초기 와당의 기본형이 성립
되는 중요한 계기가 되었던 것으로 보인다. 538년 전후한 시기에 공주 대
통사지 수막새와 동범품이 구아리사지, 동남리사지에 도입됨으로써 사비
시기 수막새가 원형돌기형을 중심으로 시작되었다면, 567년 능산리사원
의 창건은 삼각반전형의 수막새가 창건기와로 채택됨으로써 사비시기 수

막새의 새로운 전형이 되었다. 이후 첨형, 원형 연판을 가진 수막새가 사비시기 와공(瓦工)의 정제된 솜씨에 의해 하나의 유형으로 6세기 후반 양식의 전형으로 자리 잡게 된다.

불교사상적인 면에서 성왕 대에 성립된 성족관념은 그 후계인 위덕왕, 법왕이라는 불교적인 칭호에서도 계승되고 있는 것으로 보인다. 법왕은 재위기간이 짧지만 영을 내려 생물을 죽이지 못하게 하고, 민가에서 기르던 매를 놓아주도록 하였으며, 고기를 잡거나 사냥하는 도구를 거두어 불태우는 등 불교적인 삶을 실천하였다.[34] 위덕왕은 부왕인 성왕이 전사하자 왕위에 오른 지 13년 만에 나성(羅城) 동문(東門) 밖 왕릉 곁에 부왕의 명복을 비는 원찰을 세웠으니 능산리사원, 즉 능사(陵寺)이다. 능산리사원의 창건은 성왕의 아들인 위덕왕으로 신성한 계보가 온전히 계승되었으며, 국력을 모아 사원을 창건함으로써 성왕의 갑작스러운 전사와 백제 고토(古土)인 한성 지역의 상실을 딛고 법화사상을 이념으로 국가를 통합하고, 사비를 터전으로 불국토를 건설하겠다는 의지의 표현이라고 생각된다. 능산리사원을 건립하면서 제작한 창건와의 문양인 삼각반전형(D) 연화문수막새는 웅진시기에는 없었던 새로운 유형의 문양으로 위와 같은 사상적 배경을 담고 있는 것으로 해석되며, 사비시기 막새 문양의 전형으로 자리 잡게 된다.

7세기는 백제 수막새에 있어 또 하나의 일대 전기라 부를 만한데, 대외적으로 남북조시대가 끝나고 수(隋)·당(唐)이라는 통일왕조가 등장하며, 내부적으로도 무왕(武王)의 집권과 익산경영이라는 새로운 변화가 나타나는 시기이다. 이러한 변화는 문화적으로 새로운 요소가 나타나는 배경이

---

34) 『三國史記』 卷27 「百濟本紀」 第5 法王 元年 "冬十二月, 下令禁殺生, 收民家所養鷹·鷂放之, 漁獵之具焚之."

되는데, 연판에 굴곡을 주어 입체감을 강조한 곡절형이나 연판 내에 꽃술 문이나 인동문을 부가한 장식형처럼 보다 화려하고, 장식성이 두드러지는 수막새의 새로운 형식이 창안된다. 부여 지역에서는 정림사지, 금강사지, 부소산사지가 그 역할을 하였으며, 7세기 수막새의 새로운 전형이 폭발적으로 전개되는 주요 무대는 익산이었다.

불교적인 관점에서 무왕의 익산 경영의 핵심은 미륵사와 제석사의 창건이다. 사찰 명칭에서 알 수 있듯이 미륵사는 미륵보살의 정토(淨土)인 도솔천(兜率天)의 이상세계를 뜻하며, 제석사는 제석천(帝釋天)이 산다는 수미산(須彌山) 꼭대기의 도리천(忉利天)의 이상세계를 구현한 것이다. 여기에 인간의 세계인 왕궁까지 합하여 부처와 천신(天神)과 인간의 세계가 어우러지는 불국토를 건설함으로써 국가를 통합하고 왕권을 강화하고자 했던 것이다.[35] 미륵사와 제석사는 각각 새로운 막새 문양의 창안(創案)에 중추적 역할을 하게 되는데, 미륵사는 꽃술문 장식형(I)과 인동문 장식형(J), 복판 연화문이 중심이 되고, 제석사는 곡절형(E)과 인동문 장식형(J)이 중심이 된다.

이상 사비시기 수막새의 특징과 시기별 흐름을 간략히 살펴보았다. 여기에서는 백제 불교의 흐름과 정치적 맥락에서

표 48. 웅진~사비시기 정치·사회 변동과 역사적 계기

475년	웅진 천도와 도성 건설
527년	대통사 창건
538년	사비 천도와 도성 건설
567년	능산리사원 창건
600년	무왕 집권과 익산 경영
639년	제석사 소실 및 미륵사 서탑 건립

---

35) 조경철, 2006, 「백제불교사의 전개와 정치변동」, 한국학중앙연구원 박사학위 논문, pp.147~165.

475년 웅진 천도에서 660년 백제 멸망까지 5세기 후반에서 7세기 중반에 이르는 백제 수막새 문양의 변화를 아래의 몇 가지 역사적 계기와 결부시켜 고찰하고자 한다.

① 5세기 후반 ~ 6세기 초

475년 한성 함락과 웅진 천도는 새로운 시대의 서막이었다. 웅진 천도 이후 공주 공산성 수축을 중심으로 이루어진 토목공사는 웅진시기 기와 생산의 사회적 배경이 되며, 공산성 추정 왕궁지에서 웅진시기 최초의 수막새 양식이 출현한다. 연화문 형식 분류 체계에서 융기문으로 분류되는 이 유형은 웅진시기가 끝나는 538년까지 주로 자방과 연판의 비율을 중심으로 변화하면서 사비시기 능산리사지로 이어진다.

또한 527년 대통사 창건은 중국 남조 양과의 교류를 보여주면서 백제 수막새 양식에 커다란 변화를 가져온다. 이른바 대통사식으로도 불리는 원형돌기형(C) 연화문수막새는 연판 끝부분의 변화를 중심으로 전개되는 사비시기 백제 연화문수막새의 전개 양상을 보여준다. 이와 같은 대통사지에서 처음 출현한 원형돌기형 연화문수막새 양식은 사비시기 초기 유적에서 광범위하게 발견되며, 사비시기 대표 유형인 삼각반전형에 영향을 주는 한편, 자체적으로도 연자 배열 등에 변화를 주면서 계속 이어진다.

② 6세기 전반

백제의 도읍을 사비로 옮기려는 움직임은 이미 웅진시기 후반부터 시작하였으며, 538년에 단행된 사비 천도는 도성의 건설과 사찰 건립과정에서 백제의 와전문화를 한층 발전시키는 배경을 이루었다. 6세기 전반의 와전문화는 웅진시기의 연장선상에 놓여 있다고 볼 수 있으며, 꽃잎 끝부분에 원형돌기가 장식된 이른바 '대통사식' 수막새가 이 시기를 대표하는 형식이다.

사비시기의 왕궁터로 추정되는 관북리 유적과 그 배후성인 부소산성에서는 6세기에서 7세기에 이르는 매우 다양한 기와가 출토되어 건물을 새로 짓거나 보수하는 등의 건축행위가 끊임없이 이루어졌음을 보여주는데, 그 가운데 원형돌기가 있는 연화문수막새는 사비 천도 직후부터 도성의 건설이 활발히 이루어졌음을 보여준다.

또한 인근의 구아리사지, 동남리사지 등에서도 원형돌기가 있는 연화문수막새가 출토되어 이 절터가 이른 시기에 창건되었음을 알려준다. 6세기 전반의 원형돌기형 연화문수막새의 특징은 자방 내 연자의 배열이 1+6으로 구성되며, 막새 뒷면 상단을 약간 비스듬히 잘라 수키와와 접합하는 방식으로 제작되었다.

③ 6세기 후반

538년 사비 천도를 계기로 무르익은 백제 중흥의 꿈은 554년 관산성 전투의 패배와 성왕의 죽음으로 좌절되며, 백제는 다시 한번 커다란 국가적 위기상황에 처하게 된다. 백제 왕실에서는 국난을 수습하고 새로운 길을 모색하기 위한 계기가 필요하였는데, 이것이 567년 능산리사원의 창건이다.

능산리사지에서는 11차례의 발굴조사를 통해 약 600점에 이르는 수막새가 출토되었다. 일부 소문, 파문을 제외하면 수막새의 대부분은 연화문수막새로 13종의 다양한 형식이 확인되었다. 연화문 중 약 절반가량은 꽃잎 끝부분이 삼각으로 반전된 형식인데, 이것을 능산리사원의 창건와로 본다. 능산리사원의 창건에 사용된 삼각반전형의 연화문수막새는 이후 사비시기 전반에 걸쳐 가장 크게 유행하는 형식으로 사비시기 대부분의 유적에서 출토될 만큼 고른 분포를 보인다.

6세기 후반에는 전대에 유행하였던 원형돌기 형식에도 약간 변화를 보이는데, 자방의 연자배열이 1+7 혹은 1+8로 변한다거나 막새 상단을 잘라 수키와를 이어붙임으로써 주연부를 대신하는 방식이 군수리사지 등 비교적 늦은 유적에서 나타나기 시작한다. 또한 능산리사지에서 출토된 융기형, 첨형 연화문수막새의 세련된 모습은 6세기 후반에 이르러 한층 성숙해진 사비시기 와전문화의 수준을 보여준다.

④ 7세기 초

7세기는 무왕의 등극과 함께 시작되었다. 무왕 대 백제문화는 전반적으로 화려해지는 경향이 있는데, 기와의 경우도 백제기와의 우아한 곡선미를 잃지 않으면서 훨씬 장식적인 모습으로 변모해 나간다. 또한 634년 궁남지 설치와 같이 도교사상에 깊은 관심을 보이며 도교문화 확산을 이끈다.

부여지역에서는 정림사지, 부소산사지, 금강사지가 7세기 백제 와전문화를 대표한다. 정림사지 출토 장식형 연화문수막새는 꽃잎 끝의 삼각반전이 하나의 도안으로 의장화하는 대신 자방 둘레에 촘촘히 꽃술을 배치하고, 연판 내부에 자엽을 넣어 장식성을 강화한다. 금강사지에서는 꽃잎 끝부분의 변화보다는 연판 자체에 굴곡을 주어 보다 입체적인 표현을 강조하는 곡절형이 시도된다. 원형돌기형과 삼각반전형은 연자가 보다 촘촘해지며, 연판에 능선이 생겨서 능선형이라는 새로운 형식으로 이어진다.

무왕 대에는 익산지역에 미륵사나 제석사와 같은 대형 불사를 일으켰다. 7세기 초 익산지역은 이로 대표되는데, 제석사에서는 곡절형의 연화문이 미륵사에서는 장식형의 연화문이 각기 특색 있게 발전하여 사비시기 후기 와전문화의 화려한 면모를 대변한다. 제석사에서 확인되는 곡절형의 연화문은 연판 내부의 끝이 둥근 형태인 금강사지와 달리 안쪽으로 만곡되어 보다 복잡해진 모습으로 화려함을 강조하였다.

한편 7세기 전반 부여 부소산성, 관북리 백제 추정 왕궁지, 공주 공산성, 익산 왕궁리 유적과 같은 왕궁 혹은 관청 관련 유적을 중심으로 연화문과는 사상적 배경이 다른 새로운 문양인 파문과 소문으로 장식된 수막새가 나타난다.

⑤ 7세기 중반

7세기 초 익산지역 와전문화를 이끌었던 두 개의 사찰 중 제석사는 639년 화재로 소실되어 그 맥이 끊어지게 된다. 그렇지만 미륵사는 같은 해 서원에 탑이 세워지는 등 계속 융성함을 거듭함으로써 7세기 중반 익산지역 와전문화를 발전시킨다. 이 시기 미륵사에서는 연화문수막새의 연판 내부에 인동무늬를 넣어 보다 장식성이 강해지며, 연판이 2개의 잎으로 구성되는 복판연화문이라는 새로운 형식이 고안되어 화려함으로 대변되는 통일신라시대 와전문화의 특징을 예고하게 된다. 또한 미륵사지에서는 기와에 유약을 입히는 녹유기와가 처음 시도되어 백제의 와전기술과 유리기술이 결합되면서 7세기 백제 와전문화의 절정을 이루게 된다.

(2) 파문과 소문

사비시기 백제 문화의 중심축을 이루었던 불교와 함께 도교도 600년 무왕의 집권을 계기로 백제 문화의 중요한 축으로 발전하게 된다. 백제에 도교가 들어온 것은 한성시기의 일로 『삼국사기』 백제본기 제13대 근초고왕 24년(369) 고구려 고국원왕의 침입을 격퇴한 태자에게 도덕경의 구절인 "知足不辱, 知止不殆"를 인용하며 만류하였다는 기사에서 보듯이 적어도 4세기 중엽 이전 백제에 이미 지식층을 중심으로 도교가 성행하였음을 알 수 있다.[36] 이후 백제의 도교 문화에 관한 기록은 제28대 무왕 35년

(634) 궁 남쪽에 못을 파고 못 안에 방장선산(方丈仙山)이란 섬을 만들었다는 궁남지(宮南池) 축조 기사에서 다시 등장하며,[37] 이를 통해 무왕이 왕흥사, 미륵사 등을 창건한 불교 군주로서의 모습과 함께 도교 사상에 깊은 관심을 가지고 있었음을 알 수 있다.

백제의 도교 문화는 부여 능산리 고분군 1호 벽화무덤 내부에 그려진 사신도와 부여 능산리사지에서 출토된 백제금동대향로로 대표된다. 백제의 도교문화가 가장 상징적으로 표현된 것은 부여 능산리사지에서 출토된 백제금동대향로이다. 특히 향로의 뚜껑에 표현된 박산(博山)은 중국 한(漢)대에 유행한 박산로(博山爐)와 맥을 같이 한다. 백제 기와에서도 도교와 관련된 새로운 문양이 나타나는데 파문(巴文)과 무문(無文)이다.

파문은 둥근 수막새 중앙에 볼록한 구심점을 두고 4갈래의 곡선이 물결치듯 회전하는 형상으로 도안되었다. 처음엔 편평한 막새면에 굵은 돌선으로 물결무늬를 표현하였지만 점차 막새 면이 볼록해지면서 양감이 넘치는 문양으로 발전하여 물결무늬의 효과를 보다 생동감 있게 나타내는 방향으로 문양이 전개되고 있다. 파문수막새의 기원에 대해서는 아직 많은 연구가 이루어지지 않았는데, 중국 동주(東周, BC771~BC256) 우왕성(禹王城)에서 파문이 있는 반원막새가 출토되어 주목된다.

무문은 둥근 막새 면에 아무런 무늬도 시문되지 않은 채 빈 공간으로 남겨둔 형상인데, 연화문 수막새에 비해 테두리를 이루는 주연부가 높게 형성되어 막새 면 내부의 비어 있는 공간의 효과를 극대화하고 있다. 무문

---

36) 『三國史記』卷24「百濟本紀」第2 近仇首王 一年 "…至於水谷城之西北, 將軍莫古解諫曰, "嘗聞道家之言, '知足不辱, 知止不殆.' 今所得多矣, 何必求多." 太子善之止焉."

37) 『三國史記』卷27「百濟本紀」第5 武王 三十五年 "三月, 穿池於宮南, 引水二十餘里, 四岸植以楊柳, 水中築島, 擬方丈仙山."

수막새는 형태가 약간 다르긴 하지만 서울 풍납토성(무문 1~6)에서도 출토되었으며, 중국 남경대학에 소장된 중국 남조(南朝) 남제(南齊, 479~502)의 수막새에서도 확인된다.

파문과 무문수막새는 부소산성에서 연화문보다 많은 양이 출토될 정도로 중심을 이루고 있으며, 부여 관북리 백제 추정 왕궁지나 공주 공산성, 익산 왕궁리 유적 등 주로 백제의 왕궁 혹은 관청과 관련된 유적에서 집중적으로 출토되어 불교 사원 중심으로 전개되는 연화문수막새와 다른 양상을 보여준다.

파문은 기존의 연화문이 연꽃이라는 구상적(具象的) 실체를 섬세하고, 다양한 방식으로 표현한 것에 비해 매우 단순하고, 추상적(抽象的)인 도안으로 표현되었다. 파문의 도상은 중앙의 둥근 점을 중심으로 소용돌이가 반시계방향으로 회전하는 동적(動的)인 형상으로 구성된다. 파문과 함께 살펴보아야 하는 것은 바로 무문(無文)이다. 둥근 주연부 안쪽 드림새 면에 아무런 문양이 없이 편평한 형태인 무문은 위의 파문과 대비하여 정적(靜的)인 상태가 표현된 것으로 볼 수 있다. 도상학(圖像學)적으로 무문과 파문은 별개의 문양이 아니라 서로 연결되어 있는 하나의 개념으로 생각된다. 즉, 연화문이 이른바 '연화화생(蓮華化生)'의 불교적 세계관을 나타낸다면 무문과 파문은 고요함[靜]으로 가득한 '무(無)'에서 시작된 우주에 움직임[動]이 생성되고 만물[萬有]이 형성된다는 도교적 세계관의 원리를 담고 있는 것으로 이해된다. 따라서 무문과 더불어 파문은 7세기 백제문화에 나타나는 도교적 요소가 막새의 문양으로 채택된 결과로 해석된다.

VII. 맺음말

본 연구에서는 백제 기와 관련 최신 고고학적 성과를 바탕으로『삼국사기』백제본기의 건축 관련 기사를 비교 검토하여 백제 기와의 성립과 변천 과정을 역사적 맥락에서 살펴보았다. 서울, 경기도, 충청도, 전라도 등지의 백제 유적에서 출토된 평기와와 수막새를 한성, 웅진, 사비의 세 시기로 나누어 문양과 제작 기법 상의 특징을 차례로 살펴보았다. 또한 각 시기별 검토 결과를 종합하여, 기와의 생산과 유통, 평기와의 변천 과정, 사상의 전개와 막새의 변천이라는 주제로 나누어 백제 기와의 성격을 고찰하였다. 여기에서는 결론적으로 본 연구의 성과와 과제를 정리하는 것으로 글을 맺으려 한다.

　　백제 기와 연구는 초기에 일제(日帝) 관학자(官學者)들이 부여, 공주 지방의 백제 유적을 조사하면서 수습한 웅진~사비시기 수막새를 연구하는 것에서 시작되었다. 해방 이후 우리 손으로 유적을 직접 발굴하면서 백제 기와 관련 조사와 연구는 꾸준히 이루어졌으며, 수막새뿐만 아니라 평기와에 대한 연구도 한층 심화되었다. 최근에는 풍납토성 등 한성지역의 백제 유적에서 웅진~사비시기에는 볼 수 없었던 새로운 자료가 대거 출토되면서 백제 기와 연구의 대상과 시간적 범위가 훨씬 넓어졌다. 또한 능산리사지, 왕흥사지 같은 단일 유적을 장기간 정밀 발굴하거나 구아리사지, 동남리사지 등 일제강점기에 미흡하게 조사되었던 유적을 재조사하여 소개하는 사례가 늘어나면서 유적에서의 기와 출토 현황이나 맥락을 종합적으로 검토할 수 있는 자료가 계속 축적되고 있다.

　본 연구는 백제 기와 관련 최근의 조사 연구 성과를 종합하여 한성~사비시기에 이르는 백제 기와의 흐름을 큰 틀에서 정리하고자 하였다. 또한 백제 기와 연구의 시공간적 범위가 확대되고, 특히 한성시기 백제 기와 관련 고고학 자료가 풍부해진 것을 계기로 그동안 백제사 연구에서 다소 소홀히 다루어졌던『삼국사기』백제본기의 건축 관련 기사를 재조명함으로써『삼국사기』백제본기 초기 기사에 대한 선입견을 불식시키고 역사 자료로서의 활용 가능성을 검토하고자 하였다.

　백제 기와의 형성과 관련하여, 먼저 풍납토성 출토 기와 등 최근 고고학적 성과로 볼 때 적어도 3세기 전반에는 기와를 사용한 것으로 보았다. 이 시기는 백제 제8대 고이왕(古爾王, AD234~286) 대이며, 중국은 삼국시대 동오(東吳, AD229~280)에 해당한다. 고이왕 대에 백제는 관등제를 마련하여 국가체제를 정비하고 고대국가의 기틀을 다졌다. 대외적으로 낙랑과 신라를 공격하는 등 주변국들과 갈등 관계에 있었지만 이 시기 백제 유적에서 출토되는 적지 않은 중국 계통의 유물은 갈등 속에서도 문화교류가 활발히 이루어졌음을 보여준다. 특히 풍납토성에서 다량 출토된 전문(錢文)이 찍힌 시유대호(施釉大壺)는 중국의 동오에서 서진(西晉, 265~316) 대에 유행하였던 전문도기(錢文陶器)가 백제에도 영향을 끼쳤음을 보여준다. 비록 중국 지역에서 백제와 직접 연결시킬 수 있는 전문수막새가 아직 확인되고 있지 않지만 전문이 한성시기 백제 수막새의 대표 문양으로 채택되었던 것에는 이와 같은 문화적 배경이 작용했던 것으로 짐작된다. 한편 풍납토성 출토 수막새 가운데 자연이나 기하학적 무늬를 모티브로 하는 문양은 중국계 수막새 도입 이전에 사용되던 재지계(在地系) 문양으로 이해하였으며, 이러한 재지계 문양의 존재는 백제 수막새의 출현 연대를 한층 상향시킬 수 있는 요소라고 보았다. 또한 점토띠 소지나 내박자(內拍子) 사용과 같은 기술을 토기와 공유하는 부분은 백제 기와가 형성되는 바탕에 토착화된 토기 제작 기술이 깔려있음을 보여주는 것으로 생각된다. 이를 근거로 백제 기와의 출현 시점은 위의 중국계 수막새가 도입되는 3세기 전반보다 다소 이른 시기인 2세기 말까지 소급될 가능성이 있는 것으로 보았다. 이 시기는 백제 제5대 초고왕(肖古王, AD166~214) 대에 해당하는데, 188년(초고왕 23) "궁실(宮室) 중수(重修)" 기사와 관련되는 것으로 추정하였다.

백제 기와의 생산과 유통을 살펴볼 수 있는 기와가마터 등의 자료는 대부분 사비시기에 집중되어 있다. 반면 한성~웅진시기의 기와가마터는 각각 1개소만 확인되어 현재까지는 발견 사례가 매우 적은 편이다. 한성시기의 기와 생산시설은 인천 불로동 유적이 유일하다. 이 유적은 토기와 기와를 함께 생산하던 시설로서 아직 기와와 토기 생산이 명확히 분리되지 않았던 이른바 '와도겸업(瓦陶兼業)'의 양상을 보여준다. 이곳에서 생산된 기와의 수요처는 아직 명확하지 않다. 웅진시기의 도읍이었던 공주지역에서는 아직 이 시기의 기와 생산시설이 확인되지 않았지만 부여 정동리 가마터에서 웅진시기의 벽돌이 확인되어 부여 지역이 웅진시기 기와의 중요한 생산 및 공급처였음은 분명하다. 사비시기의 기와 생산시설은 지금의 부여, 청양 등 도성 내·외곽에서만 확인되어 백제의 기와 생산이 가지는 국가적 성격을 이해할 수 있었다. 즉, 백제에서의 기와 생산은 기와의 주요 수요처가 특정한 신분집단에 한정되는 것에서처럼 와박사(瓦博士)라고 하는 국가적인 조와조직(造瓦組織)을 통해 운영되었던 것이다. 또한 생산된 기와를 공급하는 물류시스템 또한 왕흥사지 가마터나 능산리사지 가마터의 사례에서 알 수 있듯이 1:1 수급관계(需給關係)로 사찰에 직속되어 임시적으로 운영되는 가마도 존재하며, 정암리 가마터나 왕진리 가마터처럼 여러 곳의 수요처에 공급하는 1:多의 수급관계를 유지하는 상설적이고 대규모적인 가마 운영도 확인된다. 특히 왕진리 가마터는 부여 일원은 물론 공주, 익산 지역에까지 기와가 공급되어 원거리 기와 공급 시스템도 갖춘 가마인 것으로 추정하였다.

백제 평기와는 선사시대 이래 축적된 토기 제작 기술을 바탕으로 1~3세기의 토기와 제작 도구 및 생산시설, 태토, 기술 인력 등의 제작 기술을 공유하면서 한성시기부터 제작되기 시작하였다. 이 시기의 기와 내면에서 흔히 확인되는 내박자(內拍子)와 점토띠 흔적, 토기 가마에서 함께 소성된 기와들, 토기와 다름없는 니질(泥質) 혹은 정질(精質)의 고운 태토, 1㎝ 내외의 얇은 두께의 기와 등은 한성시기 기와와 토기 제작 기술 사이의 깊은 관련성을 보여준다. 이후 기와 전용 제작 도구인 와통(瓦桶)이 도입되면서 기와 제작 공정에 혁신이 이루어졌다. 와통의 사용은 기와의 생산이 토기 제작 기술에서 벗어나 독립적인 생산 체제를 갖추어 나가는 중요한 계기가 되었다. 또한 새로운 제작 도구와 기술을 보유한 와공(瓦工)이라는 새로운 직업으로의 전문화가 이루어졌다. 웅진시기에는 토기 제작 방식으로 기와를 생산하는 방식을 대체하여 점차 와통에 의한 기와 생산 공정이 정립되었으며, 와통에 부착하는 바탕흙[素地]도 점차 점토띠에서 점토판 형태로 대체되면서 규격화하고 견고하며, 실용적인 백제 평기와의 새 전형이 마련되었다. 사비시기에는 웅진시기의 기와 제작 전통을 이어받으면서도 도성 건설과 사원 건축이라는 수요 증가에 부응하기 위해 일부 제작 공정을 간소화하는 등의 효율성을 추구하였으며, 가마의 운영 방식도 다변화하면서 기와의 대량 생산을 위한 체제를 갖추어 나갔다.

한성시기 평기와 문양은 수키와는 무문, 암키와는 격자문의 비중이 높은데, 수키와 외면을 물손질 정면하여 문양을 지웠기 때문이다. 수키와의 경우 지붕 위에서 외면이 밖으로 노출되기 때문에 정면 공정으로 기와 표면을 고르게 하여 빗물의 흐름을 돕기 위한 것으로 보았다. 격자문은 이 시기에 유행하던 타날문 토기의 주 문양으로 토기와 기와를 성형하는 타날 도구가 공유되었던 양상을 보여주는 것으로 해석하였다. 웅진시기 평기와 문양은 한성시기와 달리 무문과 선문이 주를 이루는데, 암키와도 외면을 물손질 정면하여 한성시기에 비해 무문의 비중이 크게 높아졌다. 이같은 변화는 웅진시기에 와통을 본격적으로 사용하면서 물손질 정면 공정이 수월해졌고, 이 공정을 거치게 되면서 기와의 내구성도 향상되기 때문인 것으로 해석하였다. 기와 문양이 격자문에서 선문으로 변화하는 것은 토기와 기와의 제작이 별도의 공정으로 분리되면서 더 이상 타날 도구를 공유하지 않기 때문으로 해석하였다. 사비시기 평기와 문양은 웅진시기와 마찬가지로 무문과 선문이 대부분을 차지하는데, 웅진시기에 비해 선문의 비중이 다소 높아지는 경향이 있다. 이러한 양상은 기와 제작에 점토판 소지가 보편적으로 사용되면서 내구성이 충분히 확보되고 물손질 공정을 생략함으로써 제작 시간을 단축하려는 제작 공정 간소화와 관련이 있는 것으로 보았다.

평기와 성형 방법은 한성시기에 토기와 마찬가지로 내박자로 타날 성형하는 방식이 주로 사용되었으나 와통이라는 기와 전용 제작 도구가 사용되면서 제작 기술에 큰 변화가 생겼다. 와통의 사용 여부는 기술 발전 단계상의 선후관계가 분명하지만 한성시기에 그러한 변화는 단선적이지 않고 기와의 종류와 유적에 따라 와통과 무와통이 공존하며 다양하게 전개되었다. 이러한 양상은 신기술이 적용되는 과정에서 새로운 기술을 익힌 장인집단이 형성되기까지 기존의 제작 전통이 일정 기간 존속하는 과도기가 존재하였음을 보여주는 것으로 보았다. 웅진시기 이후에는 와통 사용이 일반화되면서 수키와는 원통와통, 암키와는 통쪽와통이라는 방식이 정립되었다. 와통을 감싸는 통보(桶褓)는 한성시기에 일부 노끈을 감은 흔적인 승문(繩文)이 확인되지만 삼베로 감싼 흔적인 마포흔(麻布痕)이 대부분이다. 기와 성형을 위해 준비된 점토인 소지(素地)는 한성시기에 토기와 마찬가지로 점토띠 형태가 많이 사용되었지만 와통이 사용되면서 그에 걸맞은 형태로 재단한 점토판 형태의 소지가 사용되었다. 점토판 소지는 미리 와통의 규격에 맞도록 점토를 긴 장방형 육면체로 쌓은 흙담(다무락)을 구축하는 공정이 필요하다. 흙담을 준비하는 과정은 시간이 걸리지만 일단 완성되면 일정한 규격의 점토판을 효율적으로 대량 생산할 수 있고, 점토띠보다 견고하고, 정형화된 기와를 만들 수 있다는 장점 때문에 점차 점토띠 소지를 대체해 나간 것으로 보았다. 일부 기와 중에는 내면에서 와통 흔적과 점토띠 흔적이 함께 확인되기도 하는데, 이는 와통이 사용된 이후에도 일정 기간 점토띠 소지가 계속 사용되었음을 알려주며, 이러한 양상은 웅진 초기까지 이어진다. 정면 공정은 기와를 타날 성형하는 과정에서 생기는 요철면을 정리하여 형태를 완성하는 공정으로 앞서 살펴본 기와 외면 문양과 밀접한 연관이 있다. 한성시기에는 주로 수키와에 물손질 정면이 이루어졌다. 웅진시기에는 암키와에도 물손질 정면이 이루어졌는데, 기와의 내구성 향상을 주요한 이유로 보았다. 사비시기에는 웅진시기에 비해 물손질 정면이 덜 이루어졌는데, 제작 공정 간소화와 관련이 있는 것으로 보았다. 내면 단부 조정은 기와를 지붕에 올릴 때 겹쳐 쌓는 기와 사이의 간극을 줄여 건물 내부로 빗물이 침투하는 것을 방지하기 위한 공정이다. 백제 전 시기에 걸쳐 와도로 내면 단부를 깎는 깎기 조정이 많이 이루어졌다. 측면 분할은 원통형으로 성형된 기와를 와도를 사용하여 세로로 쪼개어 낱장의 수키와와 암키와를 만드는 공정이다. 한성시기에는 대부분 분할 후 측면을 몇 차례 다듬어 분할 흔적을 남기지 않는 완전분할 방식이 사용되었지만 웅진시기에는 와도로 내측에서 외측으로 그어 분할한 면을 다듬지 않는 부분 분할 방식도 나타난다. 사비시기에는 와도 방향이 외측에서 내측인 경우도 나타나고, 이전 시기에 비해 부분 분할 비중이 높게 나타나는데, 제작 공정 간소화와 관련 있는 것으로 보았다. 기와의 형태는 한성시기에 미구가 없는 토수기와에 비해 미구가 있는 미구기와의 비율이 높은 편인데, 이러한 양상은 웅진~사비시기에도 계속 이어진다. 다만 사비시기에는 유적별로 미구기와와 토수기와의 비율에 편차가 존재한다.

기와의 색조는 전 시기에 걸쳐 회색 계열이 높은 비중을 차지한다. 소성도는 한성시기에 유적별 편차가 있지만 전반적으로 연질과 중질의 비율이 높은 편이다. 이에 반해 웅진시기에는 경질의 비율이 70% 정도로 높아지고, 사비시기에는 경질의 비율이 웅진시기와 비슷하지만 연질의 비율이 5%로 확연히 낮아져 기와 가마의 발달과 함께 소성도가 점차 향상되었던 것으로 보았다. 정선도는 한성시기에 당대의 토기와 마찬가지로 가는 사립이 섞인 정질(精質)의 비율이 높으며, 고운 니질(泥質)도 확인된다. 웅진시기에도 여전히 정질의 비율이 높지만 니질이 비율이 10%대로 확연히 낮아지고, 사비시기에는 이러한 경향이 더욱 강해진다.

고대사회에서 왕궁을 세우고, 사찰을 건립하는 것은 단지 종교시설을 세우기 위한 건축 활동이 아니라 당대의 정치적 상황과 그에 걸맞은 사상적 변화를 반영하여 통치체제를 새롭게 구축하려는 고도의 정치적 행위의 소산이다. 백제사는 한성, 웅진, 사비의 세 시기로 구분하며, 막새 문양도 시기 변화에 따라 다양한 변화 양상을 보여준다. 막새 문양의 변화 또한 단순한 유행의 변화가 아니라 당시의 사상적 변화를 담고 있으며, 정치적 변동의 추이를 읽을 수 있다는 점에서 사상의 전개와 막새의 변천을 함께 살펴보는 것은 백제의 역사를 이해하는 데 매우 유용한 수단이라 할 수 있다.

한성시기 수막새의 문양은 전문(錢文), 연화문(蓮花文), 수면문(獸面文) 등 중국계 문양과 수지문(樹枝文), 초화문(草花文)처럼 자연을 모티브로 하는 문양, 방사문(放射文), 거치문(鋸齒文), 격자문(格子文) 등 기하학(幾何學)적인 문양과 무문 등 중국 자료에서 확인되지 않는 자생적 문양이 공존하며 발전하는 것으로 보았다. 중국계 문양은 외래종교인 불교와 도교의 도입과 관련되며, 자생적 문양의 기원은 외래종교 도입 이전의 토착종교와 연관되거나 선사시대 토기 문양이나 청동거울의 문양과 같은 맥락에서 백제 사람들이 가진 자연에 대한 관념을 점, 선, 면의 기하학적 무늬로 표현한 예술적 행위의 산물이라고 보았다.

전문은 중국 양자강 이남의 육조시대 도자기의 주 문양으로 부귀와 벽사를 상징하는 다분히 도교적인 성격을 지닌 것으로 보았다. 아직 중국 지역에서 전문이 있는 수막새가 확인되지 않았기 때문에 백제에 전문 수막새가 어느 시점에 어느 경로를 통해서 들어오게 되었는지 명확히 밝혀지지 않았으므로 여전히 탐색의 과정에 있는 것으로 보인다. 대체로 중국의 삼국시대 동오(東吳, 229~280) 혹은 위진남북조시대의 서진(西晉, 265~316)으로 보고 있는데, 한성시기 유적에서 확인되는 전문은 다양한 형식을 보여주므로 대체로 3세기 전반에서 4세기 초반까지 시간의 흐름에 따라 다양한 변화를 보여주는 것으로 설정해두고, 한성시기 백제의 도교문화 도입과 전개라는 맥락에서 실마리를 잡아 나가야 할 것으로 생각한다. 백제의 도교에 관한 기록은 369년(근초고왕 24), 고구려 고국원왕과의 전투에서 장수 막고해가 도덕경의 구절인 '지족불욕, 지지불태(知足不辱, 知止不殆)'를 인용하였다는 것에서 보는 것처럼 적어도 4세기 중반 이전에 백제 지식층 사이에서 도교에 대한 이해가 깊었음을 알 수 있다. 연화문은 전문에 이어 등장하는 중국계 문양으로 4세기 말경 불교의 수용과 깊은 관계가 있는 것으로 보았다. 아직 한성시기의 불교유적이 조사되지 않아서 백제의 불교 도입과 연화문을 막새 문양으로 채택하는 과정이 뚜렷하지 않지만 한성시기 유적에서 출토된 연화문수막새의 존재는 향후 불교 수용 이듬해 한산(漢山)에 세웠다는 불교사원과 같은 한성시기 사찰유적의 새로운 발견을 기대케 한다. 수면문은 기본적으로 강한 힘을 가진 존재의 힘을 빌려 사악한 기운을 물리친다는 벽사(辟邪)의 기능으로 해석되며, 중국에서 기와에 이러한 형상이 표현되는 것은 일반적으로 남북조시대로 알려져 있지만 최근 연구에서는 그 기원을 삼국시대 동오(東吳, 229~280) 시기로 올려보기도 한다. 풍납토성 출토 수면문은 제작기법상 원통을 1/2로 분할한 반절(半切)형의 수키와가 부착되므로 다른 문양에 비해 늦은 시기로 보았다. 다만 수면문은 중국식 용어이며, 유사한 개념으로 국내에서는 귀면문(鬼面文)이 더 널리 사용되는데, 아직 백제 수막새 중에는 귀면문이 확인되고 있지 않아서 풍납토성 출토 수면문수막새는 백제 귀면문수막새의 계통 연구에 중요하며, 향후 웅진~사비시기 귀면문수막새의 새로운 발견을 기대한다.

웅진시기에는 불교를 대표하는 연화문이 중심이 된다. 웅진시기의 연화문은 선각을 위주로 하는 평면적인 조형의 한성시기와는 다르게 사실적, 입체적 조형으로 표현되며, 백제 후기 막새 문양 전형으로 자리 잡게 된다. 웅진시기 연화문수막새 문양은 유형별로 보면 연판 끝부분이 점차 솟아오르는 형태의 융기형과 연판 끝이 둥근 돌기처럼 말린 형태의 원형돌기형의 두 가지 형식이 있다. 융기형은 공주 공산성을 대표하는 문양이며, 원형돌기형은 대통사지를 대표하는 문양이다. 융기형은 제작기법상 원형돌기형보다 앞선 형식으로 475년 웅진 천도 이후 공산성을 수축하는 과정에서 사용된 것으로 추정하였다. 원형돌기형은 '대통(大通)'명 기와를 연호로 해석했을 때, 『삼국유사』의 중국 남조 양(梁) 대통(大通) 원년인 527년(성왕 5) 양 무제(武帝)를 위해 웅천주(熊川州) 대통사(大通寺)를 지었다는 기사와 관련이 있는 것으로 6세기 초에 출현한 것으로 해석하였다. 한편으로 '대통'을 『법화경』에 나오는 대통불(大通佛)과 연관 지어 전륜성왕(轉輪聖王)-대통불-석가불(釋迦佛)이라는 부처의 연기(緣起)에 빗대 성왕(聖王)-위덕왕(威德王)-법왕(法王)으로 이어지는 왕실 계보의 신성성을 부여하기 위한 것으로 보는 견해를 수용하여, 법화사상으로 한성 함락 이후 약화된 백제 왕실의 권위를 세우기 위해 대통사를 창건하였으며, 원형돌기형 연화문수막새는 이런 배경에서 탄생한 것으로 보았다.

사비시기에는 연화문을 중심으로 웅진시기에 이루어진 수막새의 문양과 형태, 제작기술을 계승하면서도 웅진시기에는 볼 수 없었던 파문(巴文)이나 무문(無文) 같은 새로운 문양이 사용된다는 점에서 웅진시기와 차이가 있다. 사비시기 연화문의 구성은 하나의 꽃잎으로 이루어진 단판(單瓣)과 연판 내에 아무런 무늬가 없는 소문(素文)이 중심을 이룬다. 유형별로 보면 웅진시기에 나타난 융기형과 원형돌기형은 부여 구아리사지나 동남리사지 같은 사비 초기의 사찰에서 계속 사용되며, 6세기 중반 능산리사원 창건(567) 이후에는 연판 끝이 삼각형의 반전을 이루는 삼각반전형이 나타나 크게 유행하고, 백제 불교의 융성으로 도성 내외에 많은 불교사원이 건립되면서 사비시기 연화문을 대표하는 유형으로 자리 잡는다. 불교사상적인 측면에서 백제의 중흥을 목표로 성왕(聖王, 523~554) 대에 성립된 왕실의 신성한 계보는 위덕왕(威德王, 554~598) 대의 능산리사원 창건, 법왕(法王, 599~600) 대의 왕흥사(王興寺) 창건(600)으로 이어지면서 일련의 사찰 창건을 통해 법화사상을 이념으로 국가를 통합하고, 사비를 터전으로 불국토를 건설하겠다는 백제 왕실의 열망이 발현되었다. 능산리사지, 왕흥사지 출토 삼각반전형(D) 수막새의 독창적인 문양은 이와 같은 정치사상적 배경으로 탄생한 것으로 보았다. 이후 첨형(B), 원형(F) 연판을 가진 연화문수막새가 사비시기 와공의 정제된 솜씨에 의해 완성되어 6세기 후반 양식으로 자리 잡는다. 6세기 말에는 연화문의 표현 방식도 단판 소문에서 벗어나 연판이 능각(G)을 이루거나 능선(H)이 생기기도 하며, 연판 중간에 굴곡이 있는 곡절형(E) 등 다양한 유형이 나타난다. 7세기는 대외적으로 중국의 남북조시대가 끝나고 수(隋), 당(唐)이라는 통일왕조가 등장하며, 내부적으로는 무왕(武王, 600~641)의 집권과 익산 경영이라는 새로운 변화가 나타난다. 이러한 대내외적인 변화는 문화적으로 새로운 요소가 나타나는 배경이 되는 것으로 보았다. 수막새는 부여 정림사지, 금강사지, 부소산사지를 중심으로 연판 내에 꽃술문(I)이나 인동문(J) 같은 장식이 베풀어지고 연판의 형태도 연꽃을 중첩시켜 표현한 중판(重瓣) 연화문 같은 새로운 표현 방식이 나타난다. 익산 지역은 무왕 대에 새로운 정치의 중심으로 부각되는데, 익산 경영의 핵심은 미륵사(彌勒寺)와 제석사(帝釋寺)의 창건이다. 사찰 명칭에서도 알 수 있듯이 미륵사는 미륵보살의 정토(淨土)인 도솔천(兜率天)의 시상세계를 뜻하며, 제석사는 제석천(帝釋天)이 상주하는 수미산(須彌山) 꼭대기의 도리천(忉利天)의 이상세계를 구현한 것이다. 여기에 인간계인 왕궁까지 포함하여 부처-천신-인간이 어우러지는 불국토를 건설한다는 이상을 제시함으로써 국가를 통합하고 왕권을 강화하고자 하였던 것으로 보았다. 이러한 정치사상적 배경은 수막새 문양에도 반영되어, 미륵사는 꽃술문 장식형(I)과 인동문 장식형(J)처럼 화려하고 장식성이 두드러지는 새로운 형식이 나타나며, 연판의 형태도 하나의 꽃잎으로 이루어진 단판이 아닌 겹꽃잎의 복판(複瓣) 연화문 같은 새로운 표현 방식이 출현한다. 제석사는 부여 금강사보다 더욱 화려해진 곡절형(E)에 인동문 장식형(J)이 더해진다.

파문과 무문은 연화문과 전혀 다른 계통과 내용을 담고 있는 문양으로 7세기에 출현하며, 사비시기 왕궁과 산성에서 주로 출토되었다. 불교를 상징하는 연화문이 연꽃이라는 구상적(具象的) 실체를 표현한 것이라면 파문과 무문은 존재하지만 형체가 뚜렷하지 않은 자연 현상이나 원리와 같은 형이상학적 세계관은 추상적(抽象的)으로 표현하였다. 연화문이 이른바 '연화화생(蓮華化生)'의 불교적 세계관을 나타낸다면 파문과 무문은 고요함[靜]으로 가득한 '무(無)'에서 시작된 우주에 움직임[動]이 생성되고 만물[萬有]이 형성된다는 도교적 세계관을 담고 있다고 보았다. 7세기 백제의 도교 문화는 634년(무왕 35) 사비 왕궁 남쪽에 궁남지(宮南池)를 파서 못 안에 도교적 색채가 농후한 방장선산(方丈仙山)이란 섬을 조성하거나 중국 한 대(漢代)에 유행한 박산로(博山爐)에서 모티브를 가져온 백제금동대향로를 제작한 것처럼 도교가 백제 왕실을 중심으로 크게 성행하고, 백제 문화의 한 부분으로 자리매김하고 있었다. 파문과 무문 수막새는 이러한 배경에서 탄생한 것으로 보았으며, 상이한 사상적 배경을 지닌 문양의 수막새가 공간을 달리하며 공존하는 것은 사상과 문화를 수용함에 있어 백제 왕실이 지닌 포용성을 보여주는 것으로 생각한다.

자료 출처

참고문헌

1. 사료

『삼국사기』, 『삼국유사』, 『일본서기』, 『법화경』, 『관세음응험기』, 『중국정사조선전』

2. 단행본

공주대학교박물관, 1992, 『백제의 조각과 미술』.

공주대학교 백제문화연구소·충청남도, 1991, 『무령왕릉의 연구현황과 제
　　문제』.

구보 노리따다, 1990, 『도교사』.

국립공주박물관, 2006, 『무령왕릉 기초자료집』.

국립공주박물관, 2011, 『중국 육조의 도자』.

국립문화재연구소, 1996, 『중요무형문화재 제91호 제와장』, 한국의 중요
　　무형문화재1.

국립문화재연구소, 2019, 『한국고고학전문사전 -생산유적편-』.

국립부여문화재연구소, 2009, 『익산 왕궁리유적 발굴 20년 성과와 의의』.

국립부여문화재연구소, 2010, 『백제 사비기 기와 연구』.

국립부여문화재연구소, 2010, 『백제 사비기 기와 연구』 2.

국립부여문화재연구소, 2011, 『백제 사비기 기와 연구』 3.

국립부여문화재연구소, 2012, 『백제 사비기 기와 연구』 4.

국립부여문화재연구소, 2013, 『백제 사비기 기와 연구』 5.

국립부여문화재연구소, 2014, 『백제 사비기 기와 연구』 6.

국립부여박물관, 2010, 『백제와전과 고대 동아시아의 문물교류』.

국립부여박물관, 2012, 『일제강점기 자료조사 보고 6집 부여 군수리사지』.

국립부여박물관, 2014, 『일제강점기 자료조사 보고 11집 부여 동남리사지』.

국립부여박물관, 2015, 『일제강점기 자료조사 보고 15집 부여 정림사지』.

국립부여박물관, 2016, 『일제강점기 자료조사 보고 19집 부여 구아리사지』.

국립부여박물관, 2017, 『일제강점기 자료조사 보고 24집 부여 부소산사지』.

국립중앙과학관, 1994, 『전통과학기술 조사연구(Ⅱ) -대장간, 옹기, 기와-』, 국립중앙과학관학술총서6.

국립중앙박물관, 2021, 『한국 고대 기와 생산유적 자료집』.

국사편찬위원회, 1986, 『한국사론15: 한국의 고고학Ⅲ』.

국사편찬위원회, 1995, 『한국사6: 삼국의 정치와 사회Ⅱ-백제』.

국사편찬위원회, 1998, 『한국사8: 삼국의 문화』.

국사편찬위원회, 2003, 『한국사1: 총설』.

김성구, 1992, 『옛기와』.

김성구, 1992, 『옛전돌』.

김성구, 2004, 『백제의 와전예술』.

김성구·모리 이쿠오, 2009, 『한일의 기와』.

김유식, 2014, 『신라기와 연구』, 민속원.

김종만, 2012, 『백제토기』.

나가다 히사시·심우성 역, 1991, 『역과 점의 과학』.

마가렛 메들리·김영원 역, 1986, 『중국도자사』.

박남수, 1996, 『신라수공업사』.

백종오, 2006, 『고구려 기와의 성립과 왕권』.

유원재, 1995, 『중국정사 백제전 연구』.

이남석, 2002, 『웅진시대의 백제고고학』.

이병호, 2014, 『백제 불교사원의 성립과 전개』.

이형구, 1997, 『서울 풍납토성(백제왕성) 실측조사연구』.

잔스촹 저·안동준 역, 2006, 『도교문화 15강』.

장인성, 2001, 『백제의 종교와 사회』.

조경철, 2006, 「백제불교사의 전개와 정치변동」, 한국학중앙연구원 박사
    학위논문.

최맹식, 1999, 『백제 평기와 신연구』.

최맹식, 2006, 『삼국시대 평기와 연구』.

최몽룡, 1997, 『한국 고대국가 형성론』.

최몽룡, 2006, 『한국 고고학·고대사의 신연구』.

최몽룡, 2011, 『한국 고고학 연구의 제 문제』.

최몽룡, 2013, 『인류문명발달사 -고고학으로 본 세계문화사-』.

최몽룡·심정보, 1998, 『백제사의 이해』.

최몽룡·김경택, 2005, 『한성시대 백제와 마한: 고고학 자료로 본 한국 고
    고학·고대사의 새로운 맥락』.

최몽룡 편저, 1998, 『백제를 다시 본다』.

최몽룡 편저, 2007, 『경기도의 고고학』.

최몽룡 편저, 2008, 『21세기의 한국 고고학 I 』 희정 최몽룡 교수 정년퇴
    임논총(I).

최몽룡 편저, 2009, 『21세기의 한국 고고학II』 희정 최몽룡 교수 정년퇴
    임논총(II).

최몽룡 편저, 2010, 『21세기의 한국 고고학III』 희정 최몽룡 교수 정년퇴
    임논총(III).

최몽룡 편저, 2011, 『21세기의 한국 고고학IV』 희정 최몽룡 교수 정년퇴
    임논총(IV).

최몽룡 편저, 2012, 『21세기의 한국 고고학V』 희정 최몽룡 교수 정념퇴 임논총(V).

최몽룡 역·조나단 하스 저, 1989, 『원시국가의 진화』.

최성락, 2001, 『고고학 여정』.

최성락, 2005, 『고고학입문』.

최성락, 2013, 『한국 고고학의 새로운 방향』.

충청남도·공주대학교 백제문화연구소, 1991, 『백제 무령왕릉』.

충청남도역사문화연구원, 2007, 『백제사총론』 백제문화사대계 연구총서1.

충청남도역사문화연구원, 2007, 『백제의 기원과 건국』 백제문화사대계 연구총서2.

충청남도역사문화연구원, 2007, 『한성도읍기의 백제』 백제문화사대계 연구총서3.

충청남도역사문화연구원, 2007, 『웅진도읍기의 백제』 백제문화사대계 연구총서4.

충청남도역사문화연구원, 2007, 『사비도읍기의 백제』 백제문화사대계 연구총서5.

충청남도역사문화연구원, 2007, 『백제의 대외교섭』 백제문화사대계 연구총서9.

충청남도역사문화연구원, 2007, 『백제의 문물교류』 백제문화사대계 연구총서10.

충청남도역사문화연구원, 2007, 『백제의 제의와 종교』 백제문화사대계 연구총서13.

충청남도역사문화연구원, 2007, 『백제의 미술』 백제문화사대계 연구총서14.

충청남도역사문화연구원, 2007, 『백제의 건축과 토목』 백제문화사대계 연구총서15.

하남역사박물관, 2019, 『하남역사총서』1.

한신대학교학술원, 2004, 『한성기 백제의 물류시스템과 대외교섭』.

허지산 저·오영식 역, 2012, 『중국도교사』.

3. 도록

경기도박물관, 2006, 『묻혀진 백제 문화로의 산책: 한성백제』.

국립경주박물관, 2000, 『신라와전』.

국립공주박물관, 1988, 『백제 와당 특별전』.

국립공주박물관, 1989, 『백제 고분 출토유물 특별전』.

국립공주박물관, 2001, 『백제 사마왕: 무령왕릉 발굴, 그후 30년의 발자취』.

국립공주박물관, 2010, 『국립공주박물관: 상설전시도록』.

국립김해박물관, 2016, 『기와, 공간을 만들다 -최근 발굴 자료로 본 영남
지역의 기와-』

국립대구박물관, 2004, 『우리 문화 속의 중국 도자기』.

국립부여박물관, 1988, 『백제사지 출토유물』.

국립부여박물관, 1989, 『백제의 와전 특별전 도록』.

국립부여박물관, 2005, 『국립부여박물관』.

국립부여박물관, 2005, 『백제의 공방』.

국립부여박물관, 2008, 『백제왕흥사』.

국립부여박물관, 2009, 『백제 가람에 담긴 불교문화』.

국립부여박물관, 2010, 『백제 중흥을 꿈꾸다: 능산리사지』.

국립부여박물관, 2010, 『기와에 담긴 700년의 숨결: 백제와전』.

국립중앙박물관, 1999, 『백제: 특별전』.

국립중앙박물관, 2002, 『유창종 기증 기와·전돌』.

백제문화개발연구원, 1983,『백제 와전 도록』.

서울역사박물관, 2002,『풍납토성: 잃어버린 왕도를 찾아서』.

유금와당박물관, 2008,『한국 와당 수집 100년: 명품 100선』.

한국문화재보호재단, 1993,『문화유적 발굴 도록』.

한신대학교박물관, 2007,『한신 고고학 발굴 15년』.

4. 논문

권오영, 2001,「백제 전기 기와에 대한 신지견」,『백제연구』33.

권오영, 2002,「풍납토성 출토 외래유물에 대한 검토」,『백제연구』36.

권오영, 2003,「한성기 백제 기와의 제작 전통과 발전의 획기」,『백제연구』38.

권오영, 2005,「한성기 백제 기와 연구의 현황과 과제」,『한국 기와 연구의 회고와 전망』.

권오영, 2005,「백제 문화의 이해를 위한 중국 육조문화 탐색」,『한국고대사연구』37

권오영, 2011,「한성백제의 시간적 상한과 하한」,『백제연구』53.

권오영, 2020,「한강유역에서 삼국~통일신라 와전 문화의 전개」, 제17회 한국기와학회 정기학술대회『한강유역 삼국의 각축과 와전문화의 전개』.

김기옥, 2006,「백제 한성도읍기 평와의 제작기법 -풍납토성 출토품을 중심으로-」,『서울·경기지역의 유적과 유물』.

김선기, 2006,「익산 제석사지 백제 기와에 대하여」,『한국기와학회 학술논문집Ⅲ』.

김선기, 2010,「미륵사지 출토 백제 암막새 연구」,『고문화』76.

김성구, 1990,「부여의 백제요지와 출토유물에 대하여」,『백제연구』21.

김성구, 1992,「백제의 와전」,『백제의 조각과 미술』.

김성구, 1993, 「百濟·新羅 瓦窯」, 『百濟瓦當の變遷とその特性』.

김성구, 2000, 「백제 와당 양식의 변천과 그 유형」, 『동악미술사학』 창간호.

김성구, 2007, 「백제의 기와와 전돌」, 『백제의 미술』.

김용흥, 1990, 「고대중국의 박사관에 관한 연구」, 『역사교육론집』 13·14.

김유식, 2002, 「한국 기와의 시대별 특징」, 『유창종 기증 기와·전돌』.

김유식, 2010, 「백제 와당문화의 대외교섭 -백제계 신라와당의수용과 전개-」, 『한국기와학회 학술대회 발표자료집』 7.

김재원, 2017, 「백제 사비기 연화문수막새 수급체계 연구」, 성균관대학교 석사학위논문.

김종만, 2000, 「부여 능산리사지에 대한 소고」, 『신라문화』 17·18.

김희철·이동주, 2009, 「평기와의 속성 정리 시론」, 『야외고고학』 6.

김화영, 1965, 「연화문양 변천에 대한 연구」, 이화여자대학교 석사학위논문.

김화영, 1967, 「삼국시대 연화문 연구」, 『역사학보』 34.

김화영, 1973, 「익산 출토 백제 와당에 대하여」, 『이화사학연구』 6·7합집.

노기환, 2007, 「미륵사지 출토 백제 인각와 연구」, 전북대학교 석사논문.

문옥현, 2011, 「백제 왕흥사의 기와 공급에 대한 일고찰」, 『전통문화논총』 9.

문옥현, 2012, 「백제 사비기 기와 생산시설과 생산체제의 일단」, 『백제 사비기 기와연구Ⅳ』.

박세원, 1963, 「삼국시대 와당에 관하여 -파문을 중심으로-」, 『한국사상』 6.

박용진, 1968, 「백제 와당에 관한 연구」, 『백제문화』 6.

박용진, 1973, 「공주 출토의 백제 와전에 관한 연구」, 『공주교육대학논문집』 5.

박용진, 1974, 「공주 대통사지 출토 와당 연구」, 『고고미술』 121·122.

박용진, 1976, 「백제와당의 체계적 분류: 수막새기와를 중심으로」, 『백제

문화』 9.

박용진, 1987, 「백제의 와·전」, 『고문화』 30.

박원지, 2012, 「동범 수막새를 통한 백제 사비기 기와 수급관계 연구」, 충북대학교 석사학위논문.

박은선, 2016, 「익산지역 백제유적의 평기와 연구」, 충남대학교 석사학위논문.

박현숙, 2004, 「백제 한성시대사 연구의 현황과 과제」, 『도시역사문화』 3.

배나리, 2021, 「백제 기와가마의 변천과 특징」, 계명대학교 석사학위논문.

백종오, 2001, 「경기북부지역 성곽출토 고구려 평기와 연구」, 단국대학교 석사학위논문.

백종오, 2005, 「고구려 기와 연구」, 단국대학교 박사학위논문.

백종오, 2005, 「포천 자작리유적 출토 백제 한성기 기와 검토」, 『사학지』 37.

서봉수, 1999, 「포천 반월산성 기와의 속성분석과 제작시기」, 단국대학교 석사학위논문.

서오선, 1985, 「한국 평와 문양의 시대적 변천에 관한 연구」, 충남대학교 석사학위논문.

설정연, 1976, 「백제 연화문와당 편년에 관한 연구」, 경희대학교 석사학위논문.

성정용, 2010, 「기와 제작기술의 변천양상과 조사관찰법」, 『현장고고』 2.

소재윤, 2006, 「웅진·사비기 백제 수막새에 대한 편년 연구」, 『호남고고학보』 22.

소재윤, 2010, 「백제 수막새 제작기법과 생산체제의 변화 -풍납토성 출토품을 중심으로」, 『백제학보』 4.

신광섭, 1991, 「부여 정암리 백제가마터(B지구) 발굴조사개보」, 『제6회 한국상고사학회 학술대회』

신창수, 1986, 「황룡사지 출토 신라기와의 편년」, 단국대학교 석사학위논문.

신창수, 2009, 「남조의 연화문와당」, 『한국기와학회 학술대회 발표문집』.

신희권, 2002, 「풍납토성 발굴조사를 통한 하남위례성 고찰」, 『향토서울』 62.

심광주, 2009, 「북조의 기와」, 『중국의 기와』 제6회 한국기와학회학술대회자료집.

심상육, 2005, 「백제시대 인각와에 관한 연구」, 공주대학교 석사논문.

심상육, 2005, 「백제 암막새의 출현과정에 대한 검토」, 『문화재 38』.

엄기일, 2009, 「사비기 백제 와요의 구조 변화 연구」, 공주대학교 석사논문.

오세인, 2021, 「공산성 출토 백제 평기와 변천 양상 연구」, 공주대학교 석사학위논문.

오용경, 1975, 「미륵사지의 녹유와당에 대한 고찰」, 『마한백제문화』 1.

왕즈가오(王志高), 2005, 「남경에서 출토된 동오(東吳)시대 인면문 와당과 한반도에 끼친 영향」, 『백제문화 해외조사 보고서V』, 국립공주박물관.

윤용희, 2001, 「남한강유역 출토 고려전기 평기와 고찰」, 성균관대학교 석사학위논문.

윤용희, 2010, 「사비시기 와전문화의 전개와 변천과정」, 『백제와전과 고대 동아시아의 문물교류』.

윤용희, 2012, 「백제 와전문화의 형성과 전개과정」, 『21세기의 한국고고학』 V -희정 최몽룡 교수 정년퇴임기념논총- .

윤용희, 2013, 「백제 수면문와당에 관한 일고찰」, 『2013 수선사학회 추계 학술대회』.

윤용희, 2016, 「6~7세기 사비기 백제 막새」, 『6~7세기 백제·신라 기와의 대외교류』 학술대회 자료집, 한국기와학회·국립부여문화재연구소.

윤용희, 2017, 「한국 고대의 기와, 그리고 가야」, 『고령의 기와』, 대가야박물관.

윤용희, 2017, 「일제강점기 부여 부소산사지 발굴조사 출토 기와 고찰」, 『일제강점기 자료조사보고 24집: 부여 부소산사지』, 국립부여박물관.

윤용희, 2017, 「중국 제와 연의 기와 제작기법 검토」, 『중국와당, 제·연』, 유금와당박물관.

윤용희, 2018, 「백제 치미의 특징과 변천」, 『동아시아의 치미』 국제학술심포지엄자료집, 한국기와학회·국립부여박물관.

윤용희, 2019, 「풍납토성 출토 수막새의 현황과 변천에 대한 일고찰」, 『사림』 70, 수선사학회.

이남석, 1988, 「백제 연화문와당의 일연구」, 『고문화』 32.

이남석, 2002, 「백제 대통사지와 그 출토유물」, 『호서고고학』 6·7.

이다운, 2000, 「백제의 와생산과 그 전파에 의한 아스카시대의 와생산」, 규슈대학 사학과 박사논문.

이다운, 2004, 「백제와박사고」, 『호남고고학보』 20.

이다운, 2007, 「인각와를 통해 본 익산의 기와에 대한 연구」, 『고문화』 70.

이병호, 2001, 「백제 사비도성의 조영과 구획」, 서울대학교 석사학위논문.

이병호, 2008, 「부여 능산리사지 출토 와당의 재검토」, 『한국고대사연구』 51.

이병호, 2018, 「공주 지역 백제 수막새의 특징과 계통」, 『백제문화』 58, 공주대 백제문화연구소.

이상준, 2012, 「한반도 반도염요의 출현과 생산체제의 변화」, 『경주사학』 32.

이은숙, 2013, 「웅진·사비기 백제 평기와 연구」, 한양대학교 석사학위논문.

이인숙·최태선, 2011, 「평기와 용어 검토」, 『한국고고학보』 80.

이주업, 2008, 「한성기 백제 평기와 제작기법에 관한 연구 -석촌동 4호분 출토 평기와를 중심으로-」, 서울대학교 석사학위논문.

이희돈, 2009, 「남조의 귀면문와」, 『한국기와학회 학술대회 자료집』.

이희준, 2013, 「백제 수막새 기와의 속성 분석」, 공주대학교 석사학위논문.

장경호·최맹식, 「미륵사지 출토 기와 등문양에 관한 조사연구」, 『문화재』 19.

전창기, 2011, 「백제 사비기 기와가마터 고찰 -왕흥사지 기와가마터를 중심으로-」, 『한국기와학회 학술대회 자료집』.

정동준, 2008, 「백제 정치제도사 연구」, 성균관대학교 박사학위논문.

정치영, 2006, 「한성기 백제기와에 대한 연구」, 한신대학교 석사학위논문.

정치영, 2007, 「한성기 백제 기와 제작기술의 전개양상 -풍납토성 출토 기와를 중심으로-」, 『한국고고학보』 63.

정치영, 2009, 「백제 한성기 와당의 형성과 계통」, 『한국상고사학보』 64.

정치영, 2010, 「백제 한성기 제와술의 시말」, 특별전 『기와에 담긴 700년의 숨결, 백제와전』, 국립부여박물관.

정치영, 2020, 「백제 한성기 와전문화의 성립과 전개」, 제17회 한국기와학회 정기학술대회 『한강유역 삼국의 각축과 와전문화의 전개』.

조원창, 2000, 「웅진천도후 백제와당의 변천과 비조사 창건와에 대한 검토」, 『영남고고학』 27.

조원창, 2001, 「웅진천도후 백제와당의 중국 남북조요소 검토 -북조계와당을 중심으로-」, 『백제문화』 30.

조원창, 2005, 「백제 와박사의 대 신라·왜 파견과 제와술의 전파」, 『한국상고사학보』 48.

조원창, 2005, 「기와로 본 백제 웅진기의 사비 경영」, 『선사와 고대』 23.

조원창, 2005, 「고대 동북아 요로기술의 대외교섭: 백제 정암리요적을 중심으로」, 『백산학보』 제71호.

조원창, 2006, 「백제 곡절소판형 와당 시원과 계통」, 『상명사학』 10.

조원창, 2009, 「백제 판단첨형식 연화문의 형식과 편년」, 『문화재』 42-3.

조원창, 2010, 「공주 주미사지 출토 연화문와당의 형식과 특수문 와당의 계통」, 『지방사와 지방문화』 13.

조원창, 2018, 「공주 반죽동 추정 대통사지 발굴조사 내용과 성과」, 『백제문화』 60.

조원창·박연서, 2007, 「대통사지 출토 백제와당의 형식과 편년」, 『백제문화』 36.

최맹식, 1995, 「백제 평기와 제작기법 연구」, 『백제연구』 25.

최맹식, 1999, 「백제 평기와 제작기법 일고 -가래떡형(점토대) 소지를 중심으로-」, 『문화사학』 11·12·13.

최맹식, 2001, 「백제 및 통일신라시대 기와문양과 제작기법에 관한 연구 -미륵사지 출토기와를 중심으로-」, 『호남고고학보』 13.

최맹식, 2001, 「풍납토성 출토유물의 성격 -기와를 중심으로-」, 『풍납토성의 발굴과 그 성과』.

최맹식, 2004, 「삼국 암막새의 시원에 관한 소고」, 『문화사학』 21.

최맹식, 2007, 「풍납토성 평기와에 관한 일고 -미래마을 1호 수혈유적 출토기와를 중심으로-」, 『문화사학』 27.

최맹식, 2008, 「백제와 신라 기와에 보이는 고구려적 요소」, 『한국기와학회 학술대회 자료집』.

최맹식, 2010, 「한성시기 백제기와의 성립과 계통」, 『한국기와학회 학술대회자료집』.

최몽룡, 1985, 「한성시대 백제의 도읍지와 영역」, 『진단학보』 60.

최몽룡, 1988, 「몽촌토성과 하남위례성」, 『백제연구』 19.

최몽룡, 2002, 「고고학으로 본 문화계통: 다원론적 입장」, 『한국사』 1.

최몽룡, 2003, 「백제도성의 변천과 문제점」, 『서울역사박물관 연구논문집』 창간호.

최몽룡, 2003, 「한성시대의 백제와 마한」, 『문화재』 제36호.

최몽룡, 2004, 「통시적으로 본 경기도의 통상권」, 한국상고사학회 학술대회 기조강연.

최몽룡, 2005, 「한성시대 백제와 풍납동토성」, 『한성시대 백제와 마한』.

최몽룡, 2006, 「21세기 한국고고학의 새로운 조류와 전망」, 『한국 고고학·고대사의 신 연구』.

최몽룡, 2011, 「이성산성과 백제」, 『이성산성에 관한 학술대회』.

최몽룡, 2011, 「한국 문화기원의 다원성 -구석기시대에서 철기시대까지 동아시아의 제 문화·문명으로부터 전승」, 『동북아시아의 문명 기원과 교류』.

최몽룡, 2013, 「학술심포지엄 기조강연」, 『익산, 마한·백제 연구의 새로운 중심』.

최인선, 2010, 「웅진시기 백제 기와의 특징과 성립 과정」, 『한국기와학회 학술대회 발표자료집』 7, 한국기와학회

최정혜, 1996, 「고려시대 평기와의 편년 연구 -문양 형태를 중심으로-」, 경성대학교 석사학위논문.

치엔궈샹(錢國祥), 2000, 「중국 위진남북조시대의 와당」, 『기와를 통해 본 고대 동아시아 삼국의 대외교섭』, 국립경주박물관.

한지선, 2008, 「풍납토성 경당지구 재발굴조사 성과」 -206호 우물을 중심으로-, 『양식의 고고학』 한국고고학전국대회.

허미형, 1989, 「통일신라기 평와에 대한 연구 -이성산성 출토와를 중심으로-」, 한양대학교 석사학위논문.

허원아오(賀雲翺), 2010, 「육조와당 연구의 회고와 문제 탐구」, 『백제 와전과 고대 동아시아의 문물교류』 제7회 한국기와학회 국제학술심포지엄.

홍재선, 1985, 「백제의 기와」, 『청람』 27.

5. 일문

輕部慈恩, 1946, 『百濟美術』.

關野貞, 1928, 『瓦』, 考古學講座, 雄山閣.

谷豊信, 1989, 「四, 五世紀の高句麗の瓦に關する若干の考察 -墳墓發見の瓦を中心として-」, 『東洋文化研究所紀要』 108.

龜田修一, 1981, 「百濟古瓦考」, 『백제연구』 12.

龜田修一, 1984, 「百濟漢城時代の瓦に關する覺書」, 『윤무병박사화갑기념논총』.

龜田修一, 2006, 『日韓古代瓦の研究』.

龜田修一, 1997, 「百濟漢城時代の瓦と城」, 『백제논총』 6.

大川淸, 1971, 『增補 日本の古代瓦窯』 考古學選書3, 雄山閣版.

大川淸, 1973, 「부여군 은산면 금강사 출토 고와의 연구」, 『백제문화』 6.

大脇潔, 1996, 「百濟の瓦」, 『朝鮮の古瓦を考える』.

藤澤一夫, 1961c, 「日鮮古代屋瓦の系譜」, 『世界美術全集』 第2卷, 角川書店.

門前誠一, 2002, 「百濟前期における錢文瓦當の背景: 石村洞出土資料の再檢討」, 『청계사학』 16·17.

森郁夫, 1996, 「朝鮮の瓦から日本の瓦へ」, 『朝鮮の古瓦を考える』.

森郁夫, 2000, 「日本瓦當を通じて見る韓日關係」, 『기와를 통해 본 고대 동아시아 삼국의 대외교섭』.

山崎信二, 2011, 『古代造瓦史 -東アジアと日本』, 雄山閣.

小泉顯夫, 1986, 『朝鮮古代遺跡Ⅰ遍歷: 發掘調査三十年の回想』.

井內功, 1990, 「백제 한성시대의 와당에 대하여」, 『고고미술』 187.

淸水昭朴, 2003, 「백제 '대통사식'수막새의 성립과 전개: 중국 남조계 조와 기술의 전파」, 『백제연구』 38.

淸水昭朴, 2004, 「백제와전에 보이는 동범·개범의 한 사례: 부여 외리유적 의 귀형문전」, 『백제연구』 39.

淸水昭朴, 2005, 「기와의 전래: 백제와 일본의 초기 기와생산체제의 비교」, 『백제연구』 41.

戶田有二, 2000, 「百濟瓦窯考: 泗沘時代を中心として」, 『人文學會紀要』 33.

戶田有二, 2004, 「백제의 수막새기와 제작기법에 대하여II」, 『백제연구』 40.

戶田有二, 2005, 「백제 사비시대 조와집단의 일단」, 『사비시기의 재조명』.

6. 중문

山西省考古硏究所·大同市考古硏究所·大同市博物館·山西大學考古系, 2005, 「大同 操場城北魏建築遺址發掘報告」, 『考古學報』 2005年 第4期.

申云艶, 2006, 『中國古代瓦當硏究』.

王少華, 1987, 「梁同泰寺址出土六朝虎頭圖案瓦當」, 『南京寺址』 1987年 第2記.

王志高, 2005, 「남경에서 출토된 동오(東吳)시대 인면문 와당과 한반도에 끼친 영향」, 『백제문화 해외조사보고서V』, 국립공주박물관.

王志高·賈維勇, 2004, 「六朝瓦當的發現與初步硏究」, 『東南文化』 2004年 第4 記.

王志高·馬濤, 2007, 「論南京大行宮出土的孫吳雲文瓦當和人面文瓦當」, 『文 物』 2007年 第1期.

熊海堂 저, 김재열 역, 2014, 『동아시아 요업기술 발전과 교류사 연구』, 학 연문화사.

劉尊志, 2004, 「徐州出土晉代記事碑及相關問題略考」, 『中原文物』 2004年 第2期.

錢國祥, 1996, 「漢魏洛陽城出土瓦當的分期與研究」, 『考古』 1996年 第3期.

劉建國·潘美云, 2005, 「論六朝瓦當」, 『考古』 2005年 第3期.

鎭江古城考古所, 2005, 「江蘇鎭江市出土古代瓦當」, 『考古』 2005年 第3期.

陳根遠·朱思紅, 1998, 『屋檐上的藝術 -中國古代瓦當』, 四川省教育出版社.

鐵甕城考古隊, 2010, 「江蘇鎭江市鐵甕城遺址發掘簡報」, 『考古』 2010年 第5期.

賀雲翶, 1999, 「六朝 '徐州城' 事迹考」, 『南京寺址』 1999年 第3期.

賀雲翶, 2003a, 「南京出土六朝瓦當初探」, 『東南文化』 2003년 製1期.

賀雲翶, 2003b, 「南京出土的六朝人面文與獸面文瓦當」, 『文物』 2003年 第7期.

賀雲翶, 2004, 「南京出土六朝獸面文瓦當再探」, 『考古與文物』 2004年 第4期.

賀雲翶, 2005, 『六朝瓦當與六朝都城』, 文物出版社.

賀雲翶, 2010, 「육조와당 연구의 회고와 문제 탐구」, 『백제 와전과 고대 동아시아의 문물교류』 제7회 한국기와학회 국제학술심포지엄.

부록

<부록 1> 수막새 세부 명칭도

1. 드림새
2. 주연
3. 구상권대
4. 화판
5. 간판
6. 연판
7. 자방
8. 연자

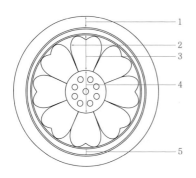
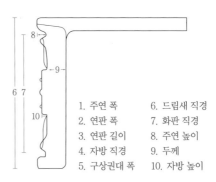

1. 주연 폭	6. 드림새 직경
2. 연판 폭	7. 화판 직경
3. 연판 길이	8. 주연 높이
4. 자방 직경	9. 두께
5. 구상권대 폭	10. 자방 높이

370   백제 기와 연구

고대사회에서 왕궁을 세우고 사찰을 건립하는 것은 단지 종교시설을 세우기 위한 건축 활동이 아니라 당대의 정치적 상황과 그에 걸맞은 사상적 변화를 반영하여 통치체제를 새롭게 구축하려는 고도의 정치적 행위이다. 막새 문양의 변화 또한 단순한 유행의 변화가 아니라 당시의 사상적 변화를 담고 있으며, 정치적 변동의 추이를 읽을 수 있다는 점에서 사상의 전개와 막새의 변천을 살펴보는 것은 백제의 역사를 이해하는데 매우 중요하다.

· · ·

한성시기에는 전문, 연화문, 수면문 등 도교나 불교의 도입과 관련된 외래계 문양과 수지문, 초화문, 방사문, 거치문, 격자문처럼 외래 종교 도입 이전의 토착 종교 혹은 선사시대 토기나 청동거울의 문양과 같은 맥락에서, 백제 사람들이 가진 자연에 대한 관념을 점, 선, 면의 기하학적 무늬로 표현한 자생적 문양이 공존하였다. 웅진~사비시기는 불교의 융성과 함께 연화문이 발달하며, 7세기에 나타난 파문과 무문의 추상적 표현은 백제 문화에 스며든 도교의 영향으로 해석하였다.

93910

9 788962 465136

24,000원

ISBN 978-89-6246-513-6 93910